John Calvin

칼빈
하나님의
영광을 위한
열정의 사람

칼빈
하나님의 영광을 위한 열정의 사람

안인섭 지음

익투스

| 머리말 |

종교개혁은 무엇인가?

종교개혁이 일어났던 16세기는 '인류 역사상 가장 드라마틱한 시기' 중 하나다. 왜 제한된 시대에, 특정한 지역인 유럽에서 발생했던 교회운동이 시대를 뛰어넘는 대사건이라고 평가될까? 그 이유는 이 운동이 갖는 독특한 성격 때문이다. 중세 유럽은 기독교 세계라고 불러도 될 만한 시대였다. 사람들은 교회 안에서 태어나서 교회에서 죽었다. 모든 삶은 교회와 관련되어 있었다. 그러나 중세는 전염병과 전쟁과 이슬람의 도전 등으로 사회가 불안하였기 때문에 미신 숭배가 만연했고 성경과는 다른 신앙이 극에 달했다.

그런 중세에 근원적인 도전이 찾아왔다. 지동설이 주장되었고, 신대륙이 발견되어 새로운 세계관이 형성되고 있었다. 그리고 참된 신앙과 교회에 대한 본질적인 질문이 제기되었다. 하나님과 인간과 세계에 대해서 다시 생각하게 된 것이다. 이런 개혁의 열망 속에서 고전 언어와 인문학을 공부한 인물들에 의해 성경이 번역되고 해석되기 시작했다. 성경적인 진리를 다시 발견하게 된 것이다. 먼저 오직 성경이 유일하고 절대적인 권위를 갖게 되었다. 이것이 '오직 성경으로'(Sola Scriptura, 솔라 스크립투라)이다. 또한 성경에 근거해서 참된 믿음은 예수 그리스도를 통해서 얻는다는 것을 알게 되었다. 이것이 '오직 믿음으로'(Sola Fide, 솔라 피데)이다. 사람들은 구원에 대한 두려움에서 진정으로 자유롭게 되었다. 이제 인간의 구원과 세상의 근원적인 문제의 해결은 하나님의 은총으로부터 온다는 것을 깨닫게 되었다. 이것이 '오직 은총으로'(Sola Gratia, 솔라 그라티아)이다. 이 세 가지가 종교개혁의 핵심적인 사상이었는데, 인쇄술과 교역의 발전으로 이런 새로운 신앙 체계가 전 유럽으로 급속하게 확산되었다.

종교개혁을 이끌어 갔던 인물들이 결코 의도하지 않았지만 교회는 이제 둘로 나누어지게 되었다. 게다가 당시 등장하고 있었던 도시국가나 민족국가가 종교개혁 신앙을 받아들이고 보호하기 시작하면서, 미처 종교개혁주의자들도 인식하지 못했지만 유럽 사회에 근본적인 변혁이 촉발되었다. 결국 종교개혁은 신앙의 문제로부터 시작해서 그것의 수용 여부에 따라 전 유럽의 교회와 국가들을 둘로 나누었고 그 결과 현대 사회의 기초를 만들어 놓았다. 그래서 종교개혁은 역사상 가장 역동적인 시대를 만들었다고 평가하는 것이다. 그러므로 이 종교개혁을 제대로 이해하면 기독교 신앙의 본질을 이해할 수 있다. 더 나아가 교회란 무엇이며, 교회는 세상과 어떤 관계를 가지고 있고, 우리가 살고 있는 세계는 어떤 곳인지를 잘 이해할 수 있는 것이다.

종교개혁 500주년은 어떤 의미가 있는가?

2017년이 되면 1517년 종교개혁이 일어난 지 500주년을 맞게 된다. 그 동안 시대는 많이 변했다. IT 산업과 첨단 과학이 발달한 변화의 시대가 왔다. 그러나 급격하게 발전하는 시대 속에서 현대인들은 여전히 인생의 문제와 세상에서 제기되는 도전 앞에 방황하고 있다. 종교개혁자들이 고민했던 하나님과 인간과 세상에 대한 깊은 성찰이 다시 이 시대에 절실하게 요청되고 있는 것이다. 세계도 변화하고 있다. 유럽과 미국 중심의 세계 질서도 서서히 바뀌어 아시아가 점차 세계의 주목을 받고 있다. 특히 한국 기독교에 대한 세계적인 관심과 기대는 대단하다. 어린이와 같았던 한국 교회는 이제 청년으로 성장하고 있다. 이런 맥락에서 한국 기독교인들은 지금까지 전혀 고민해보지 않았던 근원적이고 피할 수 없는 중요한 질문 앞에 서게 되었다. 나는 누구인가? 우리의 신앙은 어디에서 왔는가? 참으로 경건한 기독교인은 어떤 사람들인가? 한국 교회는 어디로 가야 하는가?

이런 질문에 부딪힐 때마다 교회의 역사는 깊은 지혜를 제시해 준다. 다시 종교개혁의 본질로 돌아가자는 것이다. "Ad Fontes(근원으로)!"

종교개혁을 이해하기 위해서는 다각적인 접근이 필요하다. 유럽의 지성사적 흐름을 알아야 하고, 정치, 경제, 사회, 문화적인 배경도 통찰해야 한다. 기독교 교리의 역사도 알아야 한다. 그러나 무엇보다 가장 쉽고 정확하게 이해하는 방법은 그 시대를 열어 가면서 치열하게 살아갔던 종교개혁자들을 이해하는 것이다. 그것은 곧 그들의 삶, 좌절, 고난 그리고 그것을 극복하는 과정에서 역사하셨던 하나님의 일하심을 알아가는 것이다.

종교개혁자 평전 시리즈는 무엇이 다른가?

수많은 책들이 출판되지만 그 가운데 지속적으로 선한 영향을 미치는 책은 매우 적다. 신앙 서적 또한 예외가 아니다. 그렇다면 본 종교개혁자 평전은 무엇이 다른가? 본 평전 시리즈가 다른 것과 차별되는 독특한 점이 무엇인가를 알게 된다면 독자들은 더욱 보람 있게 본 시리즈를 읽을 수 있을 것이다. 특징을 몇 가지로 나누어 설명할 수 있다.

첫째, 저자들은 모두 서양권에서 가장 최근에 그 해당 주제로 박사학위를 받은 학자들로 엄선되어 심혈을 기울여 저술했다. 급속도로 지식이 축적되는 오늘날 가장 최근의 학문적 정보가 최고의 수준으로 담겨 있다는 것이 본 시리즈가 갖는 특징인 것이다. 따라서 잘 알려지지 않았던 자료들이 폭넓게 활용되어 참신하게 저술한 장점이 있다.

둘째, 단순한 영웅담이 아니라 비평도 가하는 평전이기 때문에 독자들은 더욱 정확한 정보와 유익한 도움을 얻을 수 있을 것이다. 시중에서 종교개혁자들에 대한 전기적인 책들은 간혹 우리 눈에 발견된다. 대부분 한 인물을 예찬하는 내용이다. 그렇지만 본서는 종교개혁자들의 삶과 신학을 학문적이고 객관적으로 연구하고 평가했다.

셋째, 한국의 신학자들에 의해서 직접 저술되었기에 한국 독자들의 정서에 딱 맞는 책이 될 것이다. 물론 유럽과 미국의 학자들이 저술한 훌륭한 종교개혁자들의 전기나 번역서도 있다. 그러나 서양의 저자들은 어디까지나 서양의 지성사적이고 문화적인 배경을 전제로 하기 때문에 비서양권인 한국의 독자들이 깊이 이해하기에는 한계가 있었다. 그렇지만 본 종교개혁자 평전은 이와 달리 한국의 학자들이 한국 독자들을 위해서 직접 저술한 책이다.

넷째, 교회를 위한 신학(Theologia Ecclesiae)을 전제로 기획되고 저술되었다. 종교개혁자들의 활동과 그들의 신학은 모두 교회를 건강하게 세우고 교회에 유익이 되고자 하는 방향에서 이해되어야 한다. 그것이 정당한 방법이고 또 현대의 독자들과 목회자들에게도 유익하다. 본 평전은 이런 전제를 가지고 저술되었기 때문에 지적인 호기심을 넘어 개인의 경건은 물론 교회 공동체에도 큰 유익을 줄 것으로 기대한다. 일차적으로는 평신도 지성인들이 읽을 수 있도록 평이한 문체와 감동적인 내용으로 저술되었으며, 동시에 목회자와 신학생들에게도 잘 알려지지 않은 최근의 연구 자료를 제시하여 신학을 공부하고 사상을 넓히는 데도 도움을 줄 것이다. 따라서 본 시리즈를 통해 하나님과 인간과 세상을 이해하게 되고 건강한 신앙의 공동체를 세울 수 있을 것으로 확신한다.

수석 편집인 안인섭 박사
(총신대학교 교수, Refo 500 아시아 프로젝트 매니저)

| 저자 서문 |

서문을 쓰면서 생각해 보니 1998년 네덜란드로 유학을 떠난 후 지금까지 18년째 칼빈과 씨름하고 있습니다. 또 앞으로도 평생을 그렇게 살아갈 것 같습니다. 물론 필자는 캄펜 신학대학교에서 어거스틴과 칼빈의 교회와 국가의 관계 연구로 박사학위를 받았고(2003년), 칼빈 탄생 500주년을 맞아 『칼빈과 어거스틴: 교회를 위한 신학자』(2009년)도 출판한 바 있지만, 이 모두는 칼빈의 사상 가운데 한 주제에 집중해서 연구한 것이었습니다. 또한 그간 세계칼빈학회와 국내외 여러 학회에서 칼빈의 사상과 관련된 논문을 수없이 발표해 왔지만, 논문의 특성상 초점을 좁힌 세부적인 연구들이었습니다.

그러다 보니 칼빈 평전을 쓰는 일은 가장 힘든 작업 중 하나였습니다. 왜냐하면 칼빈은 가장 역동적인 시대를 살았던 인물인 동시에 그의 사상은 개신교를 대표할 정도로 심대할 뿐 아니라 실제적으로 근대 세계를 이끌어 간 정신 세계였기 때문입니다.

물론 칼빈에 대한 책들은 다른 종교개혁자들과 비교해 볼 때 상대적으로 많이 출판되어 온 것이 사실입니다. 그러나 몇 년 전에 익투스 출판사에서 종교개혁 500주년을 맞아 종교개혁자 평전 시리즈의 수석 편집인을 제의할 때 함께 공감했던 것이 있었습니다. 이제는 한국 신학자에 의해서 저술되어 한국의 독자들에게 유익한 평전이 필요하다는 것이었습니다.

그래서 제가 이 책에서 초점을 둔 것은 세 가지였습니다. 첫째는 칼빈과 그 영향에 대한 최근의 국제적인 연구 경향을 최대한 반영하고자 했습니다. 둘째는 그럼에도 불구하고 누구나 흥미 있게 읽을 수 있는 책을 만들고자 했습니다. 물론 여전히 학술적인 연구서의 냄새를 완전히 지울 수는 없겠지만 그래도 가능한 한 쉽고 재미있게 집필하고자 노력하였습니다. 셋째는 제가 어떻게 칼빈을 만나게 되었는지부터 시작해서 비교적 개인적인 이야기도 가감 없이 적었습니다. 지금까지 출판했던 책과 논문 같은 학술서와는 달리 이 책에서는 독자 여러분들과 대화하는 기분으로 써 내려갔습니다. 칼빈 또한 책 속에 갇혀 있는 차갑고 기계적인 인물이 아니라 보다 사람의 냄새가 나는 인물이요 목회자로 그려내고자 했습니다.

이 책이 세상에 나올 수 있게 되어 무엇보다 먼저 하나님께 감사를 드립니다. 사실상 본서는 2003년부터 지금까지 13년째 총신대학교 신학대학원과 일반대학원에서 학생들에게 강의한 내용의 열매입니다. 그들은 늘 저에게 신선한 자극과 미래에 대한 기대감을 안겨 주었기에 감사한 마음입니다.

또한 칼빈과 종교개혁 연구뿐 아니라 개혁주의 네트워킹을 위해서 국제적으로 앞장서서 달려가면서 필자가 함께 갈 수 있도록 격려해 주고 계시는 '세계칼빈학회' 회장이자 'Refo500' 총재인 네덜란드의 셀더하위스 교수님께 감사드립니다.

늘 강의와 연구, 학교 행정으로 쫓기는 부족한 저를 위해 새벽마다 기도해 주시는 어머니 김희용 사모님과, 변함없는 사랑으로 꿋꿋하게 응원해 주는 아내 강미랑 박사와 딸 안지인은 저의 삶의 에너지이기에 진심으로 감사합니다.

무엇보다 이 책이 마무리되도록 인내심을 가지고 끝까지 격려해 준 익투스 출판사와 실무 직원들에게 감사를 드립니다. 이 분들의 헌신이 있었기에 책이 나올 수 있었습니다.

이제 서문을 마무리하고자 하니 고 정훈택 교수님 생각이 간절합니다. 이 분은 필자와 아내를 네덜란드 캄펜신학대학교에 전액 장학생 부부로 추천해 주셨을 뿐만 아니라, 2013년 8월 29일 하늘나라에 가실 때까지 평생을 '정직하게', '최선을 다해서' 신학을 연구하고 총신대학교를 섬기신 제자들의 롤모델이시기 때문입니다. 졸저를 영원한 마음의 스승이신 고 정훈택 교수님께 바칩니다.

2015년 6월 용인 서재에서
안인섭

차 례

머리말 ● 5
저자 서문 ● 11

Chapter 01 다시 칼빈으로

내가 만난 칼빈 ● 25
조선 왕릉, 목양실 그리고 칼빈 주석 | 25
어거스틴, 칼빈으로 가는 길 | 27
칼빈, 뜨거운 심장을 가진 겸손한 영혼 | 28

왜 다시 칼빈인가? ● 30

칼빈 500주년 ● 34
칼빈 500주년 | 34
레포 500 | 35
세계개혁교회대회 | 36

새롭게 읽어야 할 칼빈 ● 38
16세기 역사 속의 칼빈 | 38
사회사적 연구와 성경해석학 연구의 통합 | 39
칼빈과 교부의 비교 연구 | 40

칼빈, 네덜란드 그리고 한국 ● **43**

칼빈과 히딩크의 나라 네덜란드 | 43

칼빈과 네덜란드와 한국 | 48

Chapter 02 16세기 유럽의 아들

출생과 그의 청년기 ● **57**

시대적 배경 | 59

'그 프랑스 사람'이 태어나다 | 70

파리 조기 유학생 | 71

칼빈과 인문주의 | 75

하나님의 숨겨진 커리큘럼 | 81

세네카의 관용론 주석 | 83

회심으로 피난민이 되다 | 85

제네바 1차 사역 ● **86**

개신교의 신학 헌장, 「기독교강요」 초판 등장 | 86

파렐, 칼빈을 제네바로 부르다 | 89

칼빈의 제네바 초기 사역 | 93

차 례

스트라스부르 시절 ● 99
   평생 동역자 마틴 부처 | 101
   더욱 '칼빈'다워지다 | 103
   피난민의 피난민 목회 | 106
   한 아내의 남편이 되다 | 108

제네바 2차 사역 ● 115
   심장을 드리는 마음으로 | 116
   개혁주의의 사령탑으로 | 138

Chapter 03   칼빈의 신학 속으로

개혁주의란 무엇인가? ● 148
   개혁주의 신학 | 148
   개혁주의 역사 | 149
   개혁주의, 칼빈주의 그리고 정통주의 | 150
   개혁주의와 복음주의 | 152
   교리와 성경과 신앙 생활 | 154

칼빈 신학의 지향점 • 157

칼빈의 경건 | 157

칼빈의 경건 훈련 | 175

칼빈의 경건과 21세기 그리스도인 | 182

고난과 숨어 계시는 하나님 • 183

창조 세계의 사회와 인간 | 184

인간의 범죄와 창조 세계의 고통 | 187

구속, 창조 세계의 회복 | 188

숨어 계시는 하나님 | 189

숨어 계시는 하나님의 의도 | 193

믿음과 숨어 계시는 하나님의 은혜 | 195

사회적 고난과 숨어 계시는 하나님 | 196

시편 신학 • 198

칼빈의 시편 주석이 갖는 의미 | 200

칼빈의 시편 주석에 나타난 신학 | 204

결혼관 • 209

언약신학과 결혼 | 210

결혼과 제네바 컨시스토리 사역 | 213

칼빈의 결혼관이 미친 영향 | 216

차 례

Chapter 04 칼빈의 목회 속으로

장로와 목양 사역 ● 221
  컨시스토리의 사역 과정 | 225
  컨시스토리 사역의 내용 | 227
  한국 교회를 위한 목양 사역 | 234

사회 복지 ● 235
  16세기 유럽 교회의 사회 복지 필요성 | 235
  제네바의 목회적 환경 변화 | 237
  칼빈의 사회 복지 목회의 실제 | 242
  칼빈의 사회복지관이 한국 교회에 주는 교훈 | 247

교회와 국가 ● 250
  한국 교회의 국가론의 문제 | 250
  칼빈의 국가관 | 254

Chapter 05 칼빈의 발자취를 따라서

칼빈주의 교회 유형 ● 287
　세 종류의 교회 | 288
　기독교와 문화의 관계 | 291
　교회의 다섯 가지 유형 | 292

네덜란드, 제2의 제네바 ● 294
　칼빈과 네덜란드 | 294
　칼빈주의 사상의 확립 | 296
　칼빈과 아브라함 카이퍼 | 297

한국, 제3의 제네바 ● 309
　한국의 칼빈 수용의 유형 | 310
　한국의 칼빈주의 수용의 특징 | 312
　한국 장로교 연합의 방향 | 314
　칼빈과 남북 통일 | 320

칼빈 연표 ● 325

칼빈 배경 지도

① 누아용 : 칼빈 출생지
② 파리 : 칼빈이 수학한 학교들—마르슈 대학, 파리 대학, 몽테규 대학
③ 오를레앙 : 오를레앙 대학에서 1년간 수학
④ 부르주 : 알치아티 밑에서 수학. 베자와 만남
⑤ 앙굴렘 : 칼빈의 피난처
⑥ 네라 : 르페브르와 만남 추정
⑦ 제네바 : 칼빈의 개혁지, 파렐과 만남
⑧ 로잔 : 개신교–가톨릭 간의 신학 논쟁 중심 회의 도시
⑨ 베른 : 개신교 중심 도시
⑩ 바젤 : 학문과 인쇄의 중심지.「기독교강요」초판 출간
⑪ 스트라스부르 : 마틴 부처 사역지, 칼빈이 잠시 사역한 프랑스 난민교회
⑫ 취리히 : 츠빙글리 개혁의 근거지

존 칼빈(John Calvin, 1509~1564)

chapter 1

다시 칼빈으로

오늘날 한국 교회가 다시
건강한 성장을 회복하기 위해서는
신앙의 본질로 돌아가야 한다.
그 목표에 도달하기 위한 좋은 인도자가
칼빈이며 따라서 우리는 칼빈에게서 진지하고
겸손하게 배워야 할 것이다.

chapter 01

다시 칼빈으로

오늘날 한국 교회가 다시 건강한 성장을 회복하기 위해서는
신앙의 본질로 돌아가야 한다. 그 목표에 도달하기 위한 좋은 인도자가
칼빈이며 따라서 우리는 칼빈에게서 진지하고 겸손하게 배워야 할 것이다.

내가 만난 칼빈

조선 왕릉, 목양실 그리고 칼빈 주석

필자의 선친은 경기도에서 목회를 하셨다. 2009년에 유네스코 세계 유산으로 등재된 조선 왕릉이 있는 곳이다. 고종과 명성황후, 그리고 순종과 그의 황후가 묻혀 있는 그곳으로 필자는 어릴 때 학교 소풍을 갔고 교회 친구들과 그곳에서 즐겁게 놀았다. 500년 왕조가 무너지고 치욕스런 일본의 식민 지배로 들어간 조선의 역사적 격변기를 살았던 왕들의 왕릉을 보고 자라면서 필자는 자연스럽게 민족과 국가에 대한 생각이 싹트게 된 것 같다.

가장 흥미로운 놀이터는 선친의 서재였다. 부모님은 오전에 심방을 나가셨다가 해 질 녘에 돌아오셨다. 책장에는 다양한 색깔의 책들이 가득 차 있었다. 책 제목 크게 읽기와 책 표지 색깔 찾기는 정말 재미있었다. 가장 기억에 남는 것은 '칼빈 주석 놀이'였다. 30권의 보라색 구약 주석과 10권의 자주색 신약 주석. 칼빈 주석은 규모나 색상 면에서 단연 돋보였다. 종이 냄새도 좋았다. 필자와 칼빈과의 첫 만남은 이렇게 시작되었다. 물론 칼빈 주석의 내용을 읽은 것은 아니었지만.

어느 날 칼빈 주석을 열어보았던 기억이 난다. 내용이 어려운 데다 딱딱한 문어체로 되어 있어 이해할 수 없었다. 독특한 것은 맨 앞에 투명하고 바삭바삭 소리가 나는 트레이싱페이퍼가 있었다는 점이다. 그 다음 장에 칼빈의 초상화가 있었고, 제네바와 스트라스부르의 전경이나 관련된 인물들의 흑백 그림이 뒤따랐다. 처음 본 칼빈의 인상은 약간 마르고 주름진 얼굴에 굳은 의지를 가지고 앞을 주시하고 있는 근엄한 모습이었다. 지금 생각해보면 그때 칼빈 주석에 들어 있었던 고풍스러운 건물들에서 받은 인상이 막연하게 유럽을 동경하도록 만든 것 같다. 훗날 칼빈주의의 요람이라고 하는 네덜란드로 유학을 가게 된 첫 번째 동기가 이때 생겼다고 할 수 있다.

어려서부터 필자의 마음속에는 '조선 왕릉', '교회의 목양실' 그리고 '칼빈 주석', 이 세 가지가 하나의 기억으로 묶여 있다.

실제로 교회와 국가와 칼빈, 이 세 요소는 종교개혁을 깊이 있게 연구할 수 있는 핵심적인 축이라고 할 수 있다.

어거스틴, 칼빈으로 가는 길

필자는 칼빈을 본격적으로 공부하기 전인 대학 시절 어거스틴을 만나게 되면서 인생의 전환기를 맞게 되었다. 사학과에 진학하여 공부하던 1980년대는 한국 근대사의 격변기였다. 민주화를 향한 극심한 고통을 겪고 있던 안암동 캠퍼스에서 필자는 한 사람의 평범한 장로교회 청년으로서 고민하고 방황하고 있었다. 그러던 어느 날 평소 기독교에 대해 냉정한 입장이셨던 어느 교수님의 '역사란 무엇인가'라는 강의에서 귀가 번쩍 열리게 되었다. "어거스틴의 「신국론」을 읽지 않고서는 역사를 논하지 말라"는 목소리는 마치 하나님의 음성과도 같이 들렸다. 그날로 바로 도서관에서 빌려 읽기 시작한 어거스틴의 「신국론」을 통해서 역사의 의미를 깨닫게 되었다.

어거스틴(보티첼리, 1480년작)

역사는 에덴동산에서부터 시작해서 하나님의 도성과 지상의 도성의 끝없는 투쟁 속에서 진행된다. 새 예루살렘에 이르기까지 역사는 하나님의 섭리에 의해서 움직여진다는 것이다. 어거스틴의 목적론적이고 직선론적이고 종말론적인 역사관을 배우게 되면서 칼빈이라고 하는 역에 도착하는 어거스틴이라는 기차 위에 오르게 된 것이다.

칼빈, 뜨거운 심장을 가진 겸손한 영혼

필자가 칼빈을 알아가기 시작한 것은 신대원 시절 개혁신학을 공부하면서부터였다. 그에 대한 선입견은 매우 탁월하고 정확한 신학자 그러나 별로 사람의 냄새가 나지 않는 차갑고 강력한 지도자였다.

그러나 필자가 실제로 칼빈을 만나게 된 것은 네덜란드 유학 시절이었다. 스위스에서 시작된 강물이 독일을 지나며 흘러와 북해로 접어드는 길목에 위치한 고풍스러운 중세 도시 네덜란드 캄펜. 이 아담한 도시에 있는 신학교 도서관 앞의 칼빈 동

네덜란드 캄펜신학대학교 도서관 앞의 칼빈 부조

상을 보면서 매일 열람실로 들어가곤 했다. 먼지 쌓인 칼빈에 대한 책들을 읽어내려가면서 과거 속에 박제화되어 있던 칼빈은 우리와 같은 성정을 가지고 울고 웃으면서 신앙의 길을 걸어가던 한 사람의 그리스도인으로 되살아났다.

칼빈은 성경적인 진리를 지키기 위해서는 한 치의 양보도 없었지만, 가난한 프랑스 출신의 난민들이 제네바에 몰려왔을 때는 피를 쏟아 붓는 뜨거운 사랑으로 보살폈다. 자기를 내쫓았던 제네바가 다시 그를 초청했을 때, 치욕스런 마음과 상한 자존심보다는 "내가 나의 주인이 아님을 알기 때문에 주님께 내 심장을 제물로 드립니다"라고 순종하면서 하나님의 나라를 먼저 생각했던 뜨거운 목회자였다. 칼빈은 하나님의 영광을 위해서는 그 누구보다 치열하게 살았던 사람이었다. 그러나 임종을 맞는 순간에는 "저에게는 그럴 만한 자격이 없었습니다. 그러나 하나님께서는 긍휼을 분에 넘치도록 베푸셨고, 수백 번 거절되어야 마땅할 저의 모든 약함과 실패들을 참아 주셨습니다"라고 고백하는 겸손한 영혼이었다. 이런 칼빈을 만나게 되면서 필자의 가슴도 불타오르기 시작했다.

제네바 공동묘지에 위치하고 있는 허름한 칼빈의 묘소를 방문했을 때, 자신이 영웅으로 숭배되는 것을 가장 원하지 않았던 사람은 바로 칼빈일 것이라고 확신하게 되었다. 그러나 칼빈의 생애와 사상은 역사상 가장 불안하고 역동적인 시대

칼빈의 묘소. 돌판에는 칼빈의 이니셜 J C가 새겨져 있다

속에서 그리스도인과 교회가 가야 할 방향을 선명하게 보여주고 있다.

왜 다시 칼빈인가?

16세기 종교개혁은 유럽이 중세 봉건 사회에서 근대 사회로 나아가는 과도기였다. 사회적인 면에서 보면 당시 유럽 사회는 질병과 전쟁들로 인해 매우 불안했으며 봉건 제도가 해체되는 과정에서 큰 사회적 문제들이 나타나고 있었다.[1] 칼빈은 중세 기독교 천 년의 문명이 해체되면서 유럽이 전혀 새로운

---

1) A. McGrath, *Reformation Thought: An Introduction* (Oxford: Blackwell, 1999³), 15-20.

근대 사회로 재편되어 가던 16세기라고 하는 대격변기에 신학을 전개했다. 말하자면 칼빈은 하나의 기독교 세계였던 중세 유럽 속에서 역동적인 개신교 교회들이 형성되면서 근대 세계로 접어드는 역사적 과도기에 신앙과 교회의 방향을 새롭게 제시했던 것이다.

칼빈이 목회했던 당시 제네바에서는 이탈리아 북쪽의 사보이(Savoy)로부터 독립하는 것과 로마 가톨릭으로부터 종교개혁을 실행하는 것이 강하게 결합되어 마침내 1536년에 성공할 수 있었다. 이후 스위스 제네바는 프랑스 사람인 칼빈을 초청하여 이상적인 근대적 종교개혁 도시로 명성을 얻게 되었다. 결국 칼빈의 영향력은 프랑스, 네덜란드, 독일 일부 지역, 영국 그리고 스코틀랜드 등 전 유럽으로 확산되었다. 칼빈의 신학은 16세기 이후 유럽과 북미 대륙에서 거의 유일한 국제적인 신앙이었다. 또한 칼빈은 서양인의 신앙과 영적인 삶, 그리고 서양 사회와 민주주의의 발전에 지대한 영향을 주었기 때문에 오늘날도 여전히 중요하다.[2]

현대 기독교는 유럽과 북미는 물론 남미, 아시아, 아프리카 등 제반 문명권을 포함하고 있다. 각 지역의 기독교 공동체가 미래를 향한 신학적 방향을 모색할 때마다 신학자들은 기독

---

2) W. Balke, *Calvijn en de Bijbel* (Kok: Kampen, 2003)

교 전통으로 돌아가 과거의 지혜에 귀를 기울이게 된다. 그렇다면 서양을 이해하는 창문으로도 지칭되는 칼빈을 아시아에서 열정적으로 연구하는 이유는 무엇일까?

그 대답은 아시아의 선교 역사와 깊은 관련이 있다. 아시아의 개신교는 로마 가톨릭에서 분리된 교회 운동이 아니라 서양의 선교사들에 의해서 기독교 그 자체로 전래되었다. 즉 서양의 장로교회 혹은 개혁교회 선교사들에 의해서 아시아의 개신교가 세워졌기 때문에 칼빈의 신학은 기독교의 복음 그 자체로 이해되어 왔던 것이다.

따라서 아시아에서 칼빈을 연구하는 것은 결국 아시아 기독교의 정체성을 발견하고 그것을 형성하는 중요한 작업이 된다. 칼빈의 신학은 영적으로 어둡던 시기, 옛것을 새것으로 대체해야만 했던 교회적, 사회적 격변기에 교회와 인간 사회를 건강하게 세워 나가야 할 방향을 제시해주는 신학이었다. 칼빈의 위대한 점과 그의 가르침이 아시아 교회에 절실하게 필요한 이유가 바로 여기에 존재한다.

지난 2006년 독일 엠던(Emden)에서 개최된 세계 칼빈학회에 논문을 발표하기 위해 갔던 필자는 '네이덜란스 다흐블라트'(Nederlands Dagblad)라는 네덜란드의 유력한 일간지로부터 인터뷰를 요청 받은 적이 있었다. "칼빈은 16세기 유럽인인데 왜 아시아인들이 칼빈에게 이토록 관심이 많은지 궁금하다"는 것이었다.

이때 필자는 아시아인들에게 칼빈이 중요한 이유를 세 가지로 대답했다. 첫째 "우리 아시아인들에게 있어서 칼빈은 기독교인들에게 '복음의 본질'에 주의를 집중시켜주는 대표적인 지도자이기 때문"에 중요하다. (Voor ons is Calvijn een leidersfiguur, iemand die christenen bepaalt bij de kern van het evangelie.) 둘째 "칼빈은 교회가 어디로 가야 하는지 그 길에 대해서 깊이 숙고했던 교회의 선생이었기 때문"에 우리는 그에게 귀를 기울여야 한다. (Hij heeft bovendien veel nagedacht over de weg die kerk moet gaan.) 셋째 "칼빈의 가르침은 단지 신학뿐 아니라 그리스도인들의 일상적인 삶에까지 영향을 미쳤기 때문"에 우리는 그에게 배워야 한다. (Zijn werk gaat niet alleen over theologie, maar ook over het dagelijkse leven.)

결국 16세기 종교개혁의 대표자인 칼빈은 '복음의 본질'을 발견하여, 교회가 그것을 향하여 가도록 하며, 그 복음의 본질이 그리스도인들의 매일의 삶의 영역에도 영향을 끼칠 수 있도록 하는 데 큰 영향을 준 인물이었다고 평가할 수 있다.

한국 교회는 1990년대 이후로 성장이 둔화되었다. 매우 아이러니한 것은 이 기간에 교회 성장 세미나, 영성 프로그램, 부흥회, 설교 학교, 성경 세미나 등은 폭발적으로 늘어났다는 사실이다. 오늘날 한국 교회가 다시 건강한 성장을 회복하기 위해서는 신앙의 본질로 돌아가야 한다. 그 목표에 도달하기 위한 좋은 인도자가 칼빈이며 따라서 우리는 칼빈에게서 진지하고 겸손하게 배워야 할 것이다.

칼빈 500주년

칼빈 500주년

지난 2009년은 진화론의 주창자인 찰스 다윈과 노예 해방으로 유명한 미국의 에이브러햄 링컨 대통령이 태어난 지 200년이 되는 해였다. 그렇지만 그 해는 위대한 종교개혁자 칼빈이 태어난 지 꼭 500년이 되는 해였다. 유럽, 미국, 한국은 물론 전 세계에서 다채로운 칼빈 500주년 행사가 의욕적으로 진행되었다. 그 중 주목할 만한 것은 네덜란드의 도르트레히트에서 진행된 칼빈 전시회였다. 당시 네덜란드의 수상이었던 얀 발꺼넨더(Jan Peter Balkenende)가 오프닝을 했고, 무려 10만 명 이상의 방문객이 찾아와서 칼빈의 삶과 사역을 돌아보았다. 그 외에 영어, 네덜란드어, 독일어, 불어 그리고 라틴어 등으로 되어 있는 수많은 칼빈 관련 연구 저서들과 칼빈의 유산에 대한 책들이 쏟아져 나왔다.

미국 칼빈대학교의 헨리미터 센터 원장인 카린 막(Karin Maag) 교수는 칼빈과 종교개혁 전문가와 근대 초기를 연구하는 학자들 간에 형성된 국제적인 네트워킹 이상의 큰 성과가 있다고 평가했다. 전 세계의 많은 대중들이 칼빈에 대해서 듣게 되었고 칼빈과 관련된 행사에 참여하게 됨으로써 칼빈을 그저 화석 속에 묻혀 있는 인물이 아니라 오늘날 우리가 직면하고 있는 중요한 문제들에 대해서 무엇인가 중요한 통찰력을 제공해줄 수 있는 인물로 보게 되었다는 것이다.

레포 500

16세기 종교개혁 지도를 자세히 살펴보면 매우 흥미로운 점이 발견된다. 루터파는 독일과 스칸디나비아 반도 쪽에 분포해 있고, 앵글리칸 교회는 당연히 영국에 제한되어 있다. 재세례파를 중심으로 하는 급진종교개혁 운동은 워낙 극심한 박해를 받았기 때문에 유럽 각지에 간헐적으로 산재해 있을 뿐이다. 그런데 유독 눈에 띄는 것이 칼빈주의 교회들이다. 이들은 동쪽의 폴란드, 루마니아, 헝가리 그리고 체코로부터 시작해서 서유럽의 독일, 스위스, 네덜란드, 벨기에, 프랑스와 영국(스코틀랜드 포함)에까지 확산되어 민족적 성격을 완전히 초월해 있다.

그 이유는 무엇일까? 개혁주의는 '신학'을 중심으로 '국제적'으로 연대해 왔기 때문이다. 1618~1619년에 네덜란드에서 칼빈주의 5대 교리, 하이델베르그 요리문답서 그리고 벨

REFO500 로고

직 신앙고백서가 공인된 것도 전 유럽에서 대표단이 참여한 최초의 칼빈주의 국제 대회인 도르트 총회를 통해서였다.

'Refo500'도 같은 맥락 위에 서 있다. 레포 500은 종교개혁 500주년을 맞아서 전 세계 120개 이상의 대학과 연구소와 박물관, 심지어 도시까지 참여하여 네덜란드에 본부를 두고 맹렬하게 활동하고 있는 국제적인 조직이다. 칼빈은 강력한 영향력을 행사했던 가장 국제적인 종교개혁자였으며, 그래서 칼빈 연구는 오늘날 여전히 중요한 의미가 있는 것이다.

세계개혁교회대회

칼빈의 사상을 심장과도 같이 중요시하는 개혁주의 역사의 특징이 신학을 중심으로 국제적 개혁주의 연대를 형성해 온 점이라면, 현재까지는 모두 유럽과 미국과 남아공을 중심으로 하는 서양 문화권에서 그 흐름이 발원했다고 할 수 있다. 그러나 지난 2013년 5월 서울에서 개최되었던 '세계개혁교회대회'(International Congress of the Reformed Churches)는 그 흐름을 전혀 달리한다는 점에서 주목할 필요가 있다. 이 대회에서 서양권의 개혁주의 신학자와 지도자들이 이제는 한국이 허브가 되어 중국을 비롯하여 점차 부상하고 있는 아시아의 교회를 개혁주의적인 교회로 세울 수 있도록 국제적으로 협력하자고 적극적으로 합의했다. 서양의 개혁주의 신학과 비서양의 교회가 한국에서 만나 21세기를 위한 개혁주의적인 대안을 적극적으로 모색하자는 새로운 형태의 개혁주의 국제화의 설계도가 그려진 것이다.

그렇다면 칼빈의 사상을 수혈받은 한국의 개혁주의는 그 세계사적인 사명을 감당할 수 있겠는가? 그 대답은 조건절로 표현된다. 만약 한국의 개혁주의가 명확한 신학적 정체성과 질적 성숙성을 이루어내고, 한국 교회만의 독특한 영성을 발전시키면서, 국제화를 위한 진취적인 변혁을 도모한다면 대답은 예스(Yes)다. 누군가가 세계는 넓고 할 일은 많다고 했지만, 우리에게는 "세계는 좁고 할 일은 더 많다".

시대적 흐름에 따라 개혁주의 역사의 중심지는 변화를 겪어왔다. 16세기 종교개혁 시대에는 칼빈의 제네바가 개혁주의 국제화의 센터였다. 17세기 이후에는 네덜란드 개혁교회와 스코틀랜드의 장로교회가 그 역할을 맡았다. 20세기를 넘어가면서 그 거룩한 부담이 미국에게 주어졌다. 그렇다면 21세기에는 어느 지역의 교회가 그 시대적 소명에 응답할 수 있을까? 세계개혁교회 형제들은 한국을 주목하고 있다. 적어도 아직은 그렇다. 특히 이 유형은 서양권과 비서양권이 수평적으로 조우하는 미증유의 국제화 모델이 될 것이다.

새롭게 읽어야 할 칼빈

16세기 역사 속의 칼빈

칼빈은 박해의 위협이라는 역사적 상황 속에서 살아갔던 실제적인 한 명의 난민이었으며,[3] 그가 프랑스에서 추방되었던 경험은 그의 사상 형성에 중요한 작용을 하였다.[4] 이처럼 칼빈의 역사적 경험과 그의 사상이 서로 밀접한 관계 속에서 고찰되어야 한다는 인식이 점차 확산되면서 칼빈을 16세기의 역사적, 문화사적 문맥과 프랑스와 제네바의 사회적, 종교적 상황 속에서 이해하려고 하는 칼빈에 대한 재발견이 광범위하게 시도되고 있다.[5]

---

3) H.A. Oberman, "Initia Calvini: The Matrix of Calvin's Reformation," in *Calvinus Sacrae Scripturae Professor: Calvin as Confessor of Holy Scripture*,(ed.) W.H. Neuser (Grands Rapids: Eerdmans Publishing, 1994), 113–154.

4) H.A. Oberman, "The Pursuit of Happiness," in *Humanity and Divinity in Renaissance and Reformation: Essays in Honor of Charles Trinkaus* (Leiden: E.J. Brill, 1993), 266, 274.

5) W.J. Bouwsma, *John Calvin: A Sixteenth Century Portrait* (New York/Oxford: Oxford University Press, 1988). 오버만의 다음 논문들은 칼빈

한편 칼빈은 스트라스부르에서 목회를 했던 1538년부터 1541년까지의 3년을 제외하면 1536년부터 1564년에 세상을 떠나기까지 제네바에서 목회하며 사역을 감당했다. 그러므로 그의 시대 제네바 컨시스토리(Consistory) 자료를 고찰하는 것은 매우 중요한 작업이 될 것이다.[6]

사회사적 연구와 성경해석학 연구의 통합

앞으로 칼빈 연구가 어떤 방향으로 전개되어야 하는지에 대해 다음의 몇 가지를 제시할 수 있다.[7] 첫째, 칼빈의 사역

이 중세 전통을 어떻게 수용했는지를 설명해준다. H.A. Oberman, "Extra Dimension in the Theology of Calvin," in *The Dawn of the Reformation: Essays in Late Medieval and Early Reformation Thought* (Grand Rapids: Eerdmans Publishing, rep. 1992), pp. 234–258 그리고 *De Erfenis van Calvijn: Grootheid en Grenzen* (Kampen: Kok, 1988), 26–28.

6) 예를 들어, R.M. Kingdon (ed.), *Registers of the Consistory of Geneva in the Time of Calvin: vol 1:1542-1544* (trans.) M.W. McDonald (Grand Rapids: Eerdmans, 2000), 그리고 R.M. Kingdon, *Adultery and Divorce in Calvin's Geneva* (Cambridge, Mass.: Harvard University Press, 1995). W.G. Naphy, "Calvin and State in Calvin's Geneva," *Calvin and the Church, Calvin Studies Society Papers* (2001), 13–28; W.G. Naphy, *Calvin and the Consolidation of the Genevan Reformation* (Manchester and New York: Manchester University Press, 1994).

7) J.D. Douglass, "Pastor and Teacher of the Refugees: Calvin in the Work of Heiko A. Oberman," in *The Work of Heiko A. Oberman: Paper from the Symposium on His Seventieth Birthday,* (eds.) T.A. Brady, Jr., K.G. Brady, S. Karant-Nunn and J.D. Tracy (Leiden: Brill, 2003), 63–65.

과 사상의 무대가 되는 '사회적 문맥'이 연구되어야 한다. 실제로 칼빈이야말로 중세 말, 근세 초라는 종교개혁 시대의 역사적 특색을 담아내고 있는 시대적 인물이라고 할 수 있다. 둘째로 칼빈에 대한 역사적인 이해를 위해서 칼빈의 주석, 설교문 그리고 서간문들을 연구해야 한다. 셋째로 '청년 칼빈'에 대한 연구가 필요하다. 종교개혁가로 그의 신학과 사상이 정형화되어 가고 있던 과정을 역사적으로 고찰할 때 칼빈 사상의 성숙 과정이 밝혀지게 될 것이다. 넷째로 성경해석학과 주석사의 분야에서 칼빈에 대한 연구가 더 요구된다. 칼빈은 평생 설교하고 성경 공부를 인도했으며 주석을 저술했던 교회의 신학자였다. 그러므로 그의 성경해석학에 대한 연구는 칼빈을 더 잘 이해하도록 해준다. 실제로 칼빈의 주석들은 그의 생애와 사상을 이해하는 데 필요한 방대한 자료들을 제공해주고 있기 때문에[8] 매우 중요한 역사적 가치를 가지고 있다. 다섯 번째로 칼빈의 신학은 성(gender) 연구와 관련해서 진행되어야 한다.

칼빈과 교부의 비교 연구

칼빈이 가장 근원적이고 최고의 권위를 두었던 것은 성경

---

8) H. Selderhuis, *God in het midden: Calvijns theologie van de Psalmen* (Kampen: Kok, 2000), 23–48.

이었다. 칼빈에 의하면 성경은 규범적인 자료였다. 그러나 칼빈은 또한 교부들에게도 성경 다음 가는 높은 권위를 두었다. 물론 칼빈에게 있어 교부들이 성경의 권위를 넘어설 수는 없었다.[9]

칼빈은 자유자재로 교부들의 문헌을 읽을 수 있었다. 왜냐하면 당시에는 '근원으로'(ad fones)라는 인문주의 정신에 의하여 많은 교부들의 저서가 출판되어 있었기 때문이다.[10] 칼빈은 교부들의 문헌, 특히 어거스틴의 글을 접함으로 종교개혁적인 신학으로 나아갈 수 있었다.

칼빈은 교부 가운데서도 특히 어거스틴과 서로 비교 연구할 때 더 깊은 통찰을 얻을 수 있다.[11] 어거스틴을 연구하는 것이 왜 칼빈의 신학과 사상을 이해하는 데 도움이 될까?

첫째, 칼빈이 태어나고 성장한 16세기의 지성사적, 역사적 배경을 고려할 때 칼빈의 사상적 발전에 미친 어거스틴의 영향력은 매우 크다. 따라서 어거스틴 연구는 칼빈을 이해하는

---

9) D.C. Steinmetz, *Calvin in Context* (New York/Oxford: Oxford University Press, 1995), 122-140.

10) J. van Oort, "Calvinus Patristicus: Calvijns kennis, gebruik en misbruik van de patres" in *De Kerkvaders in Reformatie en Nadere Reformatie*, (red.) J. van Oort (Zoetermeer: Boekencentrum, 1997), 75-76. ; H.O. Old, *The Patristic Roots of Reformed Worship* (Zürich, Theologischer Verlag, 1975), 156-158.

11) 안인섭, 「칼빈과 어거스틴: 교회를 위한 신학」 (서울: 그리심, 2009)

데 꼭 필요하다. 중세 말과 종교개혁 시대 초기에 전 유럽에는 어거스틴 르네상스가 일어났다.[12] 칼빈은 이런 지적 분위기에서 성장했기 때문에 어거스틴의 사상을 만나서 큰 영향을 받게 된 것이다.

둘째, 칼빈의 작품들 속에 나타난 어거스틴 인용과 그의 영향을 볼 때 칼빈 사상의 중심부에 어거스틴이 서 있다는 것을 발견하게 된다.[13] 칼빈이 어거스틴에게 가장 많이 호소했던 것은[14] 그가 어거스틴을 '가장 순수하고 원시적 교회'의 선생으로 보았고, 개신교가 역사적 기독교와 연속성을 갖는다고 보았기 때문이다.[15] 칼빈은 오른쪽으로는 16세기 로마 가

---

12) H.A. Oberman, *The Dawn of the Reformation: Essays in Late Medieval and Early Reformation Thought* (Grand Rapids: Eerdmans Publishing, rep. 1992), 8-12. 맥그레스에 의하면, 칼빈은 1520년대에 파리에 있는 College de Montaigu에서 공부했으며, 새로운 길(via moderna)의 중심지였던 그곳에서 아마도 후기 중세 어거스틴주의(late Mediaeval Augustinianism)를 만났을 가능성이 크다. A.E. McGrath, *Reformation Thought: An Introduction* (Oxford: Blackwell, 1999), 80-83.

13) 칼빈의 어거스틴 수용에 대한 연구의 한 예로 다음의 논문을 들 수 있다. In-Sub Ahn, *Calvin's Reception of Augustine's Ideas on Church and State*, (drs. Thesis) (Kampen: Theological University of the Reformed Churches in the Netherlands in Kampen, 1999).

14) R.J. Mooi, *Het kerk - en Dogmahistorisch Element in de Werken van Johannes Calvijn* (Wageningen: H. Veenman & Zonen N.V., 1965), 384-391.

15) A.N.S. Lane, "Calvin's use of the Fathers and the Medievals," Calvin Theological Journal 16 (1981), 160-162, 171-173, 그리고 189-190. 또한 J.

톨릭 교회와 왼쪽으로는 급진적인 재세례파들과의 투쟁 속에서 어거스틴의 작품들과 그의 권위에 호소하면서 자신의 사상을 성숙시켰다.

그러므로 칼빈은 어거스틴 수용자였다고 평가될 수 있으며, 칼빈과 어거스틴의 비교 연구는 칼빈 이해를 위한 보다 심도 깊은 통찰을 제공하게 될 것이다. 요약하자면 어거스틴에 대한 연구, 특별히 어거스틴과 칼빈의 비교 연구는 칼빈의 신학적 근거들을 이해하는 중요한 단서가 될 것이다.

칼빈, 네덜란드 그리고 한국

칼빈과 히딩크의 나라 네덜란드

한국의 기독교인들에게 네덜란드는 개혁주의의 요람으로 잘 알려져 있지만, 일반 국민들에게 네덜란드는 풍차와 튤립의 나라일 뿐이다. 그런데 2002년을 기점으로 그 시각이 크게 달라졌다. 월드컵 본선에서 단 한 번도 이겨보지 못했던 대한민국이 세계 4강이 되어 "꿈은 이루어진다"는 슬로건을 만들어내면서, 이 작은 나라 네덜란드는 히딩크 감독의 나라로 주

---

van Oort, "Calvinus patristicus: Calvijns kennis, gebruik en misbruik van de patres," in *De Kerkvaders in Reformatie en Nadere Reformatie*, (red.) J. van Oort (Zoetermeer: Boekencentrum, 1997), 69.

목을 받았다. 히딩크는 한국뿐 아니라 여러 나라에서 약팀으로 평가받던 축구팀들을 장래성 있는 선수들이 가득 찬 강력한 팀으로 바꾸어놓았다. 히딩크의 놀라운 리더십의 이면에는 열악한 환경 속에서 오히려 귀한 열매를 만들어내는 네덜란드인들의 고난 극복의 역사와 지혜가 엿보인다.

네덜란드는 지리적으로 독일과 프랑스 그리고 바다 건너 영국이라고 하는 소위 유럽의 빅3(Big Three)에 둘러싸여 있는 조그마한 나라에 지나지 않는다. 인구는 약 1,600만 명으로 서울과 주변의 위성도시 인구를 합친 정도가 될까 말까 하다. 게다가 네덜란드는 늘 땅이 물에 잠기는 지리적으로 열악한

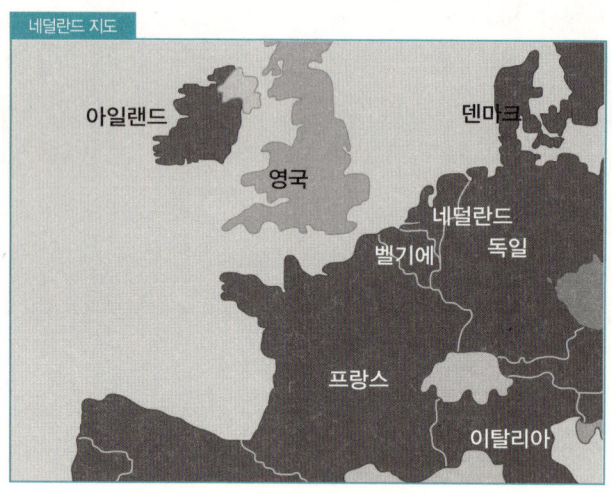

환경을 가지고 있었다.

그러나 이 나라는 지정학적으로 또 문화교류사적으로 매우 중요한 요지였다. 유럽 대륙에서 영국과 스칸디나비아 반도와 러시아로 나가려면, 반드시 네덜란드를 지나가야 했다. 또 네덜란드는 해양에서 대륙으로 들어가는 진입로였다. 이러한 중요한 위치 때문에 네덜란드는 17세기까지 신성로마제국의 식민지였다.

사실 네덜란드가 신성로마제국으로부터 독립하겠다고 각성하게 된 것은 16세기 종교개혁 시대에 존 칼빈의 신학이 소개되면서부터다. 스페인의 필립 2세는 16세기 후반 신성로마제국의 황제였다. 그의 스페인화와 가톨릭화 정책에 대항해서, 네덜란드의 칼빈주의자들은 1565년 헤이즌(Geuzen) 동맹을 결성하여 맹렬한 독립전쟁을 전개한다. 네덜란드는 1568년에서 1648년까지 무려 80년에 걸친 용맹한 반-가톨릭, 반-스페인 독립전쟁을 벌여서 역사상 처음으로 칼빈주의 국가로 독립했다.

당시 네덜란드에서 철저한 칼빈주의자가 된다는 것은 투철한 독립운동가가 되는 것이었다. 이 작은 나라 네덜란드는 17세기에 이르러 칼빈주의를 그 기반으로 하는 네덜란드 공화국을 수립하면서 황금 시대를 누리게 되었다. 독립을 쟁취한 네덜란드는 개혁파 정통주의와 개혁파 경건주의의 꽃을 피

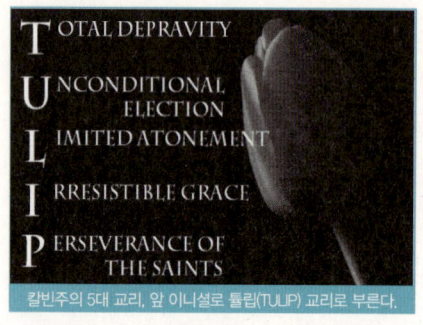
칼빈주의 5대 교리, 앞 이니셜로 툴립(TULIP) 교리로 부른다.

우면서 황금의 17세기를 보내게 되었다. 칼빈주의 5대 교리는 바로 이 네덜란드의 독립 과정에서 형성되었다. 네덜란드에 전파되었던 칼빈의 신학은 보다 성숙되어 1618~1619년에 네덜란드의 도르트에서 칼빈주의 5대 교리로 꽃피웠던 것이다. 이 칼빈주의 신학 사상은 네덜란드 해상 상인의 배를 타고 페테스부르그와 스칸디나비아 반도뿐 아니라 전 세계로 확산되었다.

이때 네덜란드는 개혁주의 신앙의 자유를 향유하면서 개혁주의를 전파하는 수레가 될 수 있었다. 이러한 역사적 전통 위에서 독립 후 360여 년간 네덜란드에서는 칼빈주의가 정치와 사회를 이끄는 동력이 되어 왔다. "칼빈의 제네바보다 암스테르담이 더 칼빈주의적이었다"라는 말이 있을 정도로 칼빈주의는 17세기 네덜란드의 독립 과정부터 이 국가를 이끄는 보이지 않는 동력이었다.

그러나 1810년에 이르러 작은 나라 네덜란드는 거대한 프랑스에 완전히 합병되고 말았다. 프랑스 혁명의 영향으로 당시 네덜란드 사회는 사회적 불안정과 분열 그리고 세속주의가 팽창하게 되었다. 1813년 네덜란드 왕실은 옹립되었으나 새로 형성된 왕실 개혁교회는 권위주의로 변해갔으며, 당시의 신학도 교회 현장과 상관없이 세속화 및 사변화되어 가고 있었다.

그러자 헨드릭 더 콕(H. de Cock)을 중심으로 종교개혁의 정신과 도르트신조의 신앙고백으로 돌아가자는 개혁 운동이 경건 운동과 더불어 일어난다. 이 운동에 참여하는 일단의 개혁교회들이 1834년 네덜란드 왕실 개혁교회와 결별하게 되는 '압스케이딩'(분열: Afscheiding)이 발생한다. 그것은 네덜란드의 전통적인 영성이었던 삶 속에서의 경건을 회복하고, 신학과 교회 사이에 다리를 놓고자 하는 교회와 신학 개혁에 대한 열망이 당시 네덜란드의 사회적·경제적 배경 속에서 열매 맺은 것이었다. 이 '압스케이딩'의 교회 개혁 운동은 1854년 12월 6일 캄펜에 신학교를 세움으로 학문성과 실천성을 겸비하게 되었고, 이 교회 운동은 1869년에 총회를 열어 기독개혁교회(Christelijke Gereformerde Kerken)라고 부르게 되었다. 그리고 후에 이 캄펜 신학대학교에 개혁교회 교의학(Gereformeerde Dogmatik)의 저자이고 뛰어난 개혁주의 조직신학자인 헤르만 바빙크(Herman Bavinck)가 1883년부터 1902년까지 거의 20년 간 교수로 역임하게 된다.

이후 아브라함 카이퍼는 1880년에 '영역 주권'을 주창하면

캄펜 신학대학교, 2012년에 흐로닝언으로 옮김

서 국가의 통제를 받지 않는 '자유대학교'(de Vrije Universiteit)를 세우게 되는데, 이를 따르는 일단의 교회들이 1886년 네덜란드 국교회를 떠나게 되었고 이를 '돌레앙찌'(슬픔: Doleantie)라고 한다. 압스케이딩의 교회 중 기독개혁교회에 남을 것을 주장하는 일부 교회들을 제외한 다수의 교회들과 돌레앙찌의 교회들이 연합하여 1892년에 네덜란드 개혁교회(Gereformeerde Kerken in Nederland)를 형성하게 되었다. 이처럼 네덜란드 개혁교회는 그 교회가 존재하는 역사적 배경과 신앙적 환경 속에서 칼빈의 신학을 면면히 이어오고 있었다. 지금까지도 네덜란드는 개혁주의적인 전통 위에 서 있는 정당들이 존재하고 있을 뿐만 아니라 실제로 이 정당들이 정치를 이끌어가고 있다. 많은 수상이 기독교민주당(CDA)에서 배출되었고,

보다 더 보수적인 기독교 정당인 CU도 연정을 통해서 역할을 감당하곤 했다.

칼빈과 네덜란드와 한국[16]

네덜란드는 한국의 참여정부 초기인 2003년 여름, 노사 문제의 해법으로 '네덜란드 모델'이 제시되면서 한국에 새로운 주목을 받게 되었다. 네덜란드 모델이란 사회적 협의 기구와 노사 합의 기구를 기반으로 한 사회적 대화를 통해 경제 위기를 극복하는 것을 의미한다. 2008년 신 자유주의 경제 정책의 실패가 현실화되면서 불어닥친 전 세계적인 금융 위기의 여파로 한국 경제에도 위기가 닥치자 다시금 네덜란드 모델이 이상적인 대안으로 떠오르고 있다.[17] 경제 발전과 사회 복지 체제의 발전을 병행하는 이상적인 모델로 등장하고 있는 것이다.[18]

네덜란드 모델을 한국 사회에 적용하는 데 있어서 가장 중

---

16) 안인섭, "기독교인의 정치참여에 대한 연구: 존 칼빈과 아브라함 카위퍼의 비교 연구를 중심으로", 「한국교회사학지」 제30집 (2011), 183-229.
17) 곽정수, "시간제 노동자가 40%… 그래도 차별은 없다"와 이정훈, "노동 시간 줄이니 청년 실업률 절반 줄었다" 한겨레 2009년 5월 14일자 사회면 기사; 김홍수, "佛 석학 아탈리(Jacques Attali), 부채더미가 또 위기 부를 것", 조선일보 2009년 4월 22일자 등을 참고하라.
18) 김윤태, "자본주의의 다양성과 한국의 발전 모델 (Varieties of Capitalism' and Developmental Model in Korea)", 「동향과 전망」, vol. 70 (2007), 59.

요한 문제는 우리 사회에 네덜란드와 같은 사회적 신뢰와 타협의 기반이 형성되어 있느냐는 것이다. 왜 유독 네덜란드는 신 자유주의 경제 정책이 지배적이던 시기에 사회적 협약을 추구할 수 있었을까? 그 대답은 이렇다. 네덜란드의 정신은 역사적으로 칼빈주의와 떼어놓고 설명할 수 없다는 것이다. 네덜란드가 독립하여 국가를 형성하는 과정에서부터, 17~18세기 정치·경제적 황금기와 19세기 사회 분화 현상의 정착 시기를 거쳐 오늘날에 이르기까지 개혁주의 신앙을 가진 칼빈주의자들의 영향력은 막대했다. 이 개혁주의의 가장 핵심적인 인물이 존 칼빈이다. 칼빈은 종교개혁 제2세대로서 개혁주의뿐 아니라 개신교 전체의 사상적 체계를 제시했다.

한국과 네덜란드를 비교해보자. 먼저 네덜란드와 한국은 지정학적이고 역사적인 면에서 매우 유사한 배경을 가지고 있다. 네덜란드 근대 역사의 발전에서 개혁주의가 감당한 역할과 한국 근대사 속에서 한국의 장로교회가 한국에 공헌한 것 사이에도 유사한 점이 있다.

네덜란드는 독일, 프랑스 그리고 영국 사이에 위치한 작은 나라로서, 대륙에서 해양으로 진출하고 해양에서 대륙으로 진입하는 길목에 있다. 마치 한반도가 그렇듯이, 네덜란드는 유럽 각국의 다양한 이해가 충돌하는 중심지였다. 북한의 핵 문제가 보여주듯 한반도에 세계의 시선이 모아지고 있다. 한반도는 남한과 북한뿐 아니라 주변의 빅4(Big four) 즉 미국, 일본, 중국 그리고 러시아의 이해 관계가 첨예하게 수렴되는, 작지만 중요한 요충지인 것이다. 아시아 대륙과 태평양을 연결하는 교량이기 때문에, 해양 세력이 대륙으로 뻗어가려고 할 때나 대륙의 강국들이 힘을 키워 바다로 나아가고자 할 때 한국은 언제나 긴장의 근원지가 되어왔다. 이런 지정학적 위치 때문에 삼국 시대 이후 고려 시대와 조선 시대를 거쳐 현재에 이르기까지 주변의 강대국들은 한국의 역사에 깊이 개입해왔다.

만약 우리의 시선이 여기에서 그친다면, 작아서 서러운 것이 한국의 운명이 될 것이다. 그러나 그렇지 않다. 역사는 보는 시각에 따라 전혀 다른 결과를 만들어낸다. 만약 한국의 그리스도인들이 주어진 환경을 오히려 잘 활용하면서 선명한 비전을 갖는다면, 미래의 역사는 새롭게 창조될 수 있다. 마치 2002년 월드컵에서 히딩크 감독의 리더십이 무기력했던 팀을 진취적인 승리의 주역으로 바꾸었듯이 말이다.

21세기를 맞아 세계 교회는 큰 변혁의 과정을 겪고 있다. 미국은 전체 인구 중 2%만이 장로교에 속해 있고(2012년 미국 인구조사국. 참고로 가톨릭이 25.07%이며 침례교가 15.84%), 영국은 전 국민 중 2.25%가 장로교인이다(2009년 BSAS 조사 자료). 네덜란드와 스위스는 그래도 조금 희망적이라고는 하지만 네덜란드 전 인구 중 개혁교인은 15.3%(2007년 SCP 조사 자료)이며, 스위스는 복음주의 교회라고 표현되는 개혁주의적인 교회에 속한 성도가 28%에 해당될 뿐이다(연방통계청 자료, 2010).

그런데 한국 통계청의 공식적인 최근 자료(2005)는 전체 인구 중 기독교 인구가 18.3%라고 밝히고 있다. 적어도 개신교 인구 안에서 살펴보면, 그 중 69%가 장로교회에 속해 있다(2012년 한국 5대 교단 자료). 전 세계 개혁주의 교회에서 가장 왕성한 그룹이 한국의 장로교회인 것이 현실적인 상황이다. 그렇다면 한국의 개혁주의자들이 한국 사회 다수의 삶의 문화를 형성하여 우리 사회에 사회적 신뢰와 타협의 기반이 조성될 수만 있다면 한국은 새로운 역사적 발전을 이룩할 수 있을 것이다.

한국의 개신교를 회고해보면, 120여 년 역사의 절반(1884~1945)은 일본의 식민지 지배하에서 진행되었다. 한국 교회의 그 나머지 절반의 역사(1945~현재)는 한국의 분단과 통일의 과정 위에서 전개되고 있다. 과거 일본의 식민지 지배 시대에 한국의 그리스도인들은 기독교적 민족 운동에 헌신했다. 비록 소수임에도 불구하고 신사 참배 반대를 통해서 신학적, 민족적 기개를 세우기도 했다. 그리고 마침내 한반도는 1945년 해방되었다. 그러나 현재까지 한국은 세계에서 유일하게 냉전으로 인한 분단국가로 남아 있다. 그 과정에서 하나님의 형상인 인간의 존엄성은 심각하게 도전을 받아왔다. 그렇다면 한국 기독교인들에게 남북한의 평화 통일은 우선적인 가치가 된다. 마치 일본의 식민 지배 시대에는 신사 참배 반대가 중요했듯이 말이다.

분단된 한국을 평화적으로 통일하고, 통일된 한국이 대륙과 해양의 강대국들의 역학 관계 속에서 능동적인 평화의 매개 역할을 하기 위해서 한국의 개혁주의적인 교회는 막중한 사명을 인식하고 최선의 노력을 경주해야 할 것이다.

chapter 2

16세기
유럽의 아들

"만약 내게 선택의 자유가 있다면
제네바로 돌아오라는
당신의 요구만은 정말 거절하고 싶습니다.
하지만 내가 나의 주인이 아님을
알기 때문에 주님께 내 심장을 제물로 드립니다.
즉시 그리고 진심으로"

chapter 02

16세기 유럽의 아들

"만약 내게 선택의 자유가 있다면 제네바로 돌아오라는
당신의 요구만은 정말 거절하고 싶습니다. 하지만 내가 나의 주인이 아님을
알기 때문에 주님께 내 심장을 제물로 드립니다. 즉시 그리고 진심으로"

출생과 그의 청년기(1509-1536)

교회사에서 가장 깊이 있고 광범위하게 존경을 받는 신학자가 성 어거스틴이라고 한다면, 근대 사회를 이끌어가면서 국제적 영향력이 제일 컸던 신학자는 누구일까? 단연코 칼빈이다. 종교개혁자 가운데 루터가 하늘로 가는 길을 열었다고 한다면 칼빈은 세상으로 향하는 창문을 열었다고 평가된다. 칼빈은 프랑스 사람이었지만 거의 평생을 스위스에서 활동했다. 그렇다 해서 칼빈이 프랑스를 잊은 것은 아니다. 그의 가슴에는 늘 고난 당하는 프랑스 개혁교회 교인들이 있었다.

칼빈은 1509년 7월 10일 프랑스 북부 피카르디(Picardy) 지

역 누아용(Noyon)에서 태어났다. 당시에는 네덜란드 남부였던 캄브리에 출신인 칼빈의 어머니는 프랑스 북쪽의 누아용으로 시집을 왔다. 그러나 그녀는 칼빈이 어릴 때 세상을 떠났고, 어머니의 빈자리는 훗날까지 칼빈에게 남아 있었던 것으로 보인다. 칼빈은 결국 영적 어머니인 개혁 교회에서 참된 위로를 찾게 된다.

소심한 가톨릭 청년이었던 칼빈은 개신교 신앙을 갖고 난 이후에 그 신앙을 지키기 위해서 조국 프랑스를 떠난다. 종교적인 난민이 된 이후 그는 1536년 제네바에서 목사로 부름을 받았다. 그러나 자신을 청빙했던 제네바는 1538년 그를 축출했고, 선배이자 동지인 마틴 부처(M. Bucer)의 배려로 스트라스부르에서 잠시 난민 목회를 하게 된다(1538~1541). 칼빈은 1541년 제네바로부터 다시 부름을 받게 되는데 이때 그는 매우 어려운 결단을 하고 다시 제네바로 돌아간다. 1564년 세상을 떠나기까지 칼빈은 평생을 스위스에서 사역했다. 이러한 면모에서도 볼 수 있듯이 칼빈은 교회 현장을 한시도 떠나지 않았던 교회의 신학자였고, 또한 국제적인 종교 개혁자였다.

칼빈이 1536년부터 세상을 떠날 때까지 27년 동안 목회하고 신학 연구를 진행했던 제네바는 로마 가톨릭의 종교적 박해와 사보이의 정치적 지배에서 이제 막 풀려난 신생 개신교 도시국가였다.[1] 외부로부터는 제네바를 로마 가톨릭으로 되돌리려는 음모가 지속적으로 시도되고 있었고, 제네바 내부에서는 칼빈의 목회적 활동에 대한 반발이 거셌다. 이러한 각박한 현실 속에서 칼빈은 로마 가톨릭의 전통으로부터 성경에 근거한 새로운 교회를 세워야 하는 막대한 사명을 맡고 있었다. 이 맥락에서 칼빈을 보다 정확하게 이해하기 위해서는 무엇보다 칼빈이 태어나서 자랐던 16세기 유럽을 이해해야 할 것이다. 그러면 먼저 칼빈이 태어났던 시대의 배경을 들여다보자.

시대적 배경[2]

종교개혁자 칼빈을 깊이 이해하려면, 먼저 유럽의 문화사적 흐름을 이해하는 것이 필요하다. 종교개혁 직전의 유럽을 들여다보면 로마 가톨릭 교회가 유럽 사람들의 모든 삶을 지배하고 있었다. 신앙적인 측면은 말할 것도 없고 사회적, 법률적, 경제적, 문화적 그리고 정치적인 면까지 가톨릭 교회가 강력하게 통제하고 있었다. 그래서 당시의 교회는 일종의 '관료 정치 체제'와 같았다.[3] 그런 로마 가톨릭 세계 안에 새로

---

1) E. Cameron, *The European Reformation* (Oxford: Clarendon Press, 1991), 2f.
2) 시대적 배경 중 칼빈과 인문주의와의 관계에 대해서는 다음의 내용을 중심으로 작성되었다. 안인섭, 『칼빈과 어거스틴: 교회를 위한 신학』(서울: 그리심, 2009), 169-200.
3) A.J. Jelsma, *Frontiers of the Reformation: Dissidence and Orthodoxy in*

운 변화를 추구하는 학문적, 영적 그룹들이 생겨나고 있었고, 그 가운데 중요한 것들이 바로 인문주의와 종교개혁이었다.

칼빈의 사고는 중세 말인 1509년에 태어나 학교를 다니면서 형성되었다. 칼빈은 그 시대의 아들로서 그가 회심했던 청년기까지 전형적인 인문주의적 교육을 받았다. 청년기를 지나면서 회심을 경험하였기 때문에 칼빈의 사고 구조에서 인문주의적인 요소들이 완전히 사라져버린 것은 아니었다. 물론 칼빈이 인문주의에 종속되었던 것은 아니다. 그러나 인문주의적 사고는 칼빈의 학문의 방법을 이끌었다. 오히려 칼빈의 인문주의적인 소양이 그의 종교개혁 신학 형성에 공헌했다고 보는 것이 타당하다. 칼빈은 전형적인 16세기의 사람으로서 인문주의 교육을 받았고, 그 영향으로 성경과 교부에게로 돌아갈 수 있었다. 그렇다면 칼빈 당시의 새로운 기운을 살펴보자.

새로운 분위기, 르네상스

일반적으로 말해서 르네상스(Renaissance)는 14, 15세기 이탈리아 지역에서 발생한 문학과 예술의 부흥을 의미한다. 그 의미는 '회복'(restoration), '부흥'(revival), '각성'(awakening) 그리고 '재개화'(reflowering) 등이다. 부르크하르트 (J. Burckhart)는 르네상스를

Sixteenth-Century Europe(Aldershot/ Brookfield USA/ Singapore/ Sydney, 1998), 1f.

르네상스 시대 화가 라파엘로의 아테네 학당, 1511년

중세와 철저하게 차별시키면서 이 르네상스에서 근대가 태동되었다고 주장했다. 즉 중세적 의미의 집단 의식이 해체되면서 진정한 의미의 개인(individual)에 대한 의식이 싹텄다는 것이다. 그러나 이러한 주장은 중세와 르네상스를 지나치게 대립시킨 것이다.

신예 기술, 인문주의

인문주의(Humanism)는 중세 말에 나타난 새로운 학문적 경향이라고 할 수 있다. 일반적으로 인문학(studia humanitas)이라는 것은 시, 문법, 수사학 등과 같은 '학예 과목들'을 지칭한다. 그리고 이 과목들을 가르치는 대학의 교수들을 '후마니스

타'(humanista)라고 했다.[4] 이 인문주의는 기독교회를 제거하려는 것이 아니라 갱신하는 데 관심이 있었다. 따라서 어떤 의미에서 르네상스 시대의 인문주의는 신학적으로는 중립적이었다고 말할 수 있다.

인문주의를 정의하는 기존의 두 가지 이해가 있다.[5] 첫째는 인문주의가 고전 학문과 언어학이라는 해석이다. 그러나 이것은 피상적인 이해에 불과할 뿐이다. 왜냐하면 인문주의는 고전 학문과 언어학을 강조하기는 했지만 그것은 어디까지나 인문주의의 목적이라기보다는 어떤 목적에 도달하기 위한 수단이었다고 보는 것이 합당하기 때문이다.

둘째, 인문주의를 '스콜라주의에 반대하는 새로운 철학'이라고 보는 견해가 있다. 이 생각은 중세의 스콜라주의와 근대의 출발점이라고 하는 르네상스를 철저한 대립 구도로 보는 데서 생긴다. 그러나 인문주의는 그리스 라틴의 고전 연구를 통해서 웅변술을 발전시키려고 했던 것이지 새로운 철학을 추구한 것은 아니었다. 또한 인문주의는 플라톤적이든 아리스토텔레스적이든, 혹은 종교적이든 반종교적이든지 간에 어느 한 경향을 꼬집어 의미하는 것이 아니다. 일관된 한 철학을 가지

---

4) 오형국, 『칼뱅의 신학과 인문주의』 (서울: 한국학술정보, 2006), 20-24.
5) A. McGrath, *Reformation Thought: An Introduction* (Oxford: Blackwell, 1999), 43-45.

고 있었던 것이 아니라 다양한 스펙트럼을 가지고 있었다는 점이 강조되어야 하는 것이다.

인문주의는 다양한 형태를 가지지만, 먼저 '웅변술'에 일차적인 관심이 있는 문화적, 교육적 운동이다. 이렇게 되면 인문주의에 있어서 윤리, 철학, 정치 등은 단지 2차적인 관심사가 되는 것이다. 결국 인문주의는 어떤 사상적 내용이라기보다는 어떤 사상들이 어떻게 획득되고 표현(전달)되는가에 더 많은 관심이 있다는 것이다.

이와 같은 인문주의에 대한 정의는 인문주의와 종교개혁의 관련성에 대해 중요한 시사점을 제공한다. 인문주의나 종교개혁 모두가 보다 힘 있는 설득을 위해서 '근원으로'(ad fontes) 돌아가려고 하는 점에서 일치한다는 점이다. 전자가 고대 그리스 로마의 정신으로 돌아가자고 했다면, 후자는 신앙의 최고 권위인 성경과 교부들로 돌아가자는 것으로 귀결되었다. 이것은 신앙 생활에 있어서도 코페르니쿠스적인 전환을 가져오게 되었는데, 바로 신앙 생활의 근원적인 권위는 로마 교회의 전통이 아니라 '성경과 교부'라는 것이었다.[6]

1508년 이래 르페브르를 중심으로 프랑스에서는 기존의 가톨릭적 분위기를 쇄신하려는 일련의 노력들이 나타나기 시작

---

6) A. McGrath, *Reformation Thought: An Introduction*, 41-45.

르페브르

했다. 르페브르는 성경과 교부들의 문헌을 공부하면서 주석들을 저술했는데, 그의 주변에는 성경을 중시하고 영적인 삶을 추구하며 교회를 새롭게 하려는 젊은이들이 모이기 시작했다.[7] 1521년부터는 파리 근교의 모(Meaux) 지역에서 모임이 계속되었다.[8] 이 그룹은 당시 프랑스의 왕이었던 프랑수와 1세의 여동생 앙굴렘의 마가리트의 후원을 받아 잘 운영되고 있었다. 브리쇼네, 기욤 파렐, 제라르 루셀, 삐에르 까롤리 그리고 프랑수와 바띠블르 등이 이 그룹에 가담하고 있었다.[9] 그러나 1523년이 되면서 소르본느의 고발로 이 공동체는 흩어지기 시작하여 결국 와해되었다.

인문주의와 종교개혁을 긍정적인 시각으로 연결시키는 연

---

7) T. M. *Lindsay, A History of the Reformation*, 이형기, 차종순 역, 『종교개혁사 (II)』 (서울: 대한예수교장로회 총회출판국, 1991), 161-169.
8) W. Balke, J. C. Klok, W. van't Spijker, *Johannes Calvijn: Zijn Leven, Zijn Werk* (Kampen: Kok, 2008), 26-29.
9) W. de Greef, *The Writings of John Calvin, Expanded Edition: An Introductory Guide* (tr.) L. D. Bierma (Louisville: Westminster John Knox Press, 2008), 1-10.

구는 지금까지 지속되어 왔다. 그 결과 주로 개혁주의 전통(츠빙글리, 부처, 칼빈)이 루터보다는 기독교적 인문주의와 깊은 관련을 갖는다고 이해되어 왔다. 그러나 루터조차도 비록 스위스 개혁주의자들처럼 적극적이지는 않았더라도 근대적 경건(Devotio Moderna)과 같은 북유럽 인문주의의 영향을 받았다는 점은 주목되어야 한다.[10]

맥그래스는 프랑스의 법인문주의와 칼빈의 신학적 발전과의 연관성을 강조하고 있다.[11] 또한 부스마(Bouwsma)는 칼빈을 중세에서 근세로 넘어가는 과도기적 시대의 인물로 강조하면서 중세적인 요소와 인문주의적인 근세의 경향이 칼빈의 사상 안에 공존하고 있다고 해석하였다.[12]

새로운 경건, 공동생활 형제단의 북유럽 인문주의

북유럽의 인문주의는 1340년경 네덜란드의 한자 동맹 도시였던 데이펀터(Deventer)라는 곳에서 흐로떼(de Groote)라는 인물에 의해서 시작되었다. 흐로떼는 데이펀터 출신으로 파리 유학 이후 살아가다가 회심하게 된다. 그는 전 재산을 팔아

---

10) 홍치모, 『종교개혁의 세계』 (서울: 아가페문화사, 2003), 87-107.
11) A.E. McGrath, *The Intellectual Origins of the European Reformation* (Oxford: Blackwell, 1987), 32-68.
12) W.J. Bouwsma, *John Calvin: A Sixteenth Century Portrait* (New York: Oxford University Press, 1988).

토마스 아 켐피스와 「그리스도를 본받아」

가난한 자에게 나누어준 후에 고향인 데이펀터로 돌아와서 공동체를 이루었는데, 이것이 공동생활 형제단(Brethren of the Common Life)의 모체가 된다. 그의 사후에 쯔볼레(Zwolle)와 캄펜(Kampen)을 중심으로 공동생활 형제단이 확산되면서 이들의 경건 생활이 '근대적 경건'(Devotio Moderna)이라고 불리었다. 근대적 경건의 가장 대표적인 인물은 중세에 성경 다음으로 널리 읽혀졌던 「그리스도를 본받아」를 저술한 토마스 아 켐피스(Thomas a Kempis, 1380-1471)였다. 이 근대적 경건 운동은 그리스도와의 내면적 교제를 강조하면서 수도원적 개혁 운동과 더불어 교육 활동에도 힘썼다. 구제와 교육에 있어서 큰 공헌을 했던 것이다.[13]

북유럽 인문주의는 네덜란드에서 독자적인 발전을 이룩했

---

13) 홍치모, 「종교개혁의 세계」, 26-64.

다. 이 정신은 라인 강을 타고 프랑스와 독일 그리고 스위스와 북이탈리아에까지 영향을 준 중세 말의 지성사적 운동이라고 말할 수 있다.[14] 이 근대적 경건 운동은 종교적인 성격은 그대로 유지하면서도, 점차 고전적이고 인문주의적인 측면도 강조함으로 경건과 학문의 조화를 추구했다. 따라서 이 운동으로부터 16세기 종교개혁 운동이 준비되고 있었다. 실제로 네델란드의 근대적 경건 운동이 지향했던 공동체 운동과 종교개혁이 시도했던 개혁 사이에는 큰 유사성이 존재한다.[15] 네델란드의 데이펀터(Deventer)와 쯔볼레(Zwolle)에서 시작되어 독일과 프랑스 그리고 스위스에까지 영향을 미치면서 종교개혁을 멀리서 안내했던 것이 근대적 경건(Devotio Moderna)인 것이다.[16]

인문주의의 황태자로 지칭되는 에라스무스도 바로 네델란드 데이펀터에 유학을 와서 공부하여 영향을 받았다는 것을 주목할 필요가 있다. 네델란드 로테르담에서 출생한 에라스무스는 데이펀터에 있는 근대적 경건의 공동생활 형제단으로부터 본격적인 교육을 받기 시작했다.[17] 에라스무스는 약 2~3년에 걸쳐

---

14) L.J. Richard, *The Spirituality of John Calvin* (Atlanta: John Knox Press, 1974), 12-47.
15) A.J. Jelsma, *Frontiers of the Reformation: Dissidence and Orthodoxy in Sixteenth-Century Europe* (Aldershot/Brookfield USA/ Singapore/ Sydney: Ashgate, 1998), 9-24.
16) L.J. Richard, T*he Spirituality of John Calvin*, 12-47.
17) R. Bainton, *Erasmus of Christendom*, 박종숙 역, 『에라스무스의 생애』(서울:

에라스무스

네덜란드의 데이펀터와 츠헤르토겐보쉬('s Hertogenbosch)에서 고등 과정을 연구했다. 기록에 의하면 에라스무스가 데이펀터에서 유학하고 있을 당시, 이 도시에서 출판한 고전의 종류와 수는 영국과 스페인에서 출판된 양을 훨씬 능가하고 있었다.[18]

에라스무스의 「엔키리디온」(Enchiridion Militis Christiani)은 1503년에 초판 그리고 1509년에 2판, 1515년에 3판이 나왔다. 특히 3판은 전 유럽의 베스트셀러로서 큰 영향을 주었는데, 스위스의 종교개혁과 루터의 종교개혁이 이 「엔키리디온」이 널리 팔리고 나서 이루어졌다는 것은 이 책의 영향력을 암시해 주는 것이다.

에라스무스는 기독교의 생명력은 평신도들에게 달려 있다고 보았다. 또한 그는 '내면적인 종교'를 강조함으로 기독교를 제도화되고 의식화되어 있는 중세 말 종교에서 해방시켜야 한다고 강조했다. 에라스무스는 당시 일방적으로 사용되고 있던

크리스챤다이제스트, 2001), 9-41.
18) 홍치모, 『종교개혁의 세계』, 72.

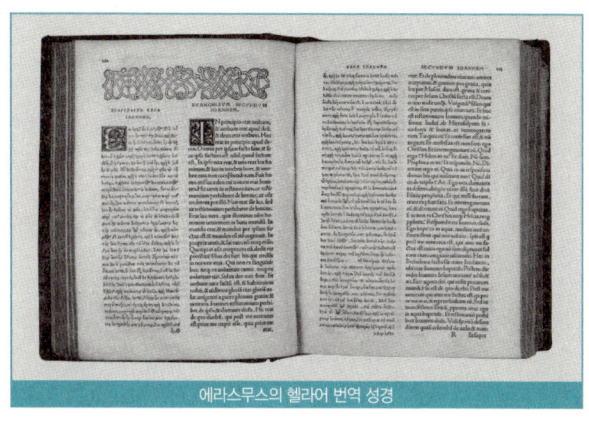
에라스무스의 헬라어 번역 성경

라틴어 성경인 제롬의 불가타(Vulgate)역이 아닌 헬라어에서 직접 번역한 신약 성경이 필요하다고 느꼈다. 그는 헬라어 성경을 독해할 수 있는 능력이 있었고 결국 헬라어 성경을 자신의 손에 쥘 수 있었다. 에라스무스의 첫 헬라어 성경(Novum Instrumentum omne)은 1516년 바젤에서 출판되었고 1520년에 수정판이 나오게 된다. 이때부터 종교개혁자들은 불가타 성경을 헬라어 원문과 비교할 수 있게 되었다. 그의 헬라어 성경 번역에 의해서 사람들은 중세 말 교회의 여러 제도들이 성경과 맞지 않는다는 것을 깨닫게 되었다. 대표적인 것이 7성례였다. 한편 에라스무스를 비롯한 여러 신학자들에 의해 교부, 특히 어거스틴에 관한 연구들은 꾸준히 진행되고 있었다.[19]

---

19) A. McGrath, *Reformation Thought: An Introduction*, 51-57.

'그 프랑스 사람'이 태어나다

칼빈은 거의 평생을 제네바에서 활동했기 때문에 적지 않은 사람들이 그를 스위스 사람으로 알고 있다. 그러나 칼빈은 프랑스 사람이다. 그는 1509년 7월 10일, 파리 북쪽 주교좌 도시인 누아용(Noyon in Picardy)에서 태어났다. 누아용은 오랜 교회적 전통을 유지하고 있던 도시였다.

칼빈의 아버지 제라드 꼬뱅(Gerard Cauvin)은 법률가였다. 칼빈의 어머니 잔느 르프랑(Jeanne Lefranc)은 칼빈이 어린 시절 세상을 떠났는데 그녀는 아름답고 경건했다고 전해진다. 칼빈의 아버지는 아내와 사별한 후 재혼을 했다.

칼빈에게는 네 형제가 있었는데 칼(Karl), 요한네스(Johannes),

누아용의 칼빈 생가

앙똥(Anton) 그리고 젊어서 죽은 프란쯔(Franz)이다. 그리고 두 명의 누이도 있었는데, 마리(Marie)와 그 이름이 알려지지 않은 누이였다. 이 중 앙똥과 마리는 후에 칼빈과 함께 제네바까지 동행했고, 칼은 종교개혁에 가담했다. 그의 가족 환경을 볼 때 칼빈은 보편적인 교회의 경건함 속에서 성장했을 것으로 보인다. 여기서 중요한 점은 칼빈이 어려서 어머니를 잃음으로 그의 생애에서 아버지에게 많이 의존했다는 것이다. 그래서 칼빈의 성격은 포근한 모성보다는 부성이 더 강했다고 할 수 있는데 이것은 그의 성장 과정과 밀접한 관련을 갖는 것으로 보인다. 칼빈의 아버지가 힘이 있는 귀족 가정과 교제하면서, 칼빈은 자연스럽게 당시 상류층의 생활을 익히게 된다. 그러면서 아버지의 주선으로 성직록을 받게 된다.

파리 조기 유학생

1523년 8월, 어린 칼빈은 파리로 갔다.[20] 당시 파리는 르페브르(Jacques Lefevre d'Etaples)의 영향이 매우 두드러졌었다. 여기서 칼빈은 자신의 이름을 쟝 꼬뱅(Jean Cauvin)에서 프랑스어로 쟝 칼뱅(Jean Calvin)으로 바꾸었으며 이 이름은 라틴어식으로는 요아니스 칼비누스(Ioannis Calvinus)가 된다. 그래서 칼빈

---

[20] 파커(T.H.L. Parker)는 칼빈이 1520-1521년에 파리로 갔을 것이라고 한다. Parker, *John Calvin* (Philadelphia, 1975)

칼빈이 유아세례 받은 교회

의 이름은 라틴식 발음을 따라서 칼빈으로 가장 많이 불린다.

　칼빈은 프랑스 유학 시절 인문 과정 교육을 마쳤다. 당시 인문주의적인 교육을 받았던 대다수의 학생들이 그랬듯이 칼빈 또한 에라스무스와 르페브르의 새로운 복음주의적 인문주의 정신에 고양되어 있었다. 이 두 인물은 모두 교회의 개혁을 주장하되 성경에 기초를 두어야 한다고 했다.

　칼빈은 마르슈에서 대학 교육을 위한 준비 과정으로서 인문주의적 교육을 받았다. 이 대학의 교육은 문법, 수사학 그리고 논리학의 3학과 여기에 산술, 기하학, 천문학, 음악을 더해 모두 7과목으로 끝나도록 되어 있었다. 이 모든 과정을 마치는 사람은 대학에 진학하여 신학, 법학, 의학을 공부

할 수 있었다.

1523년 연말이 되자 칼빈은 보다 알려진 몽테규 대학(College de Montaigu)으로 학교를 옮겼다. 칼빈은 엄격한 이 학교에서 훈련을 받았다. 당시 몽테규 대학에서는 토마스 아 켐피스로 대변되는 근대적 경건 운동인 데보찌오 모데르나(Devotio moderna) 운동이 크게 영향을 끼치고 있었다.

이 학교는 에라스무스가 공부했던 곳이기도 했다. 칼빈은 마르슈와 몽테규에서 코르디에(M. Cordier) 밑에서 라틴어를 공부했는데, 후에 칼빈이 그에게 헌정한 에베소서 주석의 헌정사를 볼 때 칼빈은 그로부터 진정한 학문적 방법을 배웠던 것으로 보인다. 또한 칼빈이 머물렀던 몽테규는 공동생활 형제단의 영향이 큰 곳이었다. 따라서 칼빈은 이곳에서 자연스럽게 공동생활 형제단의 영성을 익혔을 것으로 보인다. 특히 칼빈은 새로운 길(via moderna)의 중심지였던 이 몽테규 대학에서 스코틀랜드 출신이고 둔스 스코투스(Duns Scotus)에게 영향을 받았던 존 메이저(John Major, 1470-1550)를 통해 롬바르드(Peter Lombard)와 아리스토텔레스 철학과 유명론, 그리고 어거스틴을 소개받았다.[21] 칼빈은 1528년에 졸업하게 된다.

---

21) H.A. Oberman, *The Dawn of the Reformation: Essays in Late Medieval and Early Reformation Thought* (Grand Rapids: Eerdmans Publishing, rep. 1992), 8-12. 칼빈은 몽테규 대학에서 후기 중세 어거스틴주의(late Mediaeval

몽테규 대학이 있었던 장소. 왼쪽으로 가톨릭 신학의 본거지인 소르본느 대학, 오른쪽 뒤쪽으로 파리 노트르담 성당이 보인다.

    이 몽테규 시절에 칼빈은 프랑수와 1세의 주치의였던 콥(Cop) 가문과 친분을 발전시켰다. 이때 다양한 인문주의적이고 개혁적인 성향의 그룹들을 만날 수 있었다. 그리고 파리에서 공부하고 있던 사촌인 올리베탕(Pierre Robert Olivetan)과도 친하게 되었다. 베자에 의하면 그는 칼빈에게 참종교를 가르쳤던 사람일 것이며, 칼빈으로 하여금 성경을 보게 하고 로마의 미신에서 벗어나게 했던 사람이다.

Augustinianism)를 만났을 것이다. A.E. McGrath, *Reformation Thought: An Introduction* (Oxford: Blackwell, ³1999), 80–83.

칼빈과 인문주의

인문주의는 종교개혁이 일어날 수 있는 문화적 배경을 조성했다. 그러나 인문주의가 곧 종교개혁은 아니었다. 인문주의는 종교개혁을 가능하게 한 일종의 '촉매'였다.[22] 인문주의는 종교개혁의 발전에 중요한 공헌을 했다. 특히 북유럽의 르네상스가 이탈리아의 르네상스보다 더 그러했다.

칼빈과 인문주의의 관계를 말할 때 칼빈이 근대적 경건과 깊은 관련이 있다는 것을 주목할 필요가 있다. 칼빈은 프랑스 파리의 몽테규 유학 시절 베다(Noel Beda)를 통해서 어거스틴과 근대적 영성의 저서들을 접했을 것이다. 베다는 네덜란드의 하우다(Gouda)에 있었던 공동생활 형제단에 유학을 다녀온 존 스탄도닉(John Standonick)의 제자였다. 그 밖에 여러 경로를 통해서 칼빈은 근대적 경건의 정신을 배울 기회가 있었다. 또한 칼빈은 근대적 경건에 깊이 관여했던 프랑스 사람 르페브르(Jacques Lefevre d'Etaples)와 요한 스트룸(Johann Sturm)을 통해 근대적 경건에 접할 수 있었다. 스트룸은 리에쥬(Liege: 현재는 벨기에지만 당시는 네덜란드)의 공동생활 형제단에서 훈련을 받았고, 그 정신을 스트라스부르에서 구현하려고 시도했

---

22) A.E. McGrath, *The Intellectual Origins of the European Reformation* (Oxford: Blackwell, 1987), 32-68.

던 인물이었다.[23]

이처럼 칼빈은 근대적 경건의 정서에 영향을 받았지만, 창조 세계를 긍정하고 적극적인 변혁을 추구했다는 점에서 세상으로부터 철회할 것을 강조한 근대적 경건의 토마스 아 켐피스(Thomas a Kempis)와 차별된다.[24] 신학적으로 보면 공동생활 형제단은 아직도 지식과 영성이 완전히 통합되지는 못했다고 평가되는데 그것을 완성시킨 인물이 바로 칼빈이라고 할 수 있다.[25]

칼빈은 중세에서 근대로 넘어가는 과도기에 학교 교육을 받으면서 성장했기 때문에 그에게도 인문주의적인 요소가 존재한다. 이렇게 보면 칼빈은 인문주의자이기도 하다. 인문주의가 칼빈의 핵심적인 사상이라는 말은 물론 과장된 표현이기는 하지만 칼빈에게 있어서 인문주의는 주변적인 존재가 아니었다는 것은 분명하다.[26]

---

23) 정승훈, 『종교개혁과 칼빈의 영성』, (서울: 대한기독교서회, 2000), 29-34. W. Balke, *Omgang met de reformatoren* (Kampen: De Groot Goudriaan, 1992), 94-100.
24) 근대적 경건의 대표자인 토마스 아 켐피스에 대한 최근의 연구를 위해서는 다음을 참조하라. P. van Geest, *Thomas a Kempis (1379/80-1471): Een studie van zijn mens-en godsbeeld* (Kok: Kampen, 1996), 149-155.
25) L.J. Richard, *The Spirituality of John Calvin* (Atlanta: John Knox Press, 1974), 122-129.
26) W.J. Bouwsma, *John Calvin: A Sixteenth Century Portrait* (New York: Oxford University Press, 1988), 263.

칼빈은 고대의 철학을 조직적으로 사용하지 않았고 역사적으로 사용했다. 즉 칼빈은 철학을 진리로 이끄는 도구가 아니라 진리를 설명하기 위한 것으로 보았다.[27] 인문주의에서 언어는 사람을 설득하는 능력이었고 세상을 변혁시키는 도구였다. 특히 칼빈에게 큰 영향을 준 인문주의 교육 분야는 수사학이었다. 칼빈은 그리스 로마의 고전과 수사학에 능했기 때문에 르네상스 인문주의의 수사학적 문화에 대한 이해가 깊었다. 인문주의에서 설득(persuasio)은 박학(eruditio)보다 우위다. 칼빈은 인문주의적 해석학의 원리를 자신의 학문에 적용했다. 또한 칼빈이 키프리안, 암브로스, 버나드, 크리소스톰 그리고 특히 어거스틴과 같은 교부들을 존중하면서 근원으로(ad fontes) 돌아가라는 덕목을 중시한 것 또한 인문주의적인 접근이었다.[28]

이러한 인문주의적 방법론을 가지고 칼빈은 성경을 읽고자 하였다. 따라서 오리겐과 같은 알레고리적 해석은 칼빈에게 용납될 수 없었다. 칼빈이 성경 해석의 원칙으로서 '간결성'을 말할 때 그것은 수사학적인 의미에서 나온 것이었다. 칼빈은 인문주의적인 교육의 영향으로 대중에 대한 설득을 중시했던 것이다.

---

27) C. Partee, *Calvin and Classical Philosophy* (Leiden: Brill, 1977), 146-147.
28) W.J. Bouwsma, *John Calvin: A Sixteenth Century Portrait*, 263-299.

이처럼 칼빈이 어려서부터 인문주의 교육을 철저하게 받은 인문주의자였고 회심을 거치면서 종교개혁 신학자가 되었다면, 칼빈은 인문주의를 완전히 버렸는가? 아니면 칼빈에게 인문주의적 요소는 그대로 남아 있는가? 만약 인문주의 사상이 칼빈에게 잔존하고 있다면, 그것은 무엇을 의미하는가?

주목할 만한 점은 칼빈이 인문주의자에서 종교개혁주의자로 돌아선 이후에도 지속적으로 그리스 로마의 작품을 귀하게 여겼으며 인문주의를 무시하지 않았다는 것이다. 그렇다고 해서 인문주의를 절대화하거나 신성화하지도 않았다. 칼빈은 기독교의 진리가 인문주의적 지식으로 환원될 수 없다는 사실을 누구보다도 잘 알고 있었기 때문이다. 칼빈은 청년기에 당시로서는 가장 정통한 인문주의적 교육을 받은 인문주의자였다. 이 인문주의적 사상은 종교개혁자 칼빈과 모순되지 않았다. 오히려 칼빈은 자신의 종교개혁 신학을 수립하고 성경을 해석하는 데 있어서 자신의 인문주의적 소양을 탁월하게 활용했다.

그러면 인문주의 교육이 칼빈에게 공헌한 바를 몇 가지로 정리해보자.

첫째, 칼빈의 인문주의적인 훈련은 자신의 생각을 간결하고 단순하게 표현할 수 있도록 만들었다. 칼빈의 인문주의에 의한 수사학은 결국 칼빈을 당대의 지성인 및 대중과 명확하게 소통할 수 있도록 해 주었다.

둘째, 칼빈은 고대의 철학적 용어들을 자유롭게 사용했는데, 이것은 칼빈 당시의 지성인들과 독자들에게 칼빈이 의도하는 바를 전달하는 데 매우 유용했다. 말하자면 칼빈에게 인문주의는 종교개혁의 진리를 소개하고 이해시키기 위한 도구였으며, 그 자체가 칼빈의 목적은 아니었다.

젊은 시절의 칼빈, 홀바인 그림

셋째, 인문주의 정신인 '근원으로'(ad fontes)의 원칙에 따라 칼빈은 원전과 고전으로 돌아갈 수 있었다. 따라서 인문주의는 기독교 신앙의 원천인 성경과 교부들에 대해 깊이 있는 연구를 할 수 있도록 영감을 주어 칼빈의 신학 형성에 크게 공헌했다.

넷째, 인문주의적 태도는 칼빈으로 하여금 세상과 현세를 긍정적으로 바라볼 수 있도록 도왔으며, 이 사회와 세상의 개혁과 발전에 대한 신념을 가질 수 있도록 했다. 칼빈은 자신의 인문주의적 사고에 기초하여 종교개혁 신학을 사회적으로 확대, 해석할 수 있는 포괄성을 가질 수 있었다.

결국 인문주의는 칼빈으로 하여금 인간과 세계를 폭넓게 볼 수 있는 시각을 제공해 주었다. 또한 인문주의적 지식은 칼빈으로 하여금 종교개혁 신학을 당대의 사람들에게 전하는 데 유용하게 했다. 칼빈에 의하면 학문과 신앙은 모순되지 않는다. 오히려 그리스도인은 학문을 정교하게 감당함으로 하나님의 통치와 영광을 드러낼 수 있다. 학문과 신학은 조화를 이룰 수 있다는 것이 칼빈의 생각이었던 것이다.

그렇지만 칼빈은 인문주의를 숭배하지는 않았다. 인문주의적 소양은 어디까지나 수단이며, 그 궁극적 목적은 하나님의 통치하심(Regnum Dei)을 드러내는 것이다. 따라서 칼빈에게 있어서 인문주의적 지식과 교양 또한 성경과 종교개혁 신학에 의하여 그 가치와 정체성이 늘 재평가되어야 했다.

칼빈은 종교개혁 당시 유럽의 일상적인 교양이었던 인문주의를 정확히 이해하고, 그 방법론을 사용하여 종교개혁적 신학을 정립하여 그리스도인의 삶의 방향을 제시했다. 칼빈은 16세기에 인문주의적 훈련을 통해서 그 시대 사람들의 사고방식과 문화를 통찰할 수 있었기 때문에 효과적으로 복음을 전하고, 교회를 세울 수 있었다. 그렇다면 현대의 그리스도인들도 이 시대를 이해하고, 이 시대의 코드를 파악해서 이 시대의 문화에 익숙한 현대인들에게 적절하게 신앙을 전달하고,

그리스도의 진리를 지켜나갈 수 있어야 할 것이다.

칼빈은 인문주의를 완전히 부정하지도 않았고, 반대로 무비판적으로 수용하지도 않았다. 그는 신학과 학문을 지혜롭게 통합할 수 있는 건강한 균형 감각을 가지고 있었다. 바로 이 점이 16세기를 살았던 칼빈과 인문주의의 관계 연구가 21세기를 살아가는 현대인들에게도 매우 유익한 이유가 될 것이다.

하나님의 숨겨진 커리큘럼

칼빈이 오를레앙과 부르주에서 접한 프랑스 법인문주의는 중요하다. 칼빈의 아버지는 1527년 누아용 대성당 참사회와 다툰 이후에 아들에게 법률 공부를 시키기로 작정했다. 그래서 칼빈은 1528년부터 1533년까지 부르주와 오를레앙 대학에서 법을 공부하였고, 법률가 자격을 얻었다.

칼빈은 당시 유명한 법학자 레스뚜알르(Pierre de l'Estoile)가 있는 오를레앙 대학으로 옮겨갔다. 1529년에는 알치아티(Andrea Alciati)의 강의를 듣기 위해서 다시 부르주 대학(Bourges)으로 옮겨갔다. 이처럼 칼빈은 아버지의 강요와 기대에 의해서 젊은 시절에 법을 공부하게 되었다.

프랑스의 프랑수와 1세는 당시 프랑스에 존재하고 있던 두 종류의 법(mos gallicus와 mos italicus)을 하나로 통합하는 과정에서 국책 사업으로 법학을 장려하고 있었다. 칼빈은 이때 중흥

했던 법인문주의의 영향을 직접 받은 것이다. 이 영향은 그의 제네바 사역과 「기독교강요」 저술에서도 나타난다. 후에 칼빈이 제네바의 법을 제정하는 과정에서 그의 법인문주의 교육은 그대로 적용될 수 있었다. 또 그의 「기독교강요」의 원 제목인 'Institutio Religionis Christianae'의 'Institutio'도 로마법의 상세한 설명이라는 데서 기원한다. 즉 로마법을 설명하듯이 그리스도인의 삶과 사회를 위한 강령을 강해하는 책이 「기독교강요」라는 의미를 갖는 것이다.[29] 칼빈이 시민 정부에 의한 국가의 안정을 하나님의 선물로 본 것도 이때 배운 법인문주의와 관련이 깊다.

칼빈은 이 기간 중에 볼마르(M. Wolmar)로부터 그리스어를 배웠다. 칼빈이 자신의 고린도후서 주석을 헌정했던 사람이 바로 볼마르였는데 그만큼 칼빈에게 법 공부가 중요했다는 것을 의미한다. 후에 칼빈은 파리와 바젤에서 히브리어도 심도 깊게 공부했다. 이처럼 칼빈이 라틴어와 헬라어 그리고 히브리어로 철저하게 준비되었다는 것은 그가 르페브르와 에라스무스가 강조했던 기독교 개혁을 위한 인문주의적 소양을 철저

---

29) In-Sub Ahn, *Augustine and Calvin about Church and State* (Ph.D. Diss.) Kampen Theological University (2003), 166-170. 또한 다음을 보라. S. Reid, "John Calvin, Lawyer and legal Reformer," in *The Biography of Calvin: Articles on Calvin and Calvinism* vol. 1. (ed.) R. Gamble. (New York & London: Garland Publishing, 1992), 57-58, 62.

하게 갖춘 사람으로 준비되었다는 것을 의미한다.

이렇게 볼 때 칼빈은 인문주의적 훈련과 소양을 사역과 저술에 매우 적절하게 활용했다는 것을 알 수 있다. 인문주의적 법률가 출신의 칼빈과 수도사 출신인 루터의 개인적 배경 차이는 결국 칼빈주의와 루터주의가 서로 다른 특색을 갖게 하는 데 중요한 역할을 했다고 이해할 수 있을 것이다.

세네카의 관용론 주석

1531년 칼빈이 인생에서 크게 의존하고 있던 아버지가 세상을 떠났다. 칼빈은 이제 아버지로부터 독립하여 독자적인 인생의 항로를 걷게 된다. 칼빈은 스스로 파리로 가서 헬라어와 히브리어를 배웠다.

1532년 그는 첫 번째 학문적 저술인 「세네카의 관용론 주석」을 출판했다.[30] 칼빈이 신학이 아닌 로마의 스토아 철학자의 저서 연구로 그의 학문적 입문을 했다는 점이 특이하다. 칼빈은 로마에 있는 이교도들에게 관용을 베풀 것을 주장한 세네카의 저작을 통해 프랑수와 1세에게 복음주의자들에게 보다 관용해줄 것을 기대했던 것으로 보인다. 칼빈은 이 저작에서 에라스무스의 영향을 보여주고 있다. 이 작품에서 그는 먼

---

30) Calvin, CO. 5:1-162.

저 세네카의 사상을 간략하게 요약하였고 그러고 나서는 언어학적인 주석을 해나가고 있다. 이 부분에는 막대한 양의 그리스와 라틴 철학자들의 인용이 등장하고 있다. 또한 어거스틴을 중심으로 한 교부들의 글과 성경 구절도 인용되고 있다. 이 작품을 통해서 칼빈은 스토아 학파는 신의 섭리라는 측면에서 기독교와 유사한 점이 있다는 것을 밝히려고 했다. 이러한 칼빈의 시도는 인문주의적인 영향을 그대로 드러내준다.[31]

칼빈은 대체로 세네카의 주장을 지지하고 있다. 이 당시만 해도 칼빈은 아직 강력한 개신교 복음주의자가 된 것은 아니었던 것으로 보인다. 그러나 점진적으로 그 영향을 받고 있었던 것으로 여겨진다. 결국 이 작품을 통해서 칼빈은 성경의 신학을 로마의 철학과 연결시키려고 시도했다.[32] 그러므로 칼빈의 「세네카의 관용론 주석」

'관용론'(De Clamentia)을 쓴 세네카

---

31) W. de Greef, *The Writings of John Calvin, Expanded Edition: An Introductory Guide* (tr.) L. D. Bierma (Louisville: Westminster John Knox Press, 2008), 65-67.
32) 이양호, 『칼빈: 생애와 사상』 (서울: 한국신학연구소, 1997), 24-47.

은 인문주의와 종교개혁의 상호 관계라는 칼빈의 긴 학문적 여정을 암시하는 작품이라고 할 수 있다.

회심으로 피난민이 되다

칼빈은 1528~1534년 봄 사이에 회심을 경험하게 된다. 하나님은 비밀스런 섭리 가운데서 칼빈의 인생의 방향을 새롭게 하셨고, 그의 완고한 마음을 복종하게 만드셨다. 칼빈 자신은 '급격한 회심'이라고 표현하고 있는데, 사실은 구교의 성상 숭배와 성인숭배를 급격히 거절했다는 뜻이라고 보인다. 즉 그의 점진적인 회심의 시작을 의미한다. 칼빈은 독서와 교제를 통해서 서서히 성경적인 믿음과 참된 경건에 이르는 종교개혁적인 신앙을 소유하게 되었다.

칼빈은 파리에 체류하던 중 1533년에 이르러 파리를 떠날 수밖에 없게 되었다. 그는 니콜라스 콥 총장의 취임 연설문을 함께 작성한 것으로 알려져 있다. 이 글은 전형적으로 복음주의적인 인문주의자들의 사상을 반영하고 있었다. 따라서 그는 가톨릭주의자들에 의해서 더 이상 파리에 머무를 수 없게 되었다. 이 연설문의 내용은 에라스무스적인 기독교 철학의 경향을 보여준다. 그리스도 중심적이었고 율법과 복음을 대조했다.[33]

---

33) W. J. Bouwsma, *John Calvin: A Sixteenth Century Portrait*, 11-80.

칼빈은 1534년 5월 4일, 누아용으로 가서 성직록을 포기한다. 그리고 1534년 10월에 그의 친구 마르쿠르(Antoine Marcourt)가 미사에 반대하는 플래카드 사건으로 프랑스에서 위험한 상황에 처하자, 당시 개신교 도시였던 바젤로 피난하여 난민 생활을 하게 되었다.

칼빈은 자신의 신상 문제를 해결하고 프랑스의 스트라스부르로 향했다. 그러나 당시 전쟁으로 인한 군대의 이동 때문에 위험하여 제네바로 우회하여 가게 되었고 제네바에 머물게 되었다. 그리고 이후로 계속 그는 제네바에서 활동하게 되었다.

제네바 1차 사역(1536-1538)

개신교의 신학 헌장, 「기독교강요」 초판 등장

실제로 칼빈을 대표적인 종교개혁자로서 세상에 알리고 또한 제네바에서 사역하도록 만들었던 것은 칼빈의 「기독교강요」 출판이다. 이것은 실제로 개신교의 전체적인 신학적 핵심을 제시해주는 역작이었다. 「기독교강요」의 초판은 1535년 그 내용이 완성되었고 1536년 3월에 바젤에서 출판되었다. 칼빈이 제네바에서 사역을 시작한 시점은 1536년 9월 이전의 어느 날이다. 그러나 이 「기독교강요」를 칼빈의 제네바 사역과 관련 지은 것은 칼빈의 모든 사역과 신학 작업에 기초가 되는 것이 「기독교강요」였기 때문이다.

칼빈은 1535년 파리를 빠져나와 그의 친구 루이 듀 틸레(Louis du Tillet)의 집에서 일 년 반 정도 머물면서 강요 초판을 집필했다. 그리고 1536년 바젤에서 칼빈의 「기독교강요」 초판이 출판되었다. 이때 칼빈은 26세였는데 이 저술과 함께 그는 개신교의 대표적인 신학자로 영향력을 갖게 된다. 이 「기독교강요」는 처음에는 모두 6개의 장으로 구성되어 있었지만 1559년 최종판에는 모두 80장이나 되었다.

칼빈에 의하면, 「기독교강요」를 기록한 기본적인 의도는 프란시스 왕(과 독자들)에게 개신교도들은 정부 전복자가 아니라는 사실을 확신시키기 위한 것이었다.[34] 칼빈은 자신과 자신의 당파는 왕에게 복종하는데, 왕은 하나님의 능력 아래 있기 때문이라고 말한다. 칼빈은 성인 초신자에게 개신교 신앙을 가르칠 목적으로 「기독교강요」를 기록했다. 일반적으로, 칼빈은 혁명적인 재세례파들과 지배적인 가톨릭 세력 사이에서 중도의 길을 선택하였다.

칼빈의 「기독교강요」 초판은 기존의 종교개혁 1세대의 영향을 받았다. 먼저 형식과 내용에서 루터의 흔적이 보이는데 1529년 루터의 '소요리문답'의 형식을 따랐다.

---

34) Calvin, *Institutes*, dedication.

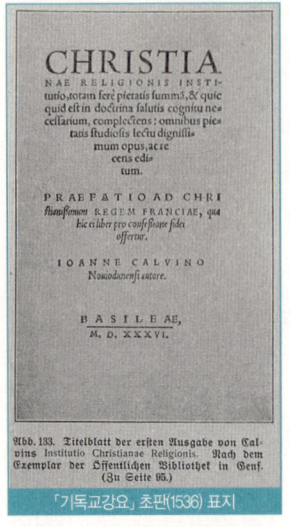

「기독교강요」 초판(1536) 표지

그러나 동시에 칼빈의 「기독교강요」 초판은 세 가지 점에서 마틴 부처의 영향을 받았다는 것을 알 수 있다. 첫째, 주기도문의 해석에서 성령에 의해서 통치되는 하나님의 나라가 중심성을 갖는다는 것, 둘째, 성령론에 근거한 선택론 사상 그리고 셋째, 교회의 열쇠의 권세를 죄 용서의 선포로 본다는 점에서 그러하다.[35] 비단 「기독교강요」의 초판뿐 아니라 칼빈의 신학 전반에 부처의 영향이 드리워져 있었다. 칼빈은 그의 「기독교강요」 헌정사(Dedicatory Epistle to King Francis)에서 종교개혁의 교회는 초대교회를 잇고 있으며 로마 가톨릭 교회는 그렇지 않다고 주장하고 있다.[36]

중요한 것은 칼빈의 「기독교강요」가 출판됨으로 개신교회 특히 개혁주의는 신학적 나침반을 소유하게 되었으며 칼빈

---

35) W. van 't Spijker, "The Influence of Bucer on Calvin as Becomes evident from the *Institutes*," 109–113.
36) Calvin, *CO* 1, cols. 16–17. (Institutes, dedication) (1535/6).

자신은 일약 전 유럽에 그 명성을 알리게 되었다는 것이다.

파렐, 칼빈을 제네바로 부르다

1536년에 칼빈과 듀 틸레는 이탈리아 페라라의 레나타(Renata) 공작부인을 방문했다. 칼빈은 이탈리아에서 소논문인 두 서신을 기록했는데 그 주요 이슈는 '가톨릭의 지배를 받는 개신교인들은 어떻게 처신해야 하는가?'였다. 칼빈은 이탈리아에서 돌아온 후 잠시 파리에 머물렀다가 영원히 프랑스를 떠나게 된다. 칼빈은 스트라스부르를 향해 가다가 제네바에서 부름을 받고 1536년 7월 제네바에 정착하게 되었다.

론(Rhone) 강 하류에 위치한 제네바는 당시 약 1만~1만 3천 명의 인구를 가지고 있었던 것으로 보인다. 이때의 제네바는 가히 혁명의 시대였다. 정치뿐 아니라 종교적인 모든 면에서 본질적인 변화의 시기를 지나고 있었다. 제네바를 지배하고 있던 이탈리아 사보이의 지배가 종식되었고 베른의 영향권에 있었다. 개신교 도시인 베른의 적극적인 후원이 있었기에 제네바는 종교개혁에 성공할 수 있었다. 1536년 5월 21일 제네바의 전체 시민은 집회를 열어 종교개혁 신앙을 받아들이는 서약을 했다.

제네바의 지도층이 변혁을 겪게 되면서 제네바 교회도 큰 변화를 맞았다. 칼빈이 처음 제네바에 도착했을 때, 종교개혁은 확고한 뿌리를 내리지 못하고 있었다. 특히 개혁을 두고 시민을 확신시키는 일이 어려웠다.

제네바가 종교개혁 도시로 바뀐 것은 종교개혁자였던 파렐의 영향이 컸다. 그는 1532년부터 제네바를 방문하였으며 1534년에는 공개 논쟁을 통해 개신교 교리를 설파했다. 그리고 로마 교황 제도를 공격하기도 하면서 종교개혁을 추진했다. 이때가 제네바 최고의 긴장기였다.[37] 1535년 8월 27일, 결국 제네바 시 의회가 공식적으로 종교개혁을 선언하여 미사가 폐지되었으며 시민들은 서약을 하게 되었다. 제네바는 실제적인 생활 면에서도 큰 변화를 맞았다.[38] 파렐은 1536년 스트라스부르로 향하고 있던 칼빈을 강권하여 제네바에 초청했고 사실상 제네바는 칼빈의 손에 의해서 종교개혁의 모델적인 도시가 되었다.

제네바는 이제 로마 가톨릭의 종교적 박해와 사보이의 정치적 지배에서 방금 풀려난 신생 개신교 도시국가였다.[39] 그러나 외부로부터는 제네바를 로마 가톨릭으로 되돌리려는 음모가 중단 없이 시도되고 있었고, 제네바 내부에서는 종교개혁에 대한 반발이 거셌다. 이러한 역사적 현실 속에서 파렐과

---

37) D. Nauta, Guillaume Farel: *In leven en werken geschetst*, 57-61.
38) P. Schaff, 『스위스 종교개혁』, 234-237.
39) E. Cameron, *The European Reformation* (Oxford: Clarendon Press, 1991), 2f.

칼빈 시대 제네바 시 전경

칼빈은 로마 가톨릭 교회의 예전을 버리고 전혀 새로운 교회를 세워야만 하는 중차대한 사명을 부여받고 있었다.

칼빈 자신이 의도하지는 않았지만 제네바에서 사역을 시작하게 된 것도 파렐이 강권한 것이었다. 제네바에서 다시 사역의 초청을 받았을 때 망설이던 칼빈에게 제네바로 돌아갈 것을 강권한 것도 역시 파렐이었다. 이렇게 본다면 파렐은 칼빈의 실제적인 사역을 가능하게 만든 동역자라고 할 수 있다.[40]

바트란트(Waadtland)의 종교개혁자인 파렐은 프랑스의 알프스 산맥 지대인 도피네(Dauphine)의 갑(Gap)에서 태어났다. 파렐은 사고가 깊은 사상가나 예리하면서 저술을 많이 한 학자라기보다는 행동으로 실천하는 사람이었다.[41] 그렇지만 파렐

---

40) 칼빈과 파렐의 관계에 대해서는 필자의 다음의 연구를 참조했다. 안인섭, "칼빈과 파렐," in: 『칼빈과 종교개혁가들』 개혁주의 신학과 신앙 총서 6 (부산: 고신대학교 개혁주의학술원 2012), 219-231.

41) D. Nauta, Guillaume Farel: *In leven en werken geschetst* (Amsterdam: Ton Bolland, 1978), 7.

파렐

은 16세기 초 프랑스 인문주의 운동의 흐름 속에서 종교개혁을 초기부터 견인했으며, 따라서 프랑스어권의 개혁주의 발전의 선구자라고 할 수 있다. 특히 파렐은 종교개혁 사상의 완성이라고 평가되는 칼빈보다 스무 살이나 많은 선배이자 동역자로 평생 동안 종교개혁을 이끄는 역할을 감당했다.

파렐은 성경 공부를 심화하면서 기독교의 진리를 발견하게 되었으며, 교황 제도의 미신적 오류를 갈파하게 되었다. 따라서 파렐은 오직 예수 그리스도 안에서 구원을 받으며, 성경만이 유일한 삶의 법이라는 것을 믿게 되었다. 따라서 파렐은 로마 가톨릭이 강조하는 전통과 의식이라는 것도 성경에 근거해야만 가치가 있으며, 그 자체로는 단지 인간이 만들어낸 것에 지나지 않는다는 사실을 알게 되었다.

파렐은 1565년, 칼빈이 제네바에서 임종한 지 1년 만에 뉘샤텔(Neuchâtel=Neuenburg)에서 세상을 떠났다. 칼빈과 파렐 모두 프랑스어를 사용하는 스위스에서 종교개혁을 이끌어갔다는 공통점이 있다. 국가로부터 박해받던 프랑스 종교개혁주의자들이 대거 스위스로 이주해 왔기 때문이었다. 이와 같은 환경 속에서 종교개혁은 점차 유럽에서 그 토대를 공고하게 내릴 수 있었다.

칼빈의 제네바 초기 사역

칼빈은 제네바의 학교에서 신약 강의를 했으며 라틴어, 헬라어, 히브리어를 가르쳤고 베드로 교회에서 바울 서신을 강해했다. 그러나 칼빈은 제네바에서 지도력을 발휘할 상황이 못 되었다. 칼빈이 파렐의 적극적인 후원에 의해서 9월 5일 제네바 시 의회에 임용되었을 때 서기가 기록한 문건에는 칼빈의 이름은 보이지 않고 그저 '그 프랑스 인(Ille Gallus)'이라고만 되어 있었다. 1537년 2월에 가서야 칼빈은 겨우 월급을 받을 수 있었다.

예배를 개혁하다

제네바의 목사인 칼빈과 파렐, 엘리 꼬로(Elie Coraud)는 1537년 시 의회에 「제네바 교회 조직과 예배에 관한 규정」[42]을 함께 제출했다. 여기서 그들은 성찬식을 자주, 즉 매주 실시하자고 주장했다. 그러나 제네바 교회의 현실적인 상황을 고려

---

42) Calvin, *Articles concernant l'organisation de l'église et du culte a Geneve* (1537) (*CO* 10a : 5–14).

하여 한 달에 한 번 번갈아 가면서 하도록 했으며 참된 삶을 살 때 참예하도록 했다. 또한 그들은 로마 가톨릭의 주교들에 의해서 강탈된 치리와 출교권을 회복시키고자 하였다. 그래서 성도가 잘못을 하면 대표자는 목사에게 알리고 해당 성도에게 함께 주의를 주며 그래도 시정되지 않으면 그 사람의 이름을 성도들에게 알리고 그래도 시정되지 않으면 출교하자는 것이다. 그러므로 성도들은 자신의 삶이 바뀌지 않는 한 성찬식에 참여할 수 없는데 단 교회의 예배는 참석하도록 하자는 것이다.

이 규정에서 중요한 개념은 'eglise bien ordonnee' 즉 '잘 조직된 교회'(well-organized church)였다.[43] 칼빈이 말하는 '잘 조직된 교회'는 '성경적인 사상'에 의해서 철저하게 관통되고, 적절하게 조직되며, 조화롭게 연합된 교회의 몸을 의미했다.[44] 요컨대 칼빈이 말하는 예배는 '잘 조직된' 것이면서도 동시에 '영적' 이라는 균형 의식이 잘 나타나 있는 예배였다.

칼빈과 파렐 모두 유년기에는 교황주의를 신봉하는 로마 가톨릭 사람들이었지만 인문주의의 영향을 받고 또한 성경적이

---

43) Calvin, *Articles concernant l'organisation de l'eglise et du culte a Geneve* (1537) (*CO* 10a : 5-14).

44) Shin Nomura, "Église bien ordonnée: Liturgical and Spiritual Aspects of Calvin's Worship,"「9's Asia Congress on Calvin Research」(Taiwan, 2005), 1-22.

고 종교개혁적인 신앙을 갖게 되면서 종교개혁자가 되었다. 그래서 그들은 성인과 성물 숭배를 철저하게 배격했고 교황을 적그리스도로 보았다. 특히 중요한 것은 성만찬에 대한 문제였다. 칼빈에게 있어서 미사는 곧 우상숭배였다.

칼빈은 신학적인 사고의 깊이를 가진 목회자였다. 그는 사려 깊은 신학자로서 통찰력 있는 많은 저술과 목회적 활동을 통해서 종교개혁을 추진해 나갔다고 평가할 수 있다.[45]

교회를 세우다

칼빈은 제네바 사역 기간 동안 개신교와 로마 가톨릭 교회 사이의 신학 논쟁이 있을 때 종교개혁 교회를 위해서 변증했다. 로잔 회의(1536년 10월)가 바로 그것이었다. 칼빈은 로마 가톨릭 교회가 개신교회에 제기하는 문제에 대해서 잘 논증했다. 칼빈에 의하면 그들은 교부들에 대한 이해가 결여되었으며 따라서 로마 가톨릭 교회는 교부들로부터 신학적 토대를 지지받지 못한다는 것이다.[46] 칼빈은 자신이 모든 권위를 비판하면서 수용하지 않는다는 공격에 대해 반격했다.

---

45) D. Nauta, *Guillaume Farel: In leven en werken geschetst* (Amsterdam: Ton Bolland, 1978), 7.
46) H.O. Old, *The Patristic Roots of Reformed Worship* (Zürich: Theologischer Verlag, 1975), 142.

칼빈은 1537년에 「기독교강요」의 요약에 해당하는 교리교육서를 프랑스어로 출판했다. 신앙 교육서는 명확하게 교리를 담아내야 하기 때문에 간결하고 명료하게 작성되어야 하며 또한 고백적이어야 한다. 칼빈은 「기독교강요」 초판을 출판한 다음 해인 1537년 「신앙 교육과 고백(Instruction et confession de foy)」이라는 제목의 「신앙교육서」를 자신의 모국어인 프랑스어로 저술하여 제네바 교회에 헌정했다. 이것은 「제네바 교회 규정」이 승인된 지 한 달 후였다. 칼빈의 신앙 교육서는 중요한 교리를 33개 주제로 나누어 초대교회의 신앙 규범(regula fidei)과 같이 문답식이 아니라 서술식으로 다루고 있다. 결국 이것은 제네바에서 사용되던 교리 교육서와 신앙 고백서였다.

칼빈은 그 이듬해인 1538년, 「신앙 교육서 혹은 기독교 교육의 강요」(Catechismus, sive christianae religionis institutio)라는 제목으로 그 고백서를 라틴어로 번역했다. 모든 국가의 사람들이 쉽게 읽어서 국제적으로 활용되도록 하기 위해서였다. 이 신앙 교육서의 내용은 1536년의 「기독교강요」 초판을 따랐다. 그렇지만 칼빈은 1538년 제네바에서 추방되고 말았다. 따라서 칼빈의 제1차 신앙 교육서가 제네바 교회와 성도들에게 미친 영향력이 크다고 보기는 어렵지만 그 이론과 정신은 후에 제네바 교회와 개혁주의 교회를 세우는 데 큰 주춧돌이 되었다.

권징

종교개혁 교회의 다양성과 일관성과 관련하여, 권징(Church Discipline)에 대한 종교개혁자들의 입장들도 주목할 만하다. 일반적으로 종교개혁 교회는 교회의 표지(notae ecclesiae)로서 말씀(the Word)이 바르게 선포되고, 성례(Sacraments)가 정당하게 집례되는 것을 말한다. 여기에 권징(Church Discipline)이 추가되었다.

종교개혁자들은 거룩한 공동체(purified community)를 건설하기 위해서 교회 권징의 필요를 강조했는데, 그 배후에는 재세례파(Anabaptists)와의 관계가 놓여 있었다. 칼빈의 '거룩한 공동체' 개념 역시 재세례파와 관련성이 있다고 말할 수 있다.[47]

16세기 당시 재세례파는 소수파였고 그들의 급진성 때문에 종교개혁의 흐름 속에서 주도적인 영향을 미치지는 못했지만, 그럼에도 불구하고 재세례파가 거룩한 공동체를 세우기 위해서 교회의 권징을 중시하고, 성경에 있는 그대로의 성찬 예식을 추구했다는 점에서는 간접적으로나마 종교개혁의 주류 운동에 촉매적인(catalystic) 영향을 미쳤다고 볼 수 있다.

칼빈과 파렐은 성도의 공동체를 지키기 위해서 권징을 시행하려고 했다. 교회는 하나님의 영광을 위해서 악인들과의

---

[47] In-Sub Ahn, *Augustine and Calvin about Church and State: A Comparison* [Diss. Kampen Theological University] (2003), 245-250.

교제를 중지하고 교회에서 권징을 통해 회복하게 하려고 했다. 그래서 범죄자는 성찬식에 참여하지 못하도록 했다. 그러나 시 의회는 그것을 반대했다. 모든 시민들이 서약한 것이므로 그것은 시에서 관여할 문제라는 것이었다. 이에 파렐과 칼빈도 결코 양보하지 않음으로 갈등이 극도로 고조되었다.

추방되다

권징을 시행하는 주체가 시 의회가 아니라 교회라고 맞서면서 칼빈과 파렐은 제네바 시에 반대했다. 당시 시 의회의 회의록은 이렇게 기록하고 있다. 칼빈은 "좋다! 만약 사람을 좋게 한다면 우리는 화를 당해야 하리라. 그러나 우리는 한 분 위대한 주를 섬기는데, 그분은 우리에게 상을 주시는 분이다"라고 대답했다. 파렐도 "좋다! 그것은 하나님으로부터 오는 것이기에 좋은 것이다"라고 말했다고 한다. 칼빈과 파렐은 그들을 추방하는 것에 대해서 저항하지는 않았지만, 그들의 파문을 인정하지는 않았다. 칼빈과 파렐은 1538년 부활절에 성찬을 거부했다. 그리고 결국 칼빈과 파렐, 맹인 쿠로는 3일 이내에 도시를 떠나야만 했다.

스트라스부르 시절(1538-1541)

칼빈에 대해 사람들이 오해하는 것 가운데 하나는 칼빈은 가장 존경 받는 종교개혁자이기 때문에 실패라고는 경험하지 않고 승승장구했을 것이라는 추측이다. 그러나 칼빈만큼 학문과 사역의 과정에서 수많은 도전으로 고통당한 인물도 많지 않을 듯싶다. 한 예를 들면 칼빈은 원래 스트라스부르로 가서 신학적인 저술을 하면서 살고 싶었지만 이제 막 독립했던 제네바는 거의 강제로 칼빈을 사역자로 초청했다. 그러나 그 제네바 의회가 이제는 3년도 되지 못해서 다시 칼빈을 추방해버렸다. 칼빈이 제네바에 오고 싶다고 사역 신청서를 제출하기는커녕 제네바가 일방적으로 칼빈을 영입해 놓고서도 말이다.

제네바에서 축출 당한 칼빈은 바젤로 갔다. 거기서 「기독교 강요」의 재판을 준비하면서 신학적인 연구에 집중하기를 원했던 것으로 보인다. 그러나 사정은 그렇게 허락되지 않았고 신앙의 자유가 있었던 스트라스부르의 마틴 부처와 카피토(Capito) 그리고 장 스트룸이 칼빈을 불러주었다. 칼빈은 결국 스트라스부르에 도착하게 되었는데 이 스트라스부르에서의 칼빈의 체재는 그의 신학적 발전에 있어서 매우 중요했다. 칼빈의 스트라스부르 시대는 칼빈으로 하여금 교회 생활에 익숙하게 만들어주었다는 점이 우선 중요하다. 사실 제네바에서 사역을 시작했던 칼빈의 이전 2년은 교회 목회 현장의 경험이 전혀 없는 사역이었다. 그 후 칼빈은 신성로마제국 즉 독일 내에서 진행된 일련의 교회론적 신학적 논쟁에 참여하면서 교회론적 이해가 깊어져 갔다. 또한 스트라스부르의 마틴 부처와 깊은 신학적 교감을 하면서 그의 신학은 더욱 성숙해졌다. 그러나 칼빈이 실제로 스트라스부르에서 맡은 일은 프랑스 난민교회의 목회와 신학 강사로서의 사역을 감당하는 것이었다.

결과적으로 볼 때 칼빈은 제네바 시로부터 추방되는 수치와 고통을 겪었지만, 그것은 오히려 칼빈이 스트라스부르에서 평온하게 힐링하면서 자신의 신학을 깊이 있게 할 수 있는 기회를 갖게 했다.

실제로 칼빈은 이 스트라스부르에서 많은 교부 문헌을 읽음

스트라스부르 옛 시가지

으로 신학적 성숙을 얻었고, 「기독교강요」를 증보했으며, 그의 첫 주석인 로마서 주석을 기록했다. 무엇보다 칼빈의 개인사적으로 중요한 것은 이때 자신의 교회 공동체에서 이들레뜨 드 뷔르(Idelette de Bure)라는 한 미망인을 아내로 맞이했다는 것이다(1540년 8월 10일경). 한편 칼빈이 스트라스부르에 머물고 있던 1541년 제네바에서는 정치적 격변이 일어났다. 이제 제네바에서는 칼빈에게 우호적인 사람들이 정치적인 힘을 갖게 되었다. 이들은 스트라스부르에 있는 칼빈을 간곡히 설득하여 1541년 그를 다시 제네바로 돌아오게 하였다.

평생 동역자 마틴 부처

스트라스부르에서 칼빈을 초청했던 마틴 부처는 칼빈보다 17세 위였는데, 칼빈은 그를 형처럼 의지했으며 부처와의 관계를 통해서 종교개혁 1세대와 연결될 수 있었다. 칼빈이 자신의 「기독교강요」 초판(1536), 그 요약인 「신앙교육서」(1537)로 그의 신학적 토대를 세웠다고 한다면, 칼빈의 실천신학은 바로 이 스트라스부르에서 기초가 이루어졌다고 할 수 있다.

성격적으로 볼 때 부처는 대체로 칼빈보다 포용적인 면이 강했던 것으로 평가되지만 칼빈은 부처보다 더 논리적인 사고를 하는 사람이었고 날카로운 신학적 통찰력을 가졌던 것으로 보인다.

칼빈은 마틴 부처와 스트라스부르에서 가졌던 만남(1538-1541)이 자신의 인생에서 중요한 전환점이었으며 가장 가치 있는 것임을 알고 있었다. 그들은 특히 교회와 신학에 있어서 가장 중요한 것이 그리스도의 나라를 진전시키는 일이라는 데 있어서 강력한 동감을 갖고 있었다. 부처와 칼빈에게 그리스도의 나라는 사색적인 것이 아니라 구체적인 형식이 갖추어져 있는 그 무엇이었다. 결국 칼빈은 부처가 있던 스트라스부르를 거치고 나서야 진정한 개혁주의 신학자요, 목회자가 될 수 있었다고 해도 과언이 아니다.

칼빈의 설교관에서도 역시 부처의 영향력이 큰 것으로 보인다. 부처는 설교에 대한 다양한 반응을 예정론과 연결시키면서 성령의 사역으로 귀결시켰다. 부처에 의하면 하나님의 소명은 외적이지만, 성령에 의한 내적인 소명은 회개와 관련된다. 하나님의 말씀의 사역자인 목사를 통해서 말씀을 듣고 성령에 의해서 내적 부르심을 듣게 되면 회개의 역사가 일어나게 된다. 하나님의 능력이신 성령은 그리스도께서 원하시는 자를 돕는 역할을 감당한다.[48] 이 문맥에서 부처는 설교 사역의 중요성을 강조하고 있다. 부처는 믿음은 들음에서 나기 때문에 설교자는 설교를 통해 우리를 그리스도 앞으로

---

48) 최윤배, "개혁파 종교개혁자 마틴 부처(1491-1551)의 삼위일체론적 성령론," 「한국개혁신학논문집」제9권 (2001), 246-269.

부르게 된다고 주장한다. 부처 는 교회 내부에서 외적인 말씀의 사역을 성령과의 연관 속에서 읽었고, 최종적으로 그리스도의 나라에 귀결시켰다. 특별히 말씀과 더불어 역사하는 성령을 강조한 것은 칼빈이 부처에게 빚진 부분이다. 그리고 부

마틴 부처

처는 이 하나님의 부르심을 목사를 비롯한 교회의 여러 직분과 연결시켰다.[49]

더욱 '칼빈'다워지다

칼빈은 스트라스부르에서 장 스트룸과 함께 1538년 개설한 학교에서 신약성경을 강의하고 있었다. 후에 이 강의안들이 주석 출판의 자료가 되었다. 칼빈의 최초의 주석서는 1539년 10월 18일 작성된 로마서 주석의 헌정사를 담고 있는데 1540년에 출판되었다.

또한 칼빈의 「기독교강요」 2판이 1539년 스트라스부르에서 출판되었는데 새로운 서문을 담고 있다. 칼빈은 이 2판에 「기

---

[49] W. van 't Spijker, "The Influence of Bucer on Calvin as Becomes evident from the *Institutes*," 122-127.

독교강요(Institutio Christiane Religionis)라는 이름을 붙였는데 초판과는 현격히 다르게 총 17개의 장으로 구성되어 있다. 이 2판을 보면 마틴 부처의 로마서 주석에서 영향을 받은 흔적이 있다. 또한 마지막 17장은 자기를 부인하고 십자가를 짊어지고 내세를 묵상한다는 그리스도인의 삶에 대한 설명으로서 새로 추가된 내용인데, 그 신학적 용어나 내용 면에서 칼빈이 공동생활 형제단의 토마스 아 켐피스로부터 영향을 받았음을 보여주고 있다. 이 부분은 「기독교강요」 최종판까지 계속 유지되고 있다.

이 1539년판의 불어판이 칼빈이 제네바로 돌아온 직후인 1541년에 나왔다. 칼빈 자신이 스스로 번역한 이 불어판은 특히 칼빈의 목회적인 마인드가 돋보인다. 그는 불어로 라틴어를 모르는 프랑스의 일반 성도들이 자신이 직접 처음 번역한 「기독교강요」를 가정에서 읽고 배울 수 있기를 바랐다. 그래서 가급적 성경 본문 자체를 많이 넣었고 어려운 철학적인 용어는 쉽게 번역해놓기도 했다. 여기서 칼빈의 신학이 얼마나 교회 현장을 위한 것인지를 다시 한 번 확인할 수 있다.

칼빈이 볼 때, 종교개혁 운동의 교회는 사도들의 순전함이 유지되는 교회를 지향하는 것이었다. 그러므로 종교개혁은 교회에서 이탈하는 분리 운동이 아니라 동방 교부인 크리소스톰과 바질 그리고 서방 교부인 키프리안과 암브로스와 어거스틴 시대의 교회로 돌아가려는 교회라는 것이다.[50] 이러한 칼빈의 생각은 칼빈이 제네바로부터 추방되어 스트라스부르에 머무르고 있을 때인 1540년에 나온 「사돌레또에게 보낸 서신」에서 확인된다. 사돌레또(1477-1547)는 이탈리아의 인문주의자 주교였다. 그는 추기경으로서 1538년 제네바 사람들에게 편지를 써서 로마 교회로 다시 돌아오라고 권면했던 인물이었다.

한편 칼빈은 스트라스부르에 머물던 말기에 여러 곳에서 가톨릭과 함께 개최한 종교 회의에 참석했다. 그래서 칼빈은 프랑크푸르트(1539년 4월), 아그노(Haguenau, 1540년 6월), 보름스(1540년 11월), 레겐스부르크(Ratisbonne, 1541년 4월)에 가서 회의를 함으로 기독교의 분열을 피해보려는 노력을 보였다. 이때 칼빈은 프랑크푸르트에서 마틴 루터의 동역자인 멜랑히톤을 만나게 되었는데 그의 신학적 지식과 지적 능력 그리고 아량 있는 지도력을 보고 그와 평생 지속되는 교제를 시작하게 되었다.

그러므로 전체적으로 볼 때 스트라스부르 목회와 저술을 통해서 '칼빈은 더욱 칼빈다워졌다'고 평가할 수 있다.

---

50) H. O. Old, *The Patristic Roots of Reformed Worship*, pp. 142-143. J. van Oort, "John Calvin and the Church Fathers," 675.

피난민의 피난민 목회

칼빈은 스트라스부르 성 니꼴라스 교회에서 1538년 9월 8일 주일에 첫 설교를 했다. 이 교회는 프랑스에서 박해 받고 도망온 망명자를 위한 교회였다. 스트라스부르가 프랑스, 독일, 스위스, 네덜란드로 향하는 교통의 요지였기에 종교개혁의 다양한 사조들이 이곳에서 조우했다. 그래서 스트라스부르에는 독일의 루터파, 프랑스의 개신교도(복음주의자라고 불렸음) 그리고 네덜란드의 재세례파와 스위스의 츠빙글리파가 함께 존재했다. 그래서 다양한 개신교적 사상이 부처라는 관용적인 지도력 하에서 서로 용인될 수 있는 분위기가 조성되어 있었다. 독일의 종교개혁의 예를 보고 프랑스어로 된 찬송가집 제1집이 1539년에 스트라스부르에서 출판되었다.

스트라스부르에서의 칼빈의 하루는 모두 목회적이거나 신학적인 일들이었다. 특히 칼빈이 스트라스부르에서 했던 목회는 마틴 부처의 영향력이 매우 컸다. 마틴 부처는 교회 안에 목사, 교사, 장로, 집사로 구성되는 4중직을 강조했는데 칼빈은 이것을 그대로 수용했다. 칼빈은 또한 부처가 스트라스부르에서 실행했던 예배 의식에서 기도 형식을 가져왔다. 칼빈의 '참회의 기도' 또한 스트라스부르에서 온 것이었다. 스트라스부르에서 칼빈은 로마 가톨릭의 고해성사를 목사와 성도들이 진행하는 개인적인 면담의 개념으로 바꾸기도 했다.

칼빈이 프랑스 난민을 위해 목회했던 스트라스부르 성 니꼴라스 교회

성 니꼴라스 교회의 첫 목회자가 칼빈이라고 밝히고 있는 표지

칼빈은 당시 스트라스부르에 재세례파 출신들이 많았기 때문에 유아 세례를 배격하는 재세례파와 논쟁을 벌이기도 했다. 그래서 당시 많은 사람들이 아이들을 칼빈에게 데려와서 세례를 받기도 했다고 한다. 그러므로 칼빈은 스트라스부르에서 철저한 개혁주의 목회자로 거듭나서 성숙하고 있었다고 말할 수 있을 것이다.

한 아내의 남편이 되다

칼빈은 우리와 동일하게 한 시대와 삶 속에서 행복해하기도 하고 불안해하기도 하는, 하나님 앞에 선 한 인간 실존이었다. 1538년 스트라스부르의 한 난민 교회에서 사역을 하면서부터 칼빈에게는 결혼 문제가 제기되기 시작했다. 칼빈은 자신의 집에 방문해서 머무는 사람들을 받아들이지 않을 수 없었는데, 이것을 관리하기 위해서 도움이 필요한 상황이었다. 칼빈의 선배이자 동역자였던 마틴 부처는 아마도 이러한 상황을 보고 칼빈의 결혼을 독려했을 것으로 생각된다. 더구나 부처 자신이 루터와 더불어 종교개혁 1세대 중에서 결혼했던 사람이었기에 목회자에게 있어서 결혼이 주는 심리적, 정서적 안정을 잘 이해하고 있었을 것이다.

그러나 재미있는 것은 칼빈 자신은 이성 교제에 대해서 전혀 무관심했다는 것이다. 결혼하기 전까지 칼빈의 결혼관은 지극히 실용적이었지 낭만적이지는 못했다. 결혼 전 그는 자신은 여자를 취해본 적도 없으며 또 결혼하게 될 것인지도 모르겠다고 말하곤 했다. 게다가 설령 결혼한다고 해도, 결혼은 자신을 이런저런 자그마한 걱정거리에서 자유롭게 해서 주님을 위한 봉사에 전심을 다할 수 있게 할 뿐이라고까지 말했다. 그러면서 자신의 배우자상은, 겸손하고 순응적이며 교만하지 않고 검소하고 인내심을 갖춘 여성이면 족하다고 주장했다. 자신은 아름다움에 매료되는 그런 연애가가 아니라는 것이다.

이처럼 목석과도 같은 사나이 칼빈이었지만, 그는 자신의 회중에서 이들레뜨 드 뷔르(Idelette de Bure)라는 한 여인을 아내로 맞게 된다. 1540년 8월 10일경의 일이다. 그녀는 현재 벨기에의 도시인 리에주(Liege) 출신의 한 재세례파 교인의 아내였고 남편이 사망하여 과부가 되었다. 그녀는 전남편과의 사이에서 태어난 두 자녀를 데리고 칼빈과 결혼하게 된다. 이름이 잘 알려지지 않은 아들(T. H. L. Parker는 그 이름이 Jacques라고 하지만 R. Stauffer는 이에 반대하면서 무명이라고 함)과 쥬딧(Judith)이라는 딸이다.

16세기 유럽의 아들 **109**

칼빈은 이제 이 두 자녀의 아버지로서 그들을 돌보아야 했다.

칼빈은 어릴 때 어머니를 잃은 이래로, 줄곧 망명과 신학과 목회의 현장에서 쫓겨 다니듯 살았기 때문에 여성의 따뜻함을 경험할 수 없었다. 하지만 결혼 이후에는 비교적 안정감을 가졌던 것으로 보인다. 실제로 칼빈에게 있어서 이 아내는 단순한 '집사람' 정도가 아니라 남편의 목회 사역을 실제로 돕고 섬기는 '참된 동역자'였다는 것이 칼빈의 여러 편지에 나타나 있다. 그녀는 제네바에서 임신 중에도 불구하고 성도의 임종 시 찾아가서 위로하며 권면하기도 했다.

드 뷔르 부인은 칼빈과의 사이에서 아마도 하나에서 셋의 자녀를 낳았을 것이다. 세 자녀가 있었다고 하기도 하고(Jules Bonnet, August Lang, William Bouwsma 등), 오직 한 아들만 있었다고 하기도 한다(R. Stauffer와 E. Doumergue 등). 그러나 애석하게도 당시 유아 사망이 많았기 때문에 그들의 자녀들도 모두 그렇게 비운의 경우가 되어버린 것으로 알려져 있다. 첫 아들 자크(Jacques)는 1542년 7월에 태어났지만 곧 죽고 만다. 이때의 슬픈 마음을 칼빈은 다음과 같이 표현하고 있다. "주님은 사랑하는 아들의 죽음을 통해서 참혹하고 고통스러운 상처를 주셨습니다. 그러나 그분은 우리의 아버지이십니다. 그래서 그분은 참으로 무엇이 선한 것인지를 아셨습니다"라고 말이다.

설상가상으로 칼빈의 아내가 산후 조리에서 몸이 회복된

후, 심한 병에 걸려 병상에 있던 때인 1545년에는 아내가 데리고 온 아들이 뚜렷한 이유를 알 수 없는 가출을 했다. 칼빈은 이 이복 아들을 찾아서 분주히 다녔다. 그러나 아내의 병은 회복의 기미를 보이지 않았다. 문득 칼빈은 아내가 영영 회복되지 못할

칼빈의 아내 이들레뜨 드 뷔르

수도 있다는 불안한 마음을 갖게 되었다. 그는 친구인 뻬레에게 쓴 편지에서, 우리의 희망에 반대되는 일이 생길까봐 두렵다고 하면서 주님의 인자하심을 간구한다고 고백했다.

결국 1549년 3월 29일, 이들레뜨 드 뷔르는 세상을 떠나고 말았다. 남편으로서 칼빈은 임종 시까지 아내의 곁을 지켰다. 그러면서 그는 아내에게 전 남편의 아이들을 책임 있게 돌보겠다고 약속했다. 그는 아내의 임종 시 고통을 억누를 수 없어서 자리를 잠시 떠나 그녀가 평안히 눈을 감는 것을 보기 전까지 기도했다.

칼빈은 아내와 사별한 이후에도 그녀를 얼마나 그리워했던지, 3개월 후 믿음의 형이요 동지인 마틴 부처에게 보낸 편지에 그 마음이 잘 나타나 있다. 칼빈은 여기서, 자신은 반쪽밖에 살고 있지 않다고 표현했다. 그 이유는 주님이 자신의 아

내를 데려가셨기 때문이라는 것이다. 더구나, 1550년 출판한 자신의 데살로니가 주석을 아내를 정성껏 돌보아준 의사인 브노아 텍스토르(Benoit Textor)에게 헌정하기까지 했다.

뿐만 아니라 7년 후 프랑크푸르트에 있는 한 친구가 아내를 잃었을 때, 칼빈은 그를 위로하면서 자신의 경험을 가감 없이 드러냈다. 훌륭한 아내가 세상을 떠난다는 것이 당신을 얼마나 잔인하리만큼 고통스럽게 하고 상처를 주는지 자신은 이미 경험해서 알고 있다고 말이다. 칼빈 자신은 7년 전 아내를 잃었을 때, 그런 슬픔을 이겨낸다는 것이 얼마나 어려웠는지 모른다고 솔직한 심정을 털어놓았던 것이다.

다음의 편지는 칼빈의 아내인 이들레프 드 뷔르가 1549년 3월 세상을 떠난 직후에 칼빈이 자신의 친구인 삐레에게 보낸 한 편지의 내용이다.

> 삐레에게
>
> 비록 아내의 죽음이 내게는 몹시도 고통스럽지만 그러나 나는 할 수 있는 한 슬픔을 억누르고 있답니다. 친구들 또한 나에 대한 그들의 의무에 신실합니다. 참으로 그들은 나와 그들 자신에게 도움을 줄 수 있었을 것입니다. 그러나 누구도 내가 그들의 관심으로 얼마나 힘을 얻었

는지에 대해서는 겨우 말할 수 있을 정도랍니다. 당신은 내 마음이 얼마나 부드럽고 연약한지 잘 알고 계십니다. 그러므로 만약 나에게 강력한 자기 통제력이 없었다면, 나는 이렇게 오래 견딜 수가 없을

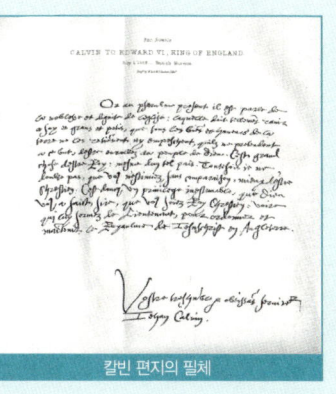

칼빈 편지의 필체

것입니다. 참으로 나의 슬픔은 결코 일상적인 것이 아닙니다.

나는 내 인생에 있어서 최고의 동료를 잃었습니다.

어떤 상황에서도, 그녀는 내가 가난할 때 자발적으로 삶을 나누어줄 사람이었을 것입니다. 심지어 죽음 속에서조차도 말입니다. 그녀는 살아 생전, 내 사역을 돕는 신실한 배필이었습니다. 그녀로부터 나는 어떤 사소한 방해조차도 결코 경험해본 적이 없습니다. 자신은 병들어 내내 누워 있는 동안에도 그녀는 나에게 전혀 문제를 일으키지 않았습니다. 그녀는 오히려 자기 자신보다 자신의 아이들을 더 염려했던 것입니다.

이런 개인적인 염려들이 쓸데없이 그녀를 괴롭힐까 봐 두려워서, 그녀가 세상을 떠나기 3일 전 나는 기회를 잡

아서 말했습니다. 그녀의 아이들에 대한 나의 의무를 감당하는 데 결코 부족함이 없을 것이라고 말입니다.

그 문제에 대해서 그녀는 즉시 말했습니다.

"저는 이미 그들을 하나님께 맡겼답니다."라고 말입니다.

내가 그들을 돌보지 못하지는 않을 것이라고 말했을 때, 그녀는 대답했습니다.

"나는 알고 있답니다. 당신은 하나님께 맡겨진 일들을 간과하지 않을 겁니다."

최근에 어느 여인이 그녀에게 이러한 문제들에 관해서 나와 이야기해야만 한다고 말했을 때, 나는 처음으로 그녀가 다음과 같은 간단한 답을 말하는 것을 들었습니다.

"원칙적으로 그들이 경건하고 거룩한 삶을 살아야 한다는 것은 틀림이 없습니다. 그러나 그들이 경건한 지식을 갖고 하나님을 두려워하도록 훈계해야 한다고 내 남편을 다그쳐서는 안 됩니다.

만약 그들이 경건하다면 내가 확신하건대, 그는 그들의 아버지로서 기쁠 것입니다. 그러나 만약 그렇지 않다고 하더라도 내가 그들을 위해서 무엇인가를 간청해야만 한다는 것은 아닙니다."

이런 마음의 고귀함은 백 마디의 조언보다도 나에게 더 책임을 지울 것입니다.

당신의 우정 어린 위로에 참으로 감사를 드립니다.

안녕히 계십시오. 가장 뛰어나고 신실한 형제여.

> 주 예수께서 당신과 당신의 아내를 지키시고 지도하시기를 빕니다. 그녀와 형제들에게 저의 안부를 전해주십시오.
>
> 1549년 4월 7일
> 존 칼빈

칼빈의 정황을 상세히 고려하면서 위의 편지를 자세히 읽어본다면, 세상을 떠난 아내를 생각하고 존경하는 그의 속마음을 깊이 느낄 수 있을 것이다. 칼빈의 이와 같은 모습은 우리에게 칼빈에 대해서 다시 한 번 생각하게 하고도 남음이 있다. 이 편지와 그의 정황은 우리가 어떻게 칼빈에게 접근해 가야 할 것인가라는 문제에 대해서 해답의 실마리를 보여준다. 결국 칼빈은 하나님 앞에 선 한 인간 실존으로서의 '그리스도인 칼빈'인 것이다. 그의 이런 인간적인 면모는 오늘을 살아가는 우리에게도 여전히 위로와 용기를 주는 따뜻함으로 다가온다. 이 편지에서 우리는 하나님 앞에 선 한 그리스도인으로서의 칼빈의 슬픔과 사랑과 신앙을 잘 읽을 수 있다.

제네바 2차 사역(1541-1564)

칼빈의 제2차 제네바 사역, 즉 스트라스부르에서 돌아온

1541년부터 1564년 세상을 떠날 때까지의 사역은 다시 1555년을 기점으로 전반전과 후반전으로 나눌 수 있다. 그 이유는 1555년 4명의 대의원 선거에서 모두 칼빈을 지지하는 인물이 당선됨으로 이제야 비로소 칼빈이 자신을 뜻을 방해 없이 구현할 수 있는 조건을 갖게 되었기 때문이다. 그 이전까지 제네바에는 칼빈을 비판하고 반대하는 그룹들의 공격이 여전한 까닭에 칼빈은 매우 어려운 상황에 처해 있었다.

칼빈은 제네바에서 실제로 기독교적 이상을 실현시키고자 했다. 교회와 국가의 관계를 밀접하게 유지하며 교회법을 조직, 정비하고자 했다. 시민들에게는 요리문답을 교육하면서 법질서를 회복시키고자 했다. 또한 경제적으로도 부강한 상공업 중심의 도시를 만들기 위해서 노력했다. 이러한 종교적인 교육을 위해서 1559년 제네바 대학이 설립되었다.

심장을 드리는 마음으로(1541-1555)

제네바로 컴백

칼빈과 파렐을 축출했던 제네바는 1540년 말이 되면서 정치적 기류가 바뀌었다. 이들에게 우호적이었던 기욤파(guillermins)의 영향력이 커지면서 그들은 칼빈을 다시 데려오려고 시도했다. 물론 칼빈은 자신을 발로 찼던 제네바에 다시 돌아갈 마음이 조금도 없었다. 그래서 그는 파렐에게 "나를 매일 천 번이나 죽이는 그 십자가를 지느니, 백 번 죽는 것을 택하겠습니다"라고 편지를 쓸 정도였다. 파렐은 직접 스트라스부르까지 가서 칼빈을 강력하게 권했다.

결국 1540년 10월 24일, 그는 파렐에게 편지를 썼다. "내 인생은 내게 속한 것이 아니라는 것을 떠올렸습니다. 그렇기 때문에, 나는 나의 심장을 죽여서 주님께 제물로 바칩니다"라고 했다.

우리는 여기서 칼빈이 자신의 전 인생을 통틀어 얼마나 자기중심적이 아니라 하나님의 뜻을 구하면서 치열하게 살아가고 있는지를 잘 알 수 있다. 이것은 칼빈이 그의 「기독교강요」 제3권의 끝에서 진술하고 있는, 자기를 부정하고 십자가를 지고 내세를 묵상하는 그리스도인의 삶의 모습을 직접 실천한 것이라고 할 수 있다. 칼빈은 심지어 자신이 제네바에서 추방당하기 이전에 설교했던 다음 본문부터 성경 강해를 이어서 했다.

교회의 틀을 세우다

칼빈이 3년 만에 스트라스부르에서 제네바로 돌아온 1541년에 나온 「교회 법령」[51]에서 칼빈은 매주 성찬식을 거행할 것을 주장했다. 그러나 제네바라는 사회적 현실과 교회와 국가 간

---

51) Calvin, *Les Ordonnances ecclesiastiques* (1541) (*CO*. 10 a : 15-30).

에 존재했던 긴장 속에서 성찬식에 대한 칼빈의 이러한 계획은 제네바의 3~4개 교구 교회에서 돌아가면서 매달 성찬식을 실시하는 것으로 조정되었다.

칼빈은 제네바에 돌아온 1541년에 작성하여 1542년 초 「제네바 교회의 교리 교육」(Le Catéchisme de l'église de Genève) 즉 기독 어린이들을 가르치기 위한 신앙교육서를 발간했다. 칼빈은 1534년과 1537년에 각각 교리 교육서를 펴낸 마틴 부처의 영향을 받은 것으로 보인다.

칼빈의 이 교리 교육서는 일 년 동안 진행될 교리 교육을 문답의 형식 즉 373개의 문답으로 만든 것이다. 먼저 사도신경을 다루고 있으며 후에 십계명을 다루고 있다. 그러나 1542년판의 원본은 남아 있지 않고 1545년의 라틴판이 남아있다. 칼빈은 이 1545년의 라틴판을 '동프리슬란트에서 복음의 순수한 교리를 전파하는 충실한 그리스도의 목사들에게' 헌정하면서 교리 교육서를 라틴어로 쓴 이유를 교회들의 연합을 도모하기 위함이라고 설명하고 있다. 즉 비록 지리적으로는 멀리 있더라도 같은 신앙의 고백으로

칼빈의 상징이 된 심장 그림

교회의 연합을 추구하자는 것이다.

칼빈은 특히 제네바로 돌아온 이후 교회정치적인 차원에서 큰 공헌을 했다. 교회의 직분자들의 책무를 설명하면서 목사는 성경 해석에 전념하고 설교를 담당하는 직분이라고 규정한 것이다. 감독 정치와 국가의 간섭을 반대한 것이다. 그 외에 교사와 집사를 포함해서 모두 4중 직분을 강조하고 있다. 그러면 이것에 대해서 상세하게 알아보자.

• 목사[52]

첫째, 복음 전파를 맡은 목사는 그리스도께서 세우신 직분으로 영구직이다.

칼빈은 마치 사도들이 그리스도에게 택함을 받았듯이 참된 목사들 또한 주님으로부터 선택되었음을 강조한다.[53] 이 직분을 그리스도께서 직접 부여하셨기 때문에 복음 사역자는 그리스도로부터 온 선물이 된다. 목사의 은사 중에서 가장 중요한 것은 말씀의 은사가 된다.[54] 칼빈이 볼 때 목사는 교사(doctor)와 더불어 영구적인 직책이며, 사도와 전도인과 선지자

---

52) 칼빈의 목사직 이해에 대해서는 필자의 다음의 연구를 정리했다. 『칼빈과 어거스틴: 교회를 위한 신학』 (서울: 그리심, 2009), 223-251.
53) *CO*. 51. 196. (Calvin, *Comm. Ep*. 4: 11).
54) *CO*. 51. 196. (Calvin, *Comm. Ep*. 4: 11).

는 특정한 시대에 한시적으로 존재했던 직책이라는 것이다.[55]

둘째, 교회는 말씀 선포에 의해서 다스려진다.

칼빈의 해석에 의하면, 교회의 통치는 말씀 사역에 의해서 이루어지는데 이것은 사람이 계획한 것이 아니라 하나님의 아들에 의해서 수립된 것이다.[56] 따라서 칼빈은 교회는 말씀 선포에 의해서 다스려짐을 천명하고 있다.[57] 그러므로 칼빈이 볼 때 목사와 교사 없이는 교회를 다스려나갈 수 없는 것이다.[58]

셋째, 하나님이 세우신 말씀 사역자(목사)의 봉사는 성도를 교육하고 교회를 세운다.

칼빈은 "말씀의 사역을 평가하기 위해서 사용된 어떤 표현도, 이 결과(주: 그리스도의 몸, 즉 교회를 세우는 것을 말함)에 돌려지는 것보다 더 높이 평가된 적이 없었다"[59]고 말하면서 말씀의 사역이 교회를 세우는 중요한 사역임을 강조하고 있다. 칼빈은 교회가 어떻게 세워져가는지를 이렇게 말하고 있다.

> 올바르고 완전한 기초 위에 그리스도의 교회가 세워지는 것보다 더 탁월한 것이 무엇이겠는가? 그러나 이 일

---

55) *CO*. 51. 198. (Calvin, *Comm. Ep*. 4: 11).
56) *CO*. 51. 196. (Calvin, *Comm. Ep*. 4: 11).
57) Ibid.
58) *CO*. 51. 198. (Calvin, *Comm. Ep*. 4: 11).
59) *CO*. 51. 199. (Calvin, *Comm. Ep*. 4: 11).

은 매우 고귀한 하나님의 일이기에 말씀의 외적인 봉사에 의해서 성취된다.[60]

따라서 칼빈은 '외적인 복음 전파에 의해서가 아니면' 어떤 진정한 연합이나 완전도 이루어질 수 없다고 강조하고 있는 것이다.[61] 칼빈은 우리가 죽을 때까지 그리스도만 주로 섬기며 교회의 가르침 아래에서 계속 성장해가야 하는 것으로 본다. 그것은 그리스도께서 성도들의 교육이라는 책임을 교회에 맡기셨기 때문이라는 것이다.[62]

넷째, 목사는 양무리를 돌보는 일, 즉 목회적 사역을 맡은 자이다.

칼빈은 목사와 교사를 구별하여 그 특징을 설명한 후 간략하게 목사의 직책을 요약하고 있다. 칼빈에 의하면 목사와 교사는 서로 다른 직분인데 가르치는 사역은 목사와 교사 모두의 책임이다. 그러나 특히 목사의 직책이 무엇인지에 대해 칼빈은 이렇게 말하고 있다.

---

60) *Ibid.*
61) *Ibid.*, "Paulus autem aperte hic testatur, non alio modo, secundum Christi praescriptum, rite coagmentari nos et perfici, quam per externam praedicationem, dum per homines patimur nos regi ac doceri."
62) *CO.* 51, 200. (Calvin, *Comm. Ep.* 4: 11).

내가 보기에 목사란 특별히 양 무리를 돌보는 일이 맡겨진 사람이라고 생각된다.[63]

그러므로 칼빈에 따르자면 특히 양 무리, 즉 성도들을 돌보는 목회적인 책임은 목사의 고유한 것이며 중대한 사역이 된다.

다섯째, 교회 안에 대감독직은 없으며, 목사는 서로 동료요, 친구 관계다.

그리스도께서 목사를 임명하셨다면 목사는 신적인 기원을 갖게 된다. 그렇다면 이 목사들 간에는 어떤 관계가 형성되어 있는가? 이 문제에 대해서 칼빈은 로마 교황제와 같은 대감독제를 명백하게 반대한다. 칼빈에 의하면 오직 그리스도만이 위에 계시는 분이고 모든 목사가 오직 그리스도께만 예속되어 있기 때문에, 대감독직을 반대하는 것이다. 그러므로 목사의 직책을 맡은 자들은 서로 동료요, 친구 관계를 이루게 된다.[64] 칼빈은 특히 키프리안(Cyprian)을 인용하면서 각 목사들을 총괄하는 단 하나의 감독이 있을 뿐이라고 하면서, 이 감독직은 오직 그리스도께만 적용된다고 말한다.[65]

---

63) *CO*. 51. 198. (Calvin, *Comm. Ep*. 4: 11).
64) *CO*. 51. 198. (Calvin, *Comm. Ep*. 4: 11).
65) *CO*. 51. 198. (Calvin, *Comm. Ep*. 4: 11).

• 두 종류의 장로

1536년, 「기독교강요」에는 장로에 대한 두 개의 중요한 구절들이 등장한다. 1539년의 「기독교강요」는 이 두 개의 구절인 장로의 직무를 위한 성경적 기초에 대한 획기적인 발전을 이룩했다. 특히 고린도전서 12장 28절을 처음 인용하면서 실행하는 사람들은 성직자, 즉 말씀과 성례전을 행하는 목사들만이 아니라 감독으로 하여금 교회에 질서를 유지하도록 돕는 다른 장로들이나 성숙한 자들이 있다고 보았다. 칼빈은 고린도전서에서 지도하는 사람(gubernationes)의 이러한 이전 해석을 받아들였다. 로마서 12장 8절과 고린도전서 12장 28절 모두의 근본 의미는 교회에서 훈련을 실시한 엄격한 사람들의 위원회이다. 확장하여 다스림의 은사는 바로 통치자에게 적용한다.

「기독교강요」의 두 번째와 세 번째 판 사이에 쓴 여러 저술 가운데 로마서 주석(1540) 로마서 12장 6~8절(그리고 롬 16:1~2)에서는 이중적 봉사를 강조하고 있다. 그러나 장로들은 또한 초대교회에서 훈련을 위한 책임 있는 위원회로서 설명된다. 장로의 직무에 대한 칼빈의 또 하나의 강조는 그 직책이 불변하다는 것이다. 칼빈은 로마서 12장 6~8절에 등장하는 교회의 직책이 영구하다고 가르친다.[66]

---

66) E. A. McKee, *Elders and the Plural Ministry: The Role of Exegetical History*

1543년의 「기독교강요」에서 성경에 근거한 교회 직제를 구체적으로 지칭하면서, 칼빈은 디모데전서 5장 17절을 깊이 해석해내고 장로의 직분을 강조하고 있다. 디모데전서 5장 17절에 대한 칼빈의 주요 초점은, 두 종류의 특별한 장로들로서 목사와 장로를 구분하는 것이다. 그 장로들이 일부는 다른 규범과 마찬가지로 말씀과 성례전에 대해 책임을 진다. 칼빈은 1543년 「기독교강요」의 최종판에서 암시적으로, 또는 명백히 장로에 대하여 그 이상의 언급을 추가하였다.[67]

칼빈은 장로직을 위한 성경적 규범의 발전적인 사용과 더불어 이 직제의 영구성을 변호한다. 장로는 목사와 더불어 권징이라고 하는 교회의 극히 중대한 기능을 수행한다. 1543년, 칼빈은 교회의 장로들은 교회의 영구한 직제임을 분명히 밝히고 있다.[68]

• 컨시스토리의 구성

제네바 시민들의 신앙적인 삶을 실제적으로 이끌어가는 주체는 컨시스토리라고 할 수 있다. 이 컨시스토리는 칼빈이 1541년 교회법을 통해 직접 창설한 것이었다. 이 컨시스토

---

in Illuminating John Calvin's Theology (Droz: Geneva, 1988), 117.
67) E. A. McKee, *Elders and the Plural Ministry* (Droz: Geneva, 1988), 118.
68) E. A. McKee, *Elders and the Plural Ministry*, 119.

리의 목적은 기독교인들의 훈육(discipline)을 확고히 하기 위한 것이다. 이는 제네바 시민들이 진정한 기독교적 믿음을 수용할 뿐만 아니라 이 믿음을 그들의 삶을 통해서 드러낼 수 있도록 하기 위하여 조직된 것이다. 칼빈은 제네바에서 시 의회와의 갈등으로 스트라스부르로 옮겨가 있었는데, 제네바가 다시 그를 초청했을 때 그는 이 컨시스토리를 만들도록 강력하게 요구했다. 만약 컨시스토리와 같은 기관을 만들지 않는다면 제네바로 돌아오지 않을 것이라고까지 했던 것이다. 그러니까 장로교회는 물론 개신교회와 신학의 아버지라고 할 수 있는 칼빈에게 있어서 컨시스토리는 매우 본질적이고 중요한 것이었음을 알 수 있다.

컨시스토리는 약 24명으로 구성되었다. 그것을 관장하는 것은 그 해에 선임된 네 명의 행정 장관 중 한 명이었다. 컨시스토리의 멤버들은 두 개의 트랙으로 구성된다. 하나는 제네바와 인근 마을에서 안수 받은 교회의 목사들이다. 칼빈은 이들의 의장(moderator)으로 사역했다.

다른 하나는 '장로'(elders)라고 지칭되었던 12명의 평신도 지도자들이다. 이들은 매년 2월 선거에 의해서 선출되어 목사들과 함께 사역하는 자들이었다. 집사와 장로 모두 대부분 기존의 다른 위원회의 구성원들이었는데, 소위원회에 의해서 준비된 과정을 통해 선출되었다. 그러나 이 특별한 두 개의 조직체를 위해서 목사들은 후보자를 준비하는 데 협의하기로 되어 있었다. 컨시스토리는 일주일에 1회, 목요일에 만났으며 회기 동안 종종 몇 시간을 넘어가기도 하였다.

● 교사

칼빈은 목사와 교사를 구별한다. 칼빈은 교부들의 해석을 예로 들면서, 에베소서 4장 11절에 등장하는 직분 중에서 목사와 교사를 하나의 직분으로 보는 해석이 있다는 것을 말하고 있다.

> "대개의 사람들은 '목사'와 '교사'는 하나의 직분을 가리키는 것으로 본다.…… 크리소스톰과 어거스틴이 이 입장을 취하고 있다. 암브로스의 주석은 말할 것도 없는데, 이 주제에 관한 그(암브로스)의 관찰은 참으로 유치하고 (childish) 암브로스 자신에게 어울리지도 않는다."[69]

그러나 칼빈 자신은 이러한 견해를 조심스럽게 반대하면서

---

[69] *CO.* 51. 197. (Calvin, *Comm. Ep.* 4: 11) 칼빈의 라틴본과 영어본 모두에 암브로스에 대한 언급이 등장하는데 한글 번역판에는 이것이 생략되어 있으니 주의하라. cf. 암브로스의 이름이 등장하는 부분의 영어본은 다음과 같이 되어 있다. "… not to mention the commentaries of Ambrose, whose observations on the subject are truly childish and unworthy of himself."

컨시스토리를 주관하는 칼빈

교사와 목사는 각각 구별되는 직분이라고 주장하고 있다.[70] 가르치는 것은 모든 목사들의 의무가 되지만, 교사들 중에는 복음 전파자로서 적합하지 않은 자들이 있기 때문이다. 따라서 칼빈에 의하면 경우에 따라 목사는 교사가 될 수도 있지만, 교사와 목사는 각각 그 직책이 다르다는 것이다.[71]

교회의 직분자로서 목사는 '교사'(doctor)가 담당하는 성경 해석만 하는 것이 아니다. 칼빈에 의하면 더 나아가 목사는 말씀으로 제자들을 훈련하며 성례를 집행하고 권면하는 사역을 맡은 자들이다.[72] 칼빈은 1543년판부터 이 목사의 직분은 임

---

70) *CO*. 51. 198. (Calvin, *Comm. Ep.* 4: 11), "Verum ratio illa me non movet, ut duo haec confundam quae video inter se differre."
71) *Ibid.*, "··· sed quia facultates sunt diversae."
72) Calvin, *Institute*, 4. 3. 4.

시적인 것이 아니라 영원한 항존직임을 언급하고 있다.[73]

그렇다고 해서 칼빈은 이 목사의 직책이 로마 교황주의처럼 성직자 계급주의의 최고 계급은 아니라고 분명하고 밝히고 있다.[74] 목사는 설교를 통해서 교회 안에 하나님의 말씀을 보존함으로 교회가 진리의 터가 되도록 해야 한다는 것이다.[75]

• 집사[76]

칼빈은 당시 제네바의 점증하는 목회적 필요를 어떤 방식으로든 해결해야만 했는데, 이때 칼빈은 성경 해석에 기초하는 그의 신학적 원칙 위에서 목회 사역적 해법을 찾았다. 그 사역은 초대교회에는 분명하게 존재해 있었으나 점차 역사에서 사라져버린 교회의 직제를 재정립하는 방향으로 나아가게 되었다. 칼빈이 다시 발견한 직분이 바로 집사다.

- 집사의 개념

칼빈은 집사(Deacon) 제도를 수립해서 구제를 체계적으로 감당하도록 했다. 이때 칼빈이 집사 제도를 세운 것은 스트라

---

73) Calvin, *Institute*, 4. 3. 8.
74) Calvin, *Institute*, 4. 6. 10.
75) Calvin, *Institute*, 4. 8. 12.
76) 칼빈의 집사직에 대한 내용은 필자의 다음의 책에서 해당되는 부분을 중심으로 정리했다. 『칼빈과 어거스틴: 교회를 위한 신학』(서울: 그리심, 2009), 277-298.

스부르 시절(1538-1541) 마틴 부처의 직제론에 영향을 받은 바가 큰데, 근본적으로 이 집사 직제는 칼빈의 성경 해석에 근거하는 것이다.

칼빈은 로마서 12장 8절을 주석하면서 이것을 이중의 집사 직으로 이해했다.[77] 먼저 '주는 자들'이란 공적으로 교회의 재산을 분배하는 집사로 보았다.[78] 그러나 칼빈은 자비심을 가지고 병자들을 방문하여 위로하는 일을 맡은 집사도 별도로 있다고 해석했다. 칼빈이 볼 때 가난한 사람들에게 필요한 물건을 나누어주기 위한 행정적인 일과 이 가난하고 병든 자들을 직접 방문하여 위로하고 격려하는 목회적 사역은 각각 다

---

77) 1540년에 처음 출판된 칼빈의 로마서 주석은 1551년과 1556년에 더 증보되어 출판되었다. Cf. 안인섭, "칼빈이 제시하는 그리스도인의 삶: 로마서 12장 해석 발전을 중심으로,"「신학지남」vol. 297. (2008), 329-353.

78) *CO*. 49. colms. 230-249 (Rom. 12:8). "*Per metadidountas, de quibus hic loquitur,* non eos intelligit qui largiuntur de suo: sed diaconos qui publicis ecclesiae facultatibus dispensandis praesunt." 칼빈의 구제 사역, 사회 복지 사역과 관련된 뛰어난 연구는 올슨 박사와 맥키 박사의 연구다. J.E. Olson, *Deacons and Deaconesses through the Centuries* (St. Louis: Concordia Publishing House, 2005), 107-149. ; J.E. Olson, "De Zorg voor de armen en het leven van de vluchtelingen in het Geveve van Calvijn," in: W. Balke, J. C. Klok, W. van't Spijker, *Johannes Calvijn: Zijn Leven, Zijn Werk* (Kampen: Kok, 2008), 155-158.; E. A. McKee, *John Calvin on the Diaconate and Liturgical Almsgiving.* Geneva: Droz, 1984. 한국 학자의 연구는 다음을 보라. 황성철, "집사 직무에 대한 실천신학적 이해 연구: 칼빈의 집사 직무관의 적용과 Gerben Heitink의 방법론을 중심으로,"「신학지남」vol. 274. (2003), 127-169.

른 형태의 집사 사역이었다.[79] 이 집사들은 각각 복지 행정사(procureur)와 구제 도우미(hospitalliers)의 이름으로 활동했다.[80]

이러한 맥락에서 칼빈은 구제를 위한 행정적 책임을 맡은 집사들은 로마서 12장 8절에 있는 대로 "기만이나 사람에 대한 차별 없이 성실하게" 맡은 임무를 다해야 할 것을 강조하고 있다.[81] 한편, 직접 가난한 사람들과 환자들을 방문해서 격려하는 집사들 역시 로마서에 기록된 대로 "즐거운 마음으로" 그 임무를 수행해야 함을 제시하고 있다.[82]

칼빈은 성경 주석뿐 아니라 「기독교강요」에서도 가난한 자들을 돕고 섬길 수 있는 직분을 제시하고 있는데, 이것 또한 그의 성경 해석에 근거하고 있다. 칼빈은 「기독교강요」에서 교

---

79) *CO.* 49. colms. 230-249 (Rom. 12:8). "Per eleountas autem, viduas et alios ministros qui curandis aegrotis, secundum veteris ecclesiae morem, praeficiebantur. Sunt enim functiones duae diversae, erogare pauperibus necessaria, et suam illis tractandis operam impendere."

80) J.E. Olson, "Calvin and social-ethical issues," in: *The Cambridge Companion to John Calvin*, (ed.) D.K. McKim (Cambridge: Cambridge University Press, 2004), pp. 163-167.

81) *CO.* 49. colms. 230-249 (Rom. 12:8). "Caeterum prioribus assignat simplicitatem, qua sine fraude aut personarum acceptione fideliter sibi commissa administrent: ···"

82) *CO.* 49. colms. 230-249 (Rom. 12:8) "ab his obsequia vult exhiberi cum hilaritate, ne morositate sua (quod evenire plerumque solet) gratiam officiis detrahant."

회의 직분 중에서 "다스리는 일과 구제하는 일 두 가지는 영구적인 것"이라고 보았다.[83] 이 내용은 1543년 출판된 「기독교강요」 3판에 나타나기 시작해서 최종판(1559년)까지 계속 유지되고 있는 것이다. 즉 칼빈은 스트라스부르 시절 마틴 부처에게 영향을 받은 후 제네바에 다시 돌아와서 구제를 위한 직분으로서의 집사직을 포함한 교회 직제에 대한 사고를 공고하게 할 수 있었다는 것이다.

칼빈은 「기독교강요」에서 집사의 본질적인 역할은 가난한 자들을 위한 구제 사역으로 보았다.[84] 그런데 칼빈은 이 집사직을 두 종류의 직책으로 나누었는데, 그 사고의 근저에는 로마서 12장 8절에 대한 성경 해석이 존재한다. 그는 로마서를 따라서 "구제하는 자"와 "긍휼을 베푸는 자"로 두 가지 직책을 나눈 후에 이것을 '집사직'으로 직결시켰다.[85] 이와 같은 맥락에서 칼빈은 같은 「기독교강요」에서 "구제 물자를 나누어주는 집사"와 "가난한 자와 병자들을 돌보는 사람들"을 모두 집사

---

83) *CO*. 2. colm. 782. (Institutes: 1559, 4.3.8). "Duo autem sunt quae perpetuo manent: gubernatio et cura pauperum."
84) *CO*. 2. colm. 783. (Institutes: 1559, 4.3.9). "Cura paupérum diaconis mandata fuit."
85) *CO*. 2. colm. 783. (Institutes: 1559, 4.3.9). "Quanquam ad Romanos duo ponuntur genera. Qui largitur, inquit illic Paulus, id faciat in simplicitate; qui miseretur, in hilaritate. Quum de publicis ecclesiae muneribus eum loqui certum sit, oportet duos fuisse gradus distinctos."

라고 정의하고 있는데, 이것도 디모데전서 5장 9~10절에 대한 성경 해석 위에서 제시하고 있는 것이다.[86]

칼빈이 「기독교강요」에서 강조하고 있는 것은, 바울에 의해서 로마서와 디모데전서에 제시된 두 종류의 집사직을 잘 본받아야 한다는 것이다. 그러면서 칼빈은 두 가지 형태의 구제의 역할을 감당하는 집사직에 대해서, 그 기원과 임명과 직분은, '누가가 사도행전에 기록했던 것임'을 강조하면서 사도행전 6장 3절을 인용하고 있다.[87]

이상에서 본 것처럼, 칼빈은 제네바 도시 국가의 목회 현실에 매우 긴요하게 요청되고 있었던 구제 사역을 그의 성경 해석에 근거하여 주석과 「기독교강요」에서 집사의 직분으로 풀어가고 있는 것을 볼 수 있다.

---

86) *CO*. 2. colm. 783. (Institutes: 1559, 4.3.9). "Nisi me fallit iudicium, priore membro diaconos designat, qui eleemosynas administrabant, altero autem eos qui pauperibus et aegrotis curandis sese dedicaverant; quales erant viduae, quarum mentionem facit ad Timotheum (1 Tim. 5, 9)."

87) *CO*. 2. colm. 783. (Institutes: 1559, 4.3.9). "Si hoc recipimus (ut omnino recipiendum est), duo erunt genera diaconorum: quorum alteri in rebus pauperum administrandis, alteri in pauperibus ipsis curandis ecclesiae servient. Tametsi autem nomen ipsum diakonias latius patet, hos specialiter tamen diaconos scriptura nuncupat quos eleemosynis dispensandis gerendaeque pauperum curae praefecit ecclesia, et velut publici pauperum aerarii oeconomos constituit: quorum origo, institutio ac functio a Luca in Actis (c. 6) describitur… En quales habuerit diaconos apostolic ecclesia, quales ad eius exemplum habere nos conveniat."

아울러 주목할 것은 이 두 종류의 집사직에 대한 「기독교강요」의 해석들은 1543년 출판된 「기독교강요」 3판에서부터 나타나서 1559년의 최종판까지 계속 이어지고 있는 칼빈의 사상이라는 점이며, 여기서 우리는 마틴 부처의 영향을 인식할 수 있다. 그러므로 칼빈의 성경 해석과 또 이에 근거한 목회 사역은 진공 상태에서 이루어진 것이 아니라 종교개혁 시대에 함께 개혁교회를 세워갔던 동역자들과 선각자들과의 신학적 소통 속에서 이루어지고 있었다는 것을 확인할 수 있다.

- 집사의 구제 활동

칼빈은 제네바 목회 현장에서 제기되는 가난한 자들과 병든 자들의 문제를 그의 성경 해석에 근거해서 집사 제도라는 직제를 통하여 목회적으로 해결해갔다. 당시 개신교 독립 도시로 막 출발한 제네바는 옛 로마 가톨릭 교회의 재산을 회수하여 종합 구빈원(Hôpital Général)에 투자해서 가난한 시민들을 구제하고 있었다.[88] 제네바 국가가 주도했던 이 구제 사업을 칼빈은 목회적 영향력을 발휘하여 더욱 권장했다.

또한 제네바에 몰려왔던 많은 프랑스 난민들을 위해서 칼빈

---

[88] R.M. Kingdon, "Social Welfare in Calvin's Geneva," in: *Articles on Calvin and Calvinism vol. 4. Calvin's Work in Geneva* (New York and London: Garland Publishing Inc., 1992), 22-41.

은 1545년부터 직접 프랑스 구호 기금(Bourse française)의 창립에 적극 개입하여 가난한 난민들을 위한 국제적인 구호 사역을 위해 헌신했다. 이 프랑스 구호 기금은 국가의 기관이 아니었으며, 국가와 긴밀히 협조하면서 운용되었다.

제네바의 종합 구빈원과 프랑스 구호 기금 모두, 성경으로부터 도출되었던 두 종류의 집사, 즉 복지 행정사(procureur)와 구제 도우미(hospitalliers)들이 직간접으로 깊은 관련을 맺고 활동했다.[89]

• 목사, 장로, 집사의 비교

그렇다면 칼빈이 제시하고 있는 목사와 장로와 집사의 제도가 어떻게 다른지 살펴보는 것이 유익할 것이다.

첫째, 현재 교회의 모델이 되는 16세기 종교개혁 시대에는 성경에 제시되어 초대교회 때 실시되고 있었던 목사와 장로와 집사의 직제가 칼빈에 의해서 재발견되었다. 정확하고 엄밀하게 말하자면 이 제도는 칼빈이 만든 제도가 아니라 성경에 들어 있었고 초대교회 시대에 실시되고 있었던 것들이었다.

둘째, 그러나 이 세 제도들은 서로 다른 성격과 특징을 가

---

[89] E. A. McKee, *John Calvin on the Diaconate and Liturgical Almsgiving*, 106-109. ; J. E. Olson, *Calvin and Social Welfare* (Selinsgrove: Susquehanna University Press, 1989), 107-126.

제네바 종합 구빈원

지고 있다. 목사는 하나님의 통치를 이루기 위해서 하나님의 말씀을 선포하는 자이며, 성례를 집행하고 교인들을 훈육하는 영구직이다.

그러나 장로는 평신도 가운데 선출된 대표로서 목사와 더불어 컨시스토리를 통해 성도들의 삶의 현장에 교리를 내면화하며 그들의 일상적이고 세밀한 실제 삶을 영적으로 지도하는 목양의 기능을 갖는다. 한편, 집사는 당시 교회에 존재하던 가난하고 병든 사람들을 구제하기 위해서 행정을 담당하거나 실제적으로 그들을 방문하여 구제 활동을 전개하는 직분이었다.

셋째, 장로는 컨시스토리라는 매개체를 통해서 성도들의 영적이고도 실제적인 삶을 돌보고 지도하는 목양의 사역을 감당했다. 이 컨시스토리는 목사와 장로를 멤버로 하며 목사와 장로가 서로 협력하여 목회적 돌봄을 감당하는 기관이다. 그러므로 장로의 목양 사역 또한 다른 교회 활동과 마찬가지로 말씀으로 그리스도의 통치를 이루어가는 목사와 협력하며 말씀의 사역자로 부름을 받은 목사의 지도를 받아 전개되어야 할 것이다.

끝없는 도전

칼빈은 이제 분명히 제네바에서 큰 영향력을 가지고 사역을 할 수 있는 상황이었다. 그러나 다른 한편 칼빈에 대한 반대도 적지 않았다. 칼빈과 제네바가 이런 복잡한 정치적인 상황에 처해 있던 1551년 제롬 볼섹과의 투쟁이 발생했고, 1553년에는 칼빈의 일생에서 가장 큰 오점을 남긴 사건인 세르베투스 화형 사건에 관계하게 되었다. 그러나 1555년 제네바 시의회 선거에서 칼빈파가 완전한 권력을 갖게 되면서 제네바에서 칼빈의 위치는 확고하게 되었다.

칼빈의 반대자 가운데 가장 유명한 사람은 세르베투스(1511-1553)이다. 그는 스페인 출신으로서 의사이자 법률가이자 자유주의적인 신학자였다. 특히 「기독교의 복구」라는 저서를 저술하여 교회의 부패 원인을 니케아 회의의 삼위일체설, 칼케돈 회의의 기독론, 유아세례 등이라고 주장했다. 세르베투스는 이 책으로 이미 사형 선고를 받은 채로 유럽을 돌아다니다가 제네바에 들어와서 체포되었다. 결국 그는 회심하지 않고 이단이라는 죄목으로 1553년 7월 화형을 당했다.

세르베투스

그 외에 프랑스 출신으로 칼빈의 동료였던 세바스찬 카스텔리오도 언급할 만하다. 그는 성경의 권위를 불신해서 일부 성경의 정경성을 비판했는데, 아가서를 연가로 해석함으로 칼빈과 충돌했다. 결국 그는 직분을 박탈당하고 바젤로 망명했다.

한편 제롬 볼섹도 손꼽을 수 있다. 그는 칼빈의 예정설을 반박하면서 "칼빈의 예정설은 하나님의 사랑과 은총에 배치되며, 하나님을 죄악과 타락의 책임자로 만드는 것이다"라고 주장했다. 그리고 칼빈을 비방하는 전기를 써서 칼빈의 영향력을 손상하려는 시도를 했다.

개혁주의의 사령탑으로(1555-1564)

확실해진 입지

드디어 1555년 제네바에서 실시된 선거에서 칼빈파는 완전한 권력을 갖게 되었다. 동시에 칼빈의 위치도 완전히 확고해졌다. 칼빈은 1559년에 제네바 아카데미를 세워서 그의 사상을 체계적으로 가르쳤고, 그의 사상과 영향력은 더욱 확대되어 폴란드, 헝가리까지 전파되었고 남서 독일에도 확대되었다.

개혁주의의 국제적 사령탑

칼빈의 「기독교강요」는 1539년 판에 이르러 칼빈이 자신의 근본적인 신학적 방향성을 설정했다는 것을 보여준다. 그 성격에 있어서 「기독교강요」는 1539년 이후 교리 문답서에서 기독교 사상의 핵심 요약서로 발전해 갔다.[90] 칼빈의 신학은 결국 1559년의 최종판에서 완성된 모습을 드러냈다.

칼빈은 같은 1559년 제네바 아카데미를 세워서 제네바 교회와 시 지도자를 양성하고 국제적 개혁주의의 센터로 삼았다. 칼빈은 1556년 프랑크푸르트를 방문하는 중간에 스트라

---

90) R.A. Muller, *The Unaccommodated Calvin: Studies in the Foundation of a Theological Tradition* (New York: Oxford University Press, 2000), 101–139.

스부르를 방문하여 이곳의 아카데미 학장이었던 장 스트룸을 만나서 제네바 아카데미에 대해서 협의했다.[91] 사실 이 아카데미의 이념은 이미 1541년의 교회령에서부터 나타나고 있었다. 이 교회령에 의하면 교리를 가르치는 자들은 언어와 인문교육을 받아야만 목회적 사명을 감당할 수 있다고 보았고 이 목적을 위해서 대학을 세워야 한다고 말했다. 따라서 칼빈의 제네바 아카데미는 기본적으로는 라틴어, 헬라어 그리고 히브리어를 가르치는 기관이라고 할 수 있다. 그리고 수사학을 철저하게 가르쳤다. 그러므로 제네바 아카데미를 살펴볼 때, 칼빈이 신학 공부에 있어서 인문학적 훈련을 매우 중요시했다는 것을 발견하게 된다.

칼빈의 제네바 아카데미는 초·중등 과정으로서의 스콜라 프리바타(schola private)와 고등 과정인 스콜라 푸블리카(schola publica)로 조직되어 있었다.[92] 이 제네바 아카데미에는 프랑스, 네덜란드, 스코틀랜드 그리고 잉글랜드의 청교도와 같은 많은 기독교 지성인들이 찾아와서 배우고 자국으로 돌아가서 교회와 사회를 위해서 봉사하였다. 칼빈의 사상과 영향력은 더욱

---

91) W. de Greef, *The Writings of John Calvin, Expanded Edition: An Introductory Guide* (tr.) L. D. Bierma (Louisville: Westminster John Knox Press, 2008), 36-39. 오형국, 『칼뱅의 신학과 인문주의』 (서울: 한국학술정보, 2006), 213-257.
92) 오형국, 『칼뱅의 신학과 인문주의』, 213-257.

확대되어 폴란드, 헝가리까지 전파되었고 남서 독일에도 개혁 교회가 확대되었다.

영원한 아버지의 품으로

칼빈은 1564년 5월 27일 제네바에서 하나님의 부르심을 받았는데, 그는 가히 당대 '유일한 국제적인 종교개혁자'로 평가받게 되었다.

칼빈은 1564년 2월 2일, 에스겔서로 마지막 강의를 하였다. 이 내용은 1565년에 라틴어와 프랑스어로 모두 출간되었다.[93]

칼빈은 세 가지 종류의 유언을 남겼다. 첫째, 칼빈은 공증인을 불러서 유언을 기록하게 했고, 둘째, 시의회 의원들 앞에서 유언했으며, 셋째는 제네바의 목사들에게 유언을 남겼다. 이 유언들은 칼빈의 인생과 신학과 사상을 한마디로 정리해주는 매우 중요한 자료가 된다.

첫째, 칼빈은 1564년 4월 25일 유언을 불러주어 남겼다. 칼빈은 일상의 목회와 신학적 작업을 하는 상황에서도 형언할 수 없을 정도의 천식을 비롯한 질병으로 고통을 받았다. 오죽하면 그의 별명이 종합병원이었을까? 그러나 상태가 점차 악

---

93) *CO*. 40:21-516.

화되면서 칼빈은 자신의 임종을 직감했다. 그래서 칼빈은 공증인을 통해서 자신의 유언을 남겼다. 칼빈 자신과 몇 명의 측근들이 서명을 했다. 칼빈의 최후의 유언에 대해서는 스페이커 교수의 『칼빈의 유언과 개혁 신앙』을 보면 감동적이고 자세한 내용을 확인할 수 있다.[94]

칼빈의 유언은 재산을 언급하는 일반적인 유언과는 매우 다른 것이었다. 그의 유언은 매우 짧았지만 우리는 그 안에서 칼빈의 신앙의 삶을 간파할 수 있다. 칼빈은 지극히 겸손한 태도로 예수 그리스도의 죽음의 공로와 그것을 토대로 하는 믿음의 확실성을 잘 표현하고 있는데 그것은 하나님께서 칼빈 자신을 어둠에서 복음의 빛으로 불러주셨기 때문이라는 것이다.

이 칼빈의 유언을 잘 살펴보면 자기 자신에 대한 자랑은 등장하지 않는다. 오직 하나님의 은총에 근거해서 자신은 하나님 아버지로부터 긍휼하심을 얻게 될 것이라는 소망을 보이고 있을 뿐이다.

우리는 칼빈의 유언에서 칼빈 자신이 단지 죽음을 맞고 있을 뿐 아니라 칼빈 생애의 특징이 하나님을 섬기는 봉사였다는 사실을 발견하게 된다. 칼빈은 습관처럼 "우리는 우리 자

---

94) 스페이커, 『칼빈의 유언과 개혁 신앙』(서울: 성약, 2009).

신의 것이 아닙니다"라고 말했다. 그리고 그는 자신의 「기독교강요」에서 그리스도인의 삶을 기술할 때 이것을 마치 후렴구처럼 반복했다.

이 칼빈의 유언은 1564년 4월 25일에 받아 적은 것을 그 이튿날 대서 공증인이 읽었고 증인들이 거기에 서명했다. 이 유언을 보면 칼빈이 자신의 공로에 의지하지 않고 전적으로 하나님의 은혜만을 구하면서 겸손하게 하나님께 자신의 생명을 맡기는 것을 볼 수 있다.

둘째, 스페이커 박사는 칼빈이 시 의회 의원들과 남긴 대화를 잘 소개해주고 있다. 4월 27일 칼빈은 소의회와 네 명의 제네바 시장관들과 마지막 인사를 했다. 칼빈은 자신의 악화된 건강 때문에 시 의회로 나가지 못하고 그들을 집으로 불러서 먼저 감사의 뜻을 표하고 있었다.

칼빈은 자신이 제네바 도시를 위해서 헌신할 수 있었던 것에 대해서 감사의 뜻을 표했다. 그러면서 자신이 혹시 범했을지도 모르는 실수를 용서해달라고 했다. 칼빈의 소의회에 대한 작별 인사에서는 특히 서로 간의 신뢰가 돋보였다. 사실상 칼빈과 시 의회의 관계는 1550년대 중반이 되어서야 겨우 안정되지 않았던가? 그런데 베자는 그곳에 참석한 모든 사람들이 눈물을 흘리며 떠났다는 사실을 기록하고 있다.

유언의 마지막에서 칼빈은 제네바 목사들에게 작별 인사를 나눴다. 칼빈은 제네바의 목사들에게 고별 인사를 하면서 가장 중요한 것은 교회의 미래라는 것을 강조하였다. 결국 칼빈은 교회를 향한 두렵고 떨리는 마음으로 제네바라는 신생 도시국가에서 평생을 한결같이 하나님의 나라를 위해서 사역을 다하고 1564년 5월 27일 하나님의 품으로 돌아갔다.

chapter 3

칼빈의
신학 속으로

"나의 의도는
······종교에 열심이 있는 사람들이
참된 경건의 생활을 이루게 하려는
것이었습니다.

chapter 03
칼빈의 신학 속으로

"나의 의도는 ……종교에 열심이 있는 사람들이 참된
경건의 생활을 이루게 하려는 것이었습니다.

앞에서 칼빈은 이 시대에 더욱 주목받는다고 말했는데, 그 칼빈의 신학은 개혁주의라는 흐름 속에 오늘날까지 면면히 이어 내려오고 있다. 그렇지만 현대인들은 '개혁주의'가 무엇이고 '복음주의'와 어떤 관계가 있는지 쉽게 이해하지 못하기 때문에 먼저 개혁주의에 대한 일반적인 설명이 필요하다. 그래서 본 3장에서는 개혁주의에 대해 먼저 소개할 것이다.

칼빈은 중세적인 신학 개념으로부터 근대로 나아가는 문을 열었을 뿐만 아니라 파편적으로 흩어져 있는 사상을 종합적으로 체계화했다. 이것이 칼빈 신학의 가장 중요한 성격이다. 칼빈은 하나님에 대한 지식과 인간에 대한 지식을 분리시키지 않고 하나로 묶으면서, 포괄적인 새로운 개념의 경건의 신학을 제시해주었다. 칼빈은 이처럼 심도 있게 해석된 하나님을 인간의 삶과 고난의 자리와 연결시키면서 섭리와 은혜의 신학을 발전시켰는데 이러한 부분이 칼빈의 경건의 신학과 숨어 계시는 하나님 그리고 시편 신학 부분에서 설명될 것이다.

마지막으로 칼빈이 중세적인 틀을 근대적으로 바꾼 것 가운데 매우 중요하면서도 그것이 비교적 비중 있게 소개되지 못한 것이 있다면 결혼에 대한 개념이다. 따라서 3장의 일부분은 칼빈의 결혼관에 할애될 것이다. 결국 독자들은 3장에서 칼빈 신학의 특징을 이해할 수 있을 것이다.

개혁주의란 무엇인가?

개혁주의 신학

개혁주의는 '성경'이라고 하는 기초 위에 하나님을 창조주요, 구속주로 고백하는 신앙과 하나님의 절대주권이라는 두 개의 기둥 위에 세워진 장엄한 건축물과 같다. 개혁주의는 전통을 중시하여 성경을 간과하는 전통주의나, 반대로 성경만 강조하여 역사적 전통을 무시하는 급진주의 사이에서 성경에 근거한 역사적 길을 갔다. 성경의 절대적 권위 위에 서서 교부들의 신학을 존중하고 개혁교회의 공적인 신앙고백을 따르면서 역사 속에서 하나님의 주권을 세우기 위해 역동적으로 사역해온 것이 개혁주의였다. 개혁주의자들은 하나님의 창조와 인간의 전적인 타락 그리고 하나님의 구속과 통치를 믿는다. 이 하나님의 통치가 교회와 인간 사회와 창조 세계에까지 미친다고 고백하는 개혁주의자들은 한편으로는 조직된 교회를 중요시하여 설교와 목회적 훈련과 거룩한 삶을 강조하면서, 동시에 삶의 모든 영역에서 그리스도의 주권을 세우기 위한 삶을 역설함으로 역사상 가장 맹렬한 문화 변혁자(transformer)가 되었다.

개혁주의 역사

역사적으로 고찰할 때 개혁주의는 16세기 종교개혁 시대 이래로 스위스를 중심으로 그 이후 프랑스, 네덜란드, 독일, 영국, 스코틀랜드, 보헤미아, 헝가리, 폴란드 등 전 유럽으로 확대되었으며, 미국과 남아공 그리고 일본과 한국에까지 전파되었다. 개혁주의가 민족 단위를 초월하는 보편성과 공교회를 중시하는 연대 정신을 강력하게 보여주는 것은 하나님의 영광을 위하고 총체적 삶의 체계를 추구하는 신학을 생명과 같이 중시하기 때문이다. 동시에 개혁주의는 예외 없이 이 사상을 수용했던 국가들의 근대 민주적인 국가 발전과 궤를 같이 해 왔는데, 이는 개혁주의 역사적 발전의 실제적 동력이 엘리트 중심의 권력층이 아니라 일반 대중이었기 때문이다. 따라서 개혁주의가 가는 곳마다 대국 중심의 패권주의가 아니라 인권이 존중되고, 사회 정의가 실현되고, 민주정치와 시장 경제가 발전되는 근대 민주주의 발전의 역사를 발견할 수 있다. 그 대표적인 예가 스위스, 네덜란드, 스코틀랜드, 한국 등이라고 할 수 있다.

개혁주의, 칼빈주의 그리고 정통주의

'개혁주의' 혹은 '개혁파'라는 말은 광범위하게 자주 사용되는 용어다. 이 용어들이 '칼빈주의자'나 '칼빈주의'보다, 개혁주의자로 불리는 자들이 서 있었던 역사적 전통과 그 시기의 신학자들을 표현하는 데 보다 적절하다고 보면 된다. '개혁파'라는 용어는 그래서 폭넓고도 복잡한 면을 가지고 있다. 이에 비해서 '칼빈주의'라는 말은 '개혁주의'라는 신학적 용어보다는 보다 종교사회적인 배경을 가지고 있다고 보면 된다.

'정통주의'라는 용어는 16세기 종교개혁 이후 전개된 17세기와 18세기 개신교 역사의 일정 기간을 지칭한다. 이것은 개혁주의나 루터주의 모두에서 발견된다. 그러니까 '개혁파 정통주의' 혹은 '루터파 정통주의' 등이 있다. 이 정통주의란 말의 본래적 의미는 '바른 교리' 또는 '주장'으로서, 잘못된 신학으로부터 보호하기 위한 어떤 내용을 나타내는 말이다. 정통주의라는 단어는 역사적 전통을 따라 전해져 온 교회의 가르

장로교 표준문서가 작성된 영국 웨스트민스터 예배당

침과 긴밀한 관계를 가진다. 또한 정통주의는 교의학과 교회의 신앙고백들 사이에서 강력한 관련성을 가지고 있다. 그래서 이 정통주의 기간에 신학자들은 교회 안에서, 교회를 위한 그들의 사명에 동기 부여되어 사역을 감당했다.[1]

개혁주의와 복음주의

교회사적으로 '복음주의자'(Evangelists)라는 단어는 16세기 루터의 종교개혁신학을 수용했던 그룹을 지칭했지만, 일반적으로 '복음주의'라는 용어는 20세기 역사 가운데 영미권에서 등장한 특정한 신학적 조류를 의미한다. 19세기 말에 시작해서 20세기 초 미국교회에 침투하는 자유주의에 대항하는 연합 세력인 근본주의가 형성되었으나 신학적 문제로 분열성을 보여주었다. 이 근본주의가 폐쇄적이며 사회적 책임을 간과한다는 점을 비판하면서 문화에 대한 적극적 관심을 가지고 1940~1950년대에 등장한 것이 신복음주의 운동이다. 이 새로운 복음주의는 사회와 문화에 대한 관심을 강조했다는 점에서 개혁주의와 공유하는 면이 있지만 신학적 체계와 구조에서 개혁주의와는 차이를 드러내고 있다.

개혁주의는 하나님을 창조주요, 구속주로 고백하는 신학 위

---

[1] W. van Asselt & E. Dekker, *Reformation and Scholasticism* (Grand Rapids: Baker, 2001).

에서 인간의 타락과 하나님의 구원과 통치에 대한 포괄적인 해석을 내린 후에 교회와 사회를 위한 체계적인 신학적 대안을 제시한다. 그에 비해서 복음주의는 기본적으로 복음을 쉬운 용어로 대중에게 설명하려고 하는 경향을 가지고 있다. 그렇기 때문에 복음주의는 개인의 경건과 공교회 그리고 사회와 창조 세계 사이의 유기적이고 역동적이고 복잡한 관계를 설명하고 그들 사이에 발생하는 긴장에 대해 체계적이고 조직적인 해법을 제시하는 면에서는 약하다.

따라서 복음주의는 사회적 책임을 강조하고 있지만, 그것이 사상적 체계 안에서 조직적으로 해결되는 것이 아니라 복음 전도와 사회적 책임이 우선순위의 문제로 이해될 수밖에 없었다. 따라서 복음주의는 결국 이분법적인 출발점으로 다시 돌아가는 경향을 보였다. 복음주의와 비교할 때 개혁주의는 총체적인 신학적 성찰을 기반으로 창조주 되시며 구속주 되시는 하나님의 절대적 주권을 담아낼 수 있는 체계적인 신학적 전망을 제시해 주고 있다는 차이를 보여주고 있다.

그러므로 복음주의는 성경의 정확 무오함과 기독교의 초자연적 요소를 견지하는 점 그리고 문화와 사회에 대한 적극적 관심을 표출하는 면에서는 개혁주의와 공통적인 특성을 가지고 있다. 다만 개혁주의가 복음주의와 차별되는 점이 있다면, 개혁주의는 신학적 체계와 깊이 그리고 역사성을 포괄적으로 견지하고 있다는 것이다. 그래서 복음주의 진영에서는 종종 그 처음 의도와는 달리, 신앙 정체성에 대한 도전에 대해 신학적으로 유약한 면을 보여주어서 세속주의나 혼합주의 혹은 인본주의적인 경향에 상대적으로 쉽게 순응할 수 있는 가능성을 갖는다고 볼 수 있다. 결국 개혁주의는 사회 변혁적 삶의 전개에 보다 역동적이라고 평가할 수 있을 것이다.

교리와 성경과 신앙 생활

기독교의 교리는 비초월적이고 제한적인 인간이 하나님의 계시의 말씀인 성경을 통해서 초월적인 하나님을 이해하며 그 하나님께로부터 이야기된 말씀을 해석하는 도구라고 볼 수 있다. 한마디로 교리는 그리스도인들이 하나님의 말씀인 성경을 잘 해석해서 그 정신대로 이 세상에서 살아가도록 인도해 주는 역할을 한다. 그러므로 교리는 그것을 계몽주의적인 이성으로 분석하고 암기하고 정죄하기 위한 것이 아니라, 초월자이신 하나님이 자기 비하(kenosis) 하심으로 우리가 하나님을 알 수 있도록 해주셨던 원리와 방법처럼 우리 그리스도인들도 이 세상에서 하나님의 형상으로서 살아가도록 동기를 부여하는 사랑의 해석학이라고 할 수 있을 것이다. 교리의 기능과 성경의 권위도 이 맥락에서 더 깊은 의미를 갖게 된다.

칼빈을 비롯한 종교개혁자들의 신학적인 구심점이 되는 교부 어거스틴(St. Augustine, 354-430)은 성경해석학의 원칙으로 사랑을 명확히 제시하고 있다. 어거스틴은 성경해석학을 설명하고 있는 「기독교강요」에서 "그러므로 누가 자기는 성경이나 그 일부를 이해했다고 생각하면서 자기 지성으로 하나님 사랑과 이웃 사랑의 이중 사랑을 세우지 못한다면, 그는 마땅히 알아야 할 것을 아직 알지 못하고 있는 것이다"라고 말하고 있다.[2] 이러한 맥락에서 어거스틴은 "따라서 누구든지 계명의 목표는 깨끗한 마음과 선한 양심과 거짓 없는 믿음에서 우러나오는 사랑임을 인식한다면, 또 자기의 성경 이해를 오로지 이 점에 귀결시킨다면 그는 성경 해석에 안전하게 접근하게 될 것이다"라고 강조하고 있다.[3]

한편 칼빈도 개신교 교리를 가장 종합적이고 체계적으로 담아내고 있는 그의 「기독교강요」의 '헌정사'에서 「기독교강요」가 의도하는 바를 분명하게 밝히고 있다. 교리란 참된 경건의 생활을 살도록 돕기 위한 것임을 단적으로 말해주고 있는 것이

---

[2] 어거스틴, *De Doctrina Christiana*, XXXVI 40. Quisquis igitur scripturas diuinas vel quamlibet earum partem intellexisse sibi viditur, ita ut eo intellectu non aedificet istam geminam caritatem dei et proximi, nondum intellexit.

[3] 어거스틴, *De Doctrina Christiana*, XL 44. Quapropter, cum quisque cognoverit finem praecepti esse caritatem, de corde puro et conscientia bona et fide non ficta, omnem intellectum divinarum scripturarum ad ista tria relaturus ad tractationem illorum librorum securus accedat.

다. 이와 관련해서 칼빈은 이렇게 말하고 있다. "나의 의도는 다만 몇 가지 기초적인 원리(certain rudiments)를 기술하여, 종교에 열심이 있는 사람들이 참된 경건의 생활을 이루게 하려는 것(by which those who are touched with any zeal for religion might be shaped to true godliness.)이었습니다."[4] 교리는 참된 경건의 삶을 살도록 하는 데 그 목적이 있다는 것이다.

어거스틴과 같은 맥락에서 칼빈 또한 기독교 교리의 의미를 잘 설명해 주고 있는 바울의 로마서를 주석하고 그것을 헌정하면서(Simon Grynaeus에게 헌정함), 중요한 성경 해석의 자세로 겸손과 성도와의 교제의 중요성을 제시해주고 있다. 이해를 돕기 위해 직접 칼빈의 말을 소개한다.

"…… 하나님의 비밀을 다룰 때에 경건한 열망과 절제가 결핍되지 않았던 사람들도 결코 모든 점에 동의하지 않았다는 것을 우리는 발견합니다. 왜냐하면 하나님은 결코 그의 종들에게 그들이 모든 것에서 충만하고 완전한 지식을 가질 만큼 그렇게 커다란 복을 주시지 않았기 때문입니다 …… 하나님께서는 첫째로 그들을 계속 겸손하도록 하시고(keep them humble), 둘째로 그들에게 형제

---

4) Calvin, *Institutes*, Prefatory Address to King Francis I of France.

적인 교제를 고양하도록 하기 위해서(to cultivate brotherly intercourse) 그렇게 하신 것입니다."[5]

이상에서 우리는 칼빈이 교리와 성경 해석과 그리스도인들의 생활의 관계를 얼마나 밀접하게 보면서 강조하고 있는지를 명확하게 발견할 수 있다. 그러므로 교리가 가지는 기능과 교리와 성경 해석의 관계를 살펴보면, 자연스럽게 교리와 그리스도인의 생활의 관계를 이해할 수 있을 것이다.

칼빈 신학의 지향점

칼빈의 경건[6]

칼빈에게 경건(pietas)은 그의 신학 사상의 한 측면이라기보다는 그의 신학이 지향하고 있는 목적이요, 방향성이라고 할 수 있다. 칼빈은 그의 「기독교강요」의 헌정사에서도 그 책을 저술하는 목적이 경건한 삶을 위함이라고 명확하게 밝히고 있다.

"나의 의도는 …… 종교에 열심이 있는 사람들이 참된

---

5) Calvin, *Comm. Rom.*, The Epistle Dedicatory to Simon Grynaeus.
6) 이 부분은 필자의 다음의 책을 요약, 정리한 것이다. 안인섭, 「칼빈과 어거스틴」 (서울: 그리심, 2009), 204-221.

경건의 생활을 이루게 하려는 것이었습니다."[7]

그런데 이 경건은 지식(eruditio)과 연결되어 있다.[8] 「기독교강요」 초판(1536년)에 의하면 교리는 하나님에 대한 지식과 인간에 대한 지식으로 이루어져 있으며,[9] 「기독교강요」의 마지막 판(1559년)은 "경건은 하나님에 대한 경외와 사랑이 결합된 것을 말하는데 이 사랑은 그의 은혜를 깨달아 앎으로써 오는 것"이라고 정의하고 있다.[10] 그러므로 진정한 경건이란, 성경이 제시해주는 하나님에 대한 지식 그리고 인간의 자기 정체성에 대한 성경적인 인식에 그 토대를 둔다고 할 수 있다. 칼빈의 이 관점은 「기독교강요」 1559년판까지 시종일관 지속되고 있다.[11]

하나님과 자신을 앎
: 창조주요, 구속주이신 하나님과 그의 형상으로 창조된 인간

- 하나님 앞에서 자아 발견: 경건의 출발점

---

7) Calvin, *CO.* 1 (*Institutes*: 1536), p. 10.
8) Calvin, *CO.* 31. (Comm. Ps.), 11-35
9) Calvin, *CO.* 1 (*Institutes*: 1536), 27.
10) "Pietatem voco coniunctam cum amore Dei reverentiam quam beneficiorum eius notitia conciliat," Calvin, *CO* 2, 34. (*Institutes*, 1,2,1.).
11) Calvin, *Institutes*, 1,1,1-2.

칼빈의 경건 개념의 출발점은 하나님은 창조주요, 구속주가 되시며 인간은 하나님의 형상으로 창조되었다는 것이다. 따라서 피조물 된 인간이 참된 자아를 발견하는 것은 오직 하나님 앞에서(coram Deo)만 가능하다. 이것은 칼빈의 경건에 있어서, 하나님과의 개인적이고 직접적인 교제가 중요하다는 것을 강조해 주며 이 점에서 칼빈이 말하는 경건의 내향성과 인격주의는 근대적 경건(Devotio Moderna)과 일면 연속성을 유지하고 있다.

칼빈의 경건이 하나님과 인간과의 관계에서 이해된다고 할 때, 중요한 것은 인간이 '하나님의 형상'(imago Dei)으로 창조되었다는 것이다. 인간이 하나님의 형상으로 창조되었다는 자신의 본래적 정체성을 아는 지식은 바로 칼빈이 말하는 경건의 토대이다.

● 예배

하나님의 형상으로 창조된 인간의 경건은 하나님을 향한 예배로 나타나게 된다. 따라서 예배는 경건 생활의 진수라고 할 수 있다. 하나님을 향한 인간의 바른 태도를 말하는 칼빈의 경건은, 진정한 지식과 참된 예배를 포괄하는 개념이다.[12] 칼

---

12) L.J. Richard, *The Spirituality of John Calvin* (Atlanta: John Knox Press, 1974), 100-102.

빈의 시편 주석을 보면, 인간 존재에 대해서 말하면서 인간의 타락을 언급하자마자 바로 인간의 중생을 강조하는 독특성을 발견할 수 있다. 그 이유는 칼빈은 어떤 방법으로도 하나님과 피조물이 서로 분리되는 것에 대한 두려움을 가지고 있었기 때문일 것이다.[13] 피조물인 인간은 범죄함으로 그 본래적 지위를 상실하게 되었다. 그러나 유일한 중보자이신 그리스도의 구속으로 인해 회복된 하나님의 형상인 인간은, 하나님께 진정한 예배를 드리게 되는데 이 예배는 그리스도인의 삶의 중심에 위치하게 된다.

칼빈에 의하면, 진정한 경건은 '하나님의 신성에 대한 예배'이다. 그것은 '하나님이 기뻐하시는 것'이며, 하나님의 '명령'이고, '경건을 보존하는 방법'이다.[14] 그러므로 칼빈이 가르치는 경건은 신령과 진정으로 드리는 하나님께 대한 참된 예배로 표출되는 것이다.

• 성경과 성령

칼빈의 경건의 토대가 되는 하나님 즉 창조주요, 구속주이

---

13) H. Selderhuis, *God in het midden: Calvijns theologie van de Psalmen* (Kampen: Kok, 2000), 69-98.
14) Calvin, *Institutes*, 2,8,8; 4,20,15. *Comm. 2 Tim*, 2,2. cf. 이수영, "깔뱅에 있어서의 경건의 개념,"『교회와 신학』27집, 1995, 353-354.

신 하나님과 인간에 대한 지식은 오직 성경을 통해서만 분명하게 알 수 있다.[15] 성경은 칼빈이 말하는 경건이 무엇인지를 명확하게 가르치는 교과서와 같은 것이다.[16] 하나님의 말씀을 들음은 그리스도인들의 경건한 삶의 기초가 되는 것이며 이러한 의미에서 인간은 말씀 앞에 열려 있는 존재라고 할 수 있다. 그러므로 하나님의 말씀인 성경은 창조주이자 구속주이신 하나님과 그의 형상으로 지음을 받은 인간과의 교제를 지탱해주는 틀이 된다. 그런데 칼빈에 의하면, 이 경건의 교과서와 같은 하나님의 말씀인 성경은 성령과 불가분의 관계를 갖는다.[17] 칼빈은 성령은 성경을 통해서 그리스도인들을 경건으로 인도한다고 보는 것이다.[18]

• 경건과 신학의 통합

칼빈의 전 신학적 체계가 경건을 지향하면서 세워졌기 때문에 칼빈의 특징 중 하나는 그의 신학이 경건과 별개로 존재하지 않고 통합되어 있다는 점이다. 칼빈의 경건은 신앙과 삶 그

---

15) Calvin, *Institutes*, 1.6.1.
16) Calvin, *Institutes*, 3.2.6. "그러므로 하나님께서는 사람의 도움을 사용하시든지 또는 자신의 힘만으로 하시든지 간에 자신에게로 끌고자 하시는 사람들에게는 항상 말씀을 통해서 자신을 나타내신다."
17) L.J. Richard, *The Spirituality of John Calvin* (Atlanta: John Knox Press, 1974), 154-166.
18) Calvin, *Institutes*, 1.7.6; 1.9.6.

『기독교강요』 최종판 표지(1559)

리고 신학과 경건의 통합이라는 통시적인 측면에서 이해되어야 할 것이다.[19] 심지어 칼빈은 복음에 대해서 유창하게 말로 표현한다 하더라도 중요한 것은 "복음은 혀의 교리가 아니라 생명의 교리"라고까지 말하고 있다.[20]

칼빈이 이해하는 복음은 지적으로 아는 것이나 정적으로 느끼는 정도가 아니기 때문에 그의 경건의 개념도 보다 근본적이고 포괄적인 이해를 요구한다. 칼빈은 이에 대해서 다음과 같이 강변한다.

> 복음의 효력은 마음속 가장 깊은 감정에까지 침투해서

---

19) 정승훈, 『종교개혁과 21세기: 어거스틴과 포스트모던 사이에서』 (서울: 대한기독교서회, 2003), 155-157.
20) "그러므로 그들이 복음에 대해서 넓은 지식과 유창한 말주변으로 무엇이라고 말하든 간에 그리스도를 아는 체하는 그들의 태도는 거짓이며, 공정하지도 않다는 것이 증명된다. 복음은 혀의 교리가 아니라 생명의 교리이기 때문이다." Calvin, CO. 2, 503. (Institutes, 3,6,4).

영혼 안에 자리를 잡고, 인간 전체에 영향을 주어야 한다. 철학자들이 하는 충고보다 백 배나 더 심각한 영향을 주어야 한다.[21]

칼빈이 볼 때, 복음은 인간의 심령을 파고들어가 그 영혼 안에 닻을 내린 후 그 인간의 전체적 삶을 변화시키고 생명을 주어야 하는 것이다. 따라서 칼빈에 의하면 신학은 경건과 분리될 수 없으며, 신앙과 삶은 통합되어야 하는 것이다.

타자를 위한 사랑

칼빈의 사상에서, 경건은 그의 전체적 신학이 밀고 가는 지향점이었으며 삶과 통합되는 개념이었다. 그의 경건은 일차적으로 하나님께 대한 그리스도인들의 태도와 관계된다. 이와 동시에 넓은 의미에서 칼빈의 경건은 하나님에 대한 신앙에 기초하여 이 세상을 살아가는 인간들의 상호 관계에까지 관련을 맺는다고 볼 수 있다.[22]

칼빈은 타자를 위한 사랑은 구원을 위한 원인이 아니라고 분명하게 말한다. 그러나 이웃을 위하는 사랑은 칼빈에 의하면 '중생의 확실한 상징'이자 '성령의 특별한 열매'가 된다. 달

---

21) Calvin, CO. 2, 503. (*Institutes*, 3,6,4).
22) 이수영, "깔뱅에 있어서의 경건의 개념" 『교회와 신학』 27집, 1995, 346-348.

리 말하면, 하나님의 형상으로 창조된 인간은 구속함을 얻음으로 왜곡되었던 하나님의 형상이 회복되는데 이것은 곧 본래적 자아를 발견한다는 의미이고, 결국 그리스도인의 경건한 삶이란 타자를 위한 사랑으로 구체적으로 표현된다는 것이다. 칼빈은 "자신의 이기심을 포기하고 타자를 유익하게 할 때 비로소 자아의 중생이 증명된다"고 말한다.[23] 즉 그리스도 안에서 새롭게 된 삶은 타인을 사랑하는 삶으로 표현되며 이것은 새롭게 거듭난 그리스도인의 새로운 강령이 된다.[24]

• 타자를 위한 삶

칼빈은 에덴동산의 이야기를 주석하면서, 하나님께서는 인간의 출생 근원을 같게 창조하심으로 인간이 서로 협력하도록 하셨고 타자를 자아보다 더 포용하도록 하셨다고 설명한다.[25] 그래서 이웃을 돌아본다는 것은 "자기의 허물을 돌아보

---

23) Calvin, *Comm. 1 John*, 3:16.
24) 그리스도인의 삶과 경건을 자아와 타자와의 관계 속에서 풀어나가는 것은, 칼빈의 「기독교강요」 2판(1539년)부터 비로소 등장하고 있는데 이것은 공동생활 형제단의 사상으로 훈련을 받았던 장 스트롬의 영향과 스트라스부르에서 행했던 난민 목회 경험이 반영된 것으로 보인다. 칼빈의 스트라스부르 시절 이후의 「기독교강요」 개정판들에서부터 이 개념이 등장하고 있다는 것은, 칼빈의 신학과 경건이 얼마나 긴밀하게 통합되어 있는지를 잘 보여준다.
25) Calvin, *Comm. Gen*. 1:28. "… 단순히 아담이 그의 아내와 함께 자녀 생산을 위하여 만들어졌으며, 그렇게 하여 땅을 다시 채우게 하려는 것이라고 선언하고 있는 것이다. 하나님은 직접 많은 인간들로 이 땅을 채우게 하실 수 있다. 그

며, 겸손한 마음을 회복하는 것이다"라고 말한다.[26] 칼빈은 다음과 같은 강력한 어법을 사용하면서 타자에 대한 사랑을 강조하고 있다.

> 자아를 포기하고, 타자를 위해서 자아를 전적으로 바치지 않는다면, 바울이 사랑의 일이라고 가르친 그것을 행할 수 없다.[27]

인간이 자신을 포기하고 타자를 위해 섬기는 삶을 산다는 것은 비록 쉽지 않은 일이지만, 칼빈은 그것이 성경이 가르치는 일이라고 강변하고 있는 것이다. 칼빈에 의하면, 인간의 신체 기관들은 그 기관 자체를 위해서 능력을 가지고 있는 것이 아니다. 각각 다른 기관들을 위해서 존재하고 있다는 것이다. 그러고 나서 "경건한 사람도 …… 교우들을 위해서 일할 줄 알아야 하며, 교회의 전반적인 성장을 위해서 전심전력하는 이외에 어떤 다른 방법으로 자기를 돌보지는 않는다"라고 말하고 있다.[28]

러나 우리가 한 근원에서 나와서 상호 협조하려는 소원이 더욱 간절해지게 하려는 것이 하나님의 뜻이다. 또한 그분의 뜻은 각자가 다른 사람을 자기 자신보다 더 포용하게 하려는 것이었다."
26) Calvin, *Institutes*, 3,7,4.
27) Calvin, *Institutes*, 3,7,5.
28) Calvin, *Institutes*, 3,7,5.

• 타자를 위한 청지기

칼빈은 여기서 한걸음 더 나아간다. 하나님은 그리스도인들이 소유하고 있는 모든 은사를 타자의 이익을 위해서 나누어 주라고 위탁하셨다고 보는 것이다.

> 우리가 가지고 있는 은사 전체는 우리 이웃들의 유익을 위해서 분배하라는 조건으로 하나님께서 우리에게 베푸시고, 위탁하신 것이라고 배웠다. 이보다 더 확실한 규칙이나 이 규칙을 지키기 위한 더 타당한 권고를 생각해 낸다는 것은 불가능하다.[29]

칼빈은 "우리는 하나님께서 우리의 이웃을 도울 수 있도록 우리에게 주신 모든 것을 관리하는 청지기이며, 우리의 청지기 직책에 관해 보고할 의무가 있다"라고 주장한다. 그런데 이 청지기의 유일한 자격 조건이 중요하다. 칼빈에 의하면 '사랑'이다. 칼빈은 이 사랑이란 타자와 자아의 유익이 일치되는 것이지만 더 중요시해야 할 것은 타자를 위한 삶이라고 말한다.[30]

---

29) Calvin, *Institutes*, 3,7,5.
30) Calvin, *Institutes*, 3,7,5.

• 타자와 하나님의 형상(Imago Dei)

그렇다면 칼빈은 타자 안에 충분하고 완전한 선이 존재하기 때문에 타자를 사랑하라고 말했을까? 칼빈에 의하면 타자 안에 존재하고 있는 하나님의 형상 때문에 타자를 사랑하고 존귀하게 여겨야 한다는 것이다. 이와 관련하여 칼빈은 다음과 같이 명확하게 밝히고 있다.

> 성경의 교훈에 의하면, 우리는 사람 자체에 가치가 있다고 생각할 것이 아니라 모든 사람 안에 있는 하나님의 형상을 보며 그 형상에 대해서 경의와 사랑을 표시해야 한다.[31]

칼빈에 의하면, 타자 안에 존재하는 하나님의 형상 바로 그것이 우리가 '전심을 다해서' 타자를 사랑하고 존중해야 할 이유이다.

그렇다면 타자를 사랑하라고 말할 때, 그 타자의 범위는 어디까지이며, 경건한 그리스도인들은 어느 정도까지 사랑해야 할까? 칼빈은 이 질문에 대해서도 분명한 답을 가지고 있었다.

---

31) Calvin, *Institutes*, 3,7,6.

그러므로 우리의 도움을 받을 필요가 있는 사람을 만날 때 그가 어떤 사람이든 간에 우리에게는 그를 돕지 않을 이유가 없다. …… 가령 그가 '비루하고 무가치하다'고 하자. 그러나 높으신 주께서는 낮은 그에게 자기의 아름다운 형상을 주셨다. 우리에게는 그 사람에게 봉사할 아무런 의무도 없다고 말하자 …… 그에게는 우리가 그를 위해서 조금도 수고해줄 가치가 없다고 말할 것인가? 그러나 그를 우리에게 추천하신 하나님의 형상에는 그대 자신과 그대의 전 소유를 바칠 가치가 있다.[32]

칼빈에 의하면, 경건한 그리스도인들은 타자를 바라볼 때 타자 안에 비천함이 존재한다 하더라도 그 타자 안에 존재하는 하나님의 형상을 주시해야 한다. 그 아름다운 형상에 마음이 이끌려서 타자를 동정(compassion)하라는 것이다.[33] 결국 칼빈이 말하는 경건은 타자의 환경 여부에 관계없이 그를 동정하고 존귀하게 여기는 것이다.

• 거룩한 공동체
칼빈에 의하면, 인간의 하나님의 형상은 공동체 속에서 회

---

32) Calvin, *Institutes*, 3,7,6.
33) Calvin, *Institutes*, 3,7,5.

복될 수 있다. 자아의 영적인 삶은 타자에 의해서 영향을 받게 되어 있기 때문이다. 그래서 칼빈은 타락하여 오염된 타자 속에 있는 하나님의 형상을 회복시키기 위해서 제네바에서 권징을 실시했다. 그렇게 해서 타자를 통해 자아 속에 있는 하나님의 형상이 오염되는 것을 보호하여 거룩한 공동체를 세울 수 있다는 것이 칼빈의 의도였다. 실제로 칼빈은 권징(discipline) 혹은 파문(excommunication)이 실행되어야 하는 세 가지 이유를 다음과 같이 말하고 있다. 첫째, 권징을 통해 예수의 이름이 불명예스럽게 되는 것을 막고, 둘째, 권징을 받는 사람 자신을 교정할 수 있을 뿐만 아니라, 셋째, 타인의 타락을 예비할 수 있기 때문이다.[34] 칼빈의 교회론과 관련된 권징 개념은 '거룩한 공동체'를 세우고자 했던 칼빈의 열망의 한 반영이었고, 실제로 제네바는 거룩한 공동체로 세워질 수 있었다.

창조 세계를 돌봄

칼빈의 경건 신학의 시종일관한 기초는 창조주요, 구속주이신 하나님과 그의 형상으로 창조된 인간에 대한 지식이다. 이 경건의 지식에 근거하면, 첫 인간이 하나님께 부여 받은 사

---

34) W. Balke, *Calvin and the Anabaptist Radicals* (tr.) W. Heynen (Grand Rapids: Eerdmans, 1981), p. 223. W. Bouwsma, *John Calvin: A Sixteenth Century Portrait* (Oxford: Oxford University Press, 1989), 219.

명은 하나님이 창조하신 세계를 하나님의 부성애적 사랑으로 돌보라는 것이었다.[35] 만물이 하나님의 영광을 위할 수 있도록 하기 위해서 인간은 하나님의 통치의 일원으로 선택된 것이었다.[36] 따라서 칼빈은 하나님의 피조 세계를 다스리며 지키는 인간의 노동은 인간에게는 본질적인 사명이자 축복이었다고 해석하면서, 인간은 하나님의 창조 세계를 규모 있게 관리하면서 후손에게 넘겨주는 하나님의 청지기가 되어야 할 것을 강조하고 있다.

…… 다스리며 지키라는 조건으로 그 땅이 인간에게 주어졌다고 한다. ……이 노동은 정말로 즐거운 것이었다. 그리고 기쁨이 넘치는 것이었으며, 모든 고생과 지치는 것은 완전히 배제된 노동이었다. …… 모세는 추가하여 아

---

35) Calvin, *Comm. Gen.*, 1:28. "… 그리고 하나님이 주신 선물들을 사용하는 면에서도 그분의 선하심과 '부성애적'인 돌보심을 언제나 생각하면서 우리 자신을 단련시켜야 된다 …."; *Comm. Gen.*, 1:28. "… 그리고 그것을 향유하는 데서 그는 하나님의 '부성애적'인 사랑을 깨닫게 하셨다는 것도 알고 있기 때문이다. 모세는 또한 그후에 인간은 땅을 개발하도록 명령을 받았으며 과일들을 먹으라고 허락을 받았다고 추가하고 있다 …." 한편, 창조의 영으로서의 칼빈의 성령에 대한 관점은 첫째 우주적인 차원, 둘째 인간의 생명의 차원, 셋째 성령에 의해서 거듭난 삶의 차원으로 나누어볼 수 있는데, 성령의 우주적 사역에서 칼빈의 정치 윤리와 생태 윤리가 도출될 수 있다. 다음을 보라. 정승훈, 『종교개혁과 칼빈의 영성』, 대한기독교서회, 2000, 235–66.

36) Calvin, *Comm. 1 Cor.*, 15:27.

담에게 동산을 지키는 책임이 부여되었다고 하면서, 우리는 하나님께서 다음의 조건으로 우리의 손에 맡기신 모든 것을 소유하고 있다는 사실을 제시해주고 있다. 그 조건은 그것들을 규모 있고 적당하게 이용하고 만족하면서 남게 될 모든 것을 잘 돌봐야 한다는 조건이라야 한다. 밭을 소유하고 있는 자는 해마다 과일을 따먹게 되며, 그렇게 하여 그의 관리 소홀로 땅에 해를 입히지 않게 하려는 것이다. 그리고 자기가 받은 대로 그것을 자손에게 넘겨주어야 될 것이며, 아니 더 잘 개발된 것을 후손들에게 물려주어야 한다.…… 뿐만 아니라 모든 사람들은 그가 소유하고 있는 모든 일에서 자신을 하나님의 청지기로 여겨야 될 것이다. 그러면 그는 방종하게 행동하지 않을 것이며, 하나님이 보존되기를 요구하시는 것들을 남용함으로 자신을 부패시키지 않을 것이다.[37]

칼빈에 의하면, 인간에게 맡기신 창조 세계를 남용하는 것은 인간 자신을 부패시키는 것이다. 결국 인간은 이 세상의 통치자라기보다는 창조주 되시는 하나님께 복종해야 하는 존재이며,[38] '다른 피조물들과 적절한 유대 관계를 이루며 살아

---

37) Calvin, *Comm. Gen.*, 2:15.
38) Calvin, *Comm. Gen.*, 2:16.

칼빈 전집(Calvini Opera)

가도록' 인간의 본래적인 삶의 조건들이 규정되었던 것이다.[39]

칼빈의 해석에 의하면, 만약 첫 사람이 하나님 앞에 범죄하여 그 본래적 지위를 상실하지만 않았더라면 심지어 동물과 인간 간에도 친밀한 관계가 지속될 수 있었다.[40] 그러나 아름답고 기쁨이 가득했던 창조 세계는 형벌을 받게 되는데 그 이유는 바로 인간의 범죄 때문이다. 그래서 칼빈은 "우리(인간)가 저주를 받고 있다"고 탄식했던 것이다.[41]

하나님의 형상을 따라 창조된 인간의 범죄로 파생된 생태계의 파괴와 그것에 대한 칼빈의 '통탄'이 얼마나 큰지는 다음의 칼빈의 표현에서 역력히 드러난다. 칼빈은 먼저 자연계에 발생하는 좋지 못한 현상들은 죄의 결과라고 예리하게 지적한다.

> 그러므로 땅에서 생산되는 모든 불건전한 것들은 이 땅의 자연적인 본래의 소산이 아니고 단지 죄로 말미암아

---

39) Calvin, *Comm. Gen.*, 2:18.
40) Calvin, *Comm. Gen.*, 2:19.
41) Calvin, *Comm. Gen.*, 3:17.

기원되는 부패물들이란 사실을 알 수 있다.[42]

그러면서 칼빈은 인간의 죄로 인해서 발생되는 피조 세계의 비참한 일들에 대한 안타까움을 절제하지 않고 그대로 드러내고 있다.

……땅이 그렇게 불모지로 화하고 있는 가운데서 하나님의 분노를 역력히 보아야 할 것이다. 그리고 우리 자신들의 죄를 통탄해야 할 것이다 ……인간의 죄악이 증가함에 따라서 남아 있는 하나님의 복들이 점점 감소되고 손상되고 있으며 또한 이 세상이 회개하지 않으면 분명히 위험이 있다는 것을 인정하는 자들은 보다 정확하게 생각하고 있는 것이다. 즉 그들은 인간의 엄청난 수효가 기근과 기타 무서운 비참한 일들로 인하여 곧 멸망하게 될 것이라고 생각하고 있다…….[43]

하나님의 창조 세계가 무질서함과 비참함에 빠져 있을 때, 이 세상을 본래의 아름다운 상태로 완전히 회복시킬 수 있는 방법은 없는 것일까?

---

42) Calvin, *Comm. Gen.*, 3:18.
43) Calvin, *Comm. Gen.*, 3:18.

칼빈은 이에 대한 유일한 대책이 있음을 천명하고 있는데, 그것은 다름 아닌 바로 그리스도의 구속이다. 이에 대하여 칼빈은 다음과 같이 매우 명쾌하게 적고 있다.

……그리스도께서 오신 목적이 이 저주를 제거함으로써 세상을 하나님과 화해시키는 데 있는 만큼 완전한 상태로의 회복이 그가 해야 할 당연한 일인 것이다……

한마디로 선지자는 이러한 비유를 들어 바울이 뚜렷이 주장하는 점, 곧 그리스도께서 오신 목적은 '하늘에 있는 것이나 땅에 있는 것'을 무질서한 상태에서 함께 모으는 데 있다는 동일한 진리를 가르쳐준다. 그리하여 그것은 '그리스도께서 오셔서 이 세상에서 온갖 해로운 것을 추방하시며 그동안 저주 아래 놓여 있던 이 세상의 과거의 아름다움을 회복시켜 주실 것이다'라고 요약된다.[44]

위에서 명확하게 밝혀진 칼빈의 가르침은 이렇다. 칼빈의 경건 개념의 토대가 되는 하나님에 대한 지식과 인간에 대한 지식에 의하면, 인간은 하나님으로부터 그분이 창조하신 자연 세계를 아버지의 사랑으로 돌보라는 사명을 부여 받았다. 그

---

44) Calvin, *Comm. Is.*, 11: 6-7.

러나 인간이 범죄함으로 그 본래적 위치를 상실하게 되었을 때, 인간뿐 아니라 전 창조 세계에 그 비참한 결과가 도입되었다. 그러나 하나님의 아들이신 그리스도의 전 우주적 구속 사역으로, 모든 피조물은 다시 회복되어 하나님께 영광을 돌리게 된다.[45] 이와 같이 창조주 하나님과 구속주 하나님에 대한 지식 그리고 인간의 본래적인 정체성을 발견하는 칼빈의 경건의 신학은 우리의 시야를 창조 세계로까지 확대해 주는 신학적 포괄성을 보여주며, 바로 이 점이 여러 종교개혁자들 중에서 칼빈의 신학이 갖는 특징이자 포괄성이라고 할 수 있다.

칼빈의 경건 훈련

칼빈에 의하면, 구원은 회복의 역사이다. 칼빈은 인간의 경우, 죄로 인해서 파괴되었던 하나님의 형상 회복이 거듭남이라고 말하고 있다.

> 하나님의 형상은 인간이 타락함으로 우리 안에서 파괴되었다. 그래서 우리는 그것을 다시 회복하는 것에서 과연 그것이 원래는 어떤 것이었는가를 판단할 수 있다. 바울은 우

---

45) Calvin, *Comm. Col.*, 1:16. "그래서 바울은 하나님의 아들을 가장 높은 영광의 자리에 올려 그는 사람뿐 아니라 천사들도 주관하시는 분이요, 하늘과 땅에 있는 모든 피조물들에게 명령하시는 분이라고 한다."

리는 복음으로 말미암아 하나님의 형상으로 변화되었다고 말한다. 그리고 그의 말에 의하면, 영적인 중생은 오직 그와 똑같은 형상을 다시 회복하는 것이라고 한다.[46]

칼빈에 의하면 하나님의 나라가 완성되는 것은 창조 세계의 회복이다. 따라서 칼빈이 말하는 경건 훈련은 하나님의 형상인 인간에게 주어진 본래적인 사명에 충실할 수 있도록 훈련하는 것이다.

이 회복을 위한 훈련의 개념에서 칼빈은 그에게 영향을 주었던 근대적 경건(Devotio Moderna)과 결별한다. 즉 근대적 경건이 세상으로부터 철회하는 방법으로서의 훈련이었다면 칼빈의 경건 훈련은 오히려 이 세계 내에서 어떻게 봉사할 것인가를 훈련하는 적극적인 의미를 강조한다.

자기 부인

칼빈은 그리스도인의 삶의 중심에 자기 부인을 위치시키고 있다. 자기를 부인한다는 것은 내적이고 외적인 과정으로 나타난다.

첫째, 내적인 면에서 보면 자기 부인이란 자아의 삶의 주권

---

46) Calvin, *Comm. Gen.* 1:26.

네덜란드의 근대적 경건 공동 생활 형제단 유적지

을 자아가 아닌 하나님께 돌리면서 그 하나님께 헌신하는 것이며, 자아의 이기적이고 세속적인 욕망을 굴복시키는 것이다.[47] 하나님의 첫 창조 이후 인간의 범죄로 원죄가 인간의 전 삶에 침투했으며, 타락한 인간은 자아의 이기적인 정욕을 좇아 살게 되었다. 따라서 자기 부인이란 피조물인 인간의 죄악된 정욕을 죽이는 것과 그 욕구를 부인하는 것을 의미한다. 하나님께서 자아의 육신의 정욕을 지배할 수 있도록 복종하는 것을 의미하는 것이 자기 부인의 내적인 측면인 것이다.[48]

칼빈의 이 자기 부인은 근대적 경건의 그것과 차별되는데 근대적 경건은 자기 부인을 완전을 향한 수단으로도 이해하

---

47) Calvin, *Institutes*, 3,7,1-3.
48) Calvin, *Institutes*, 3,7,2.

는 모호함이 있는 반면, 칼빈은 하나님께 전적으로 의지하는 것으로 사용한다는 점이다.[49] 칼빈에 의하면, 이러한 자기 부인의 과정은 일생에 걸쳐서 점진적으로 진행되며, 그것은 하나님의 영광을 위한 삶이다.[50]

한편 칼빈의 자기 부인은 외적으로 보면 이 세상의 삶에 필요한 현세적인 재물들을 향유할 수 있지만 그것을 섬기지 않고 하나님께 드리는 것을 의미하며, 세속적인 욕망을 굴복시켜 하나님께 순종하는 것이다. 칼빈은 이 세상의 삶에 대한 그리스도인들의 과도한 금욕과 극단적인 방종 모두를 배격한다. 현세의 삶과 문화는 하나님이 주신 유익한 것이다. 그러나 그것은 어디까지나 자아의 정욕을 위해 남용하기 위한 것이 아니라 하나님을 섬기고 타자를 사랑하기 위한 것이다.[51]

십자가를 짊어짐

칼빈에게 있어서 '경건한 마음'은 보다 높이 그리스도의 '제자됨'의 경지에 이르러야 한다. 즉 경건함은 결국 '그리스도

---

[49] L.J. Richard, *The Spirituality of John Calvin* (Atlanta: John Knox Press, 1974), 122-129.
[50] Calvin, *Institutes*, 3,6,3; 3,7,2.
[51] Calvin, *Institutes*, 3,10,1-6. 여기에서 칼빈은 어거스틴의 *De Doctrina Christiana*에 등장하는 그리스도인의 삶의 태도인 frui(즐거워함)와 uti(유용함)와 유사한 개념을 「기독교강요」 3권 10장에서 이용하고 있다.

의 제자'가 된다고 하는 자기의 '십자가를 짊어짐'으로 나타나게 된다는 것이다. 칼빈이 말하는 하나님에 의해서 선택된 사람이란 곧 고난과 노고 속에서 살아가도록 부름을 받은 제자이다.

칼빈에 의하면, 하나님의 모든 자녀는 그리스도와 같은 형상을 갖도록 정해졌다. 그러므로 마치 그리스

칼빈의 「기독교강요」 3권의 내용 중 그리스도인의 생활 부분만 편집한 삶의 보화(Golden booklet)

도께서 그러하셨듯이 우리도 고난을 통해서 영광으로 이끌어지게 될 것이다. 그리스도의 고난에 동참함으로 그리스도의 부활의 권능을 알게 되고, 그리스도의 죽으심을 본받게 됨으로 그와 함께 부활하게 될 것이라는 강조이다. 그러므로 그리스도인들은 고난을 더 받을수록 그리스도와 더 확실한 사귐을 보장받는다고 칼빈은 말한다.[52] 십자가를 짊어짐으로 우리는 오히려 생명으로 나아오게 되는 것이다.[53] 자아에 대한 맹목적인 사랑은 십자가를 통해서 깨끗하게 없어지게 되며, 결국 자신의 무능을 깨닫게 되어 더욱 하나님의 약속 위에 소망을 갖게 된다는 것이다.

---

52) Calvin, *Institutes*, 3,8,1.
53) Calvin, *Institutes*, 3,8,1.

칼빈은 결국 자아를 버리고 타자를 사랑할 수 있는 능력과 소망은 십자가를 짊어짐을 통해서 얻어진다고 말한다. 그리고 이 십자가를 짊어지는 것은 우리에게 인내와 순종을 훈련시키는 것이다.[54] 십자가를 통해서 자아의 의지가 아닌 하나님의 뜻을 좇아 살 수 있게 된다.[55] 이러한 의미에서 십자가는 자아 중심의 고립된 삶에서 타자를 사랑하는 삶으로 전환시킬 수 있는 자아에 대한 일종의 '치료법'이 된다는 것이다.

칼빈에 의하면, 동시에 십자가는 우리의 죄에 대한 하나님의 사랑의 징계도 된다. 칼빈은 의를 위한 박해는 하나님이 주시는 위로가 된다고 말했다. 의를 지키기 위해서 고난이 따를 때, 그리스도인은 십자가를 짊어져야 한다. 그렇게 십자가를 짊어질 때 그리스도께서는 영광을 받으신다는 것이다.[56] 그러나 칼빈은 이처럼 하나님께 대한 경외와 순종으로 가득 차서 모든 반항하는 감정을 길들이고, 하나님의 명령으로 행할 수 있으려면 우리 마음의 십자가의 고통을 굳게 이겨내야 한다고 보았다.[57]

따라서 우리가 십자가로 인해 고난을 받는 그 와중에도 하나님은 구원을 마련하고 계신다. 우리가 받는 고난은 우리의

---

54) Calvin, *Institutes*, 3,8,4.
55) Calvin, *Institutes*, 3,8,4.
56) Calvin, *Institutes*, 3,8,8.
57) Calvin, *Institutes*, 3,8,10.

유익을 위한 것이다.[58] 그러므로 칼빈은 다음과 같이 강조하면서 글을 맺는다. 십자가를 짊어짐으로 고난을 인내하고 있을 때, 그것은 결국 자아에게 유익한 것에 동의하는 것이 된다는 것이다. 타자를 위한 삶과 사랑은 결국 자아를 위한 사랑으로 귀결되는 것이며, 자아는 타자와 연합되는 것이다.

종말론적 삶

하나님은 그리스도인들이 그들의 고난으로 인하여 현세에 집착하지 않고 내세를 바라보게 하셨다. 현세의 불안을 느끼게 될 때 십자가를 짊어지는 훈련을 통해 인간은 내세의 소망을 가지고 앞으로 전진할 수 있다. 그러므로 타자를 사랑한다는 것은 결국 사회 속에서 종말론적인 비전 안에서 사랑하는 것이다.[59] 경건한 사람들은 이미(already) 이루어진 하나님의 나라가 아직(not yet) 이루어지지 않았다는 건강한 긴장감 속에서 살아간다.

종말론적 삶을 살아가는 그리스도인들은 이 세계 내에서 절제하고 근검하면서 하나님이 부르신 소명에 합당하게 살아간다. 하나님은 인간으로 하여금 의미 없이 인생을 방황하지 않

---

58) Calvin, *Institutes*, 3,8,10.
59) Calvin, *Institutes*, 3,9,3–6.

도록 하셨다.[60] 이것이 칼빈의 직업 소명론이며 직업 의식이다. 따라서, 각자를 부르신 그 부르심대로 순종하며 살아가는 삶이 경건한 그리스도인들의 삶의 태도인 것이다.[61]

칼빈의 경건과 21세기 그리스도인

이상에서 살펴본 바와 같이 칼빈의 '경건'은 그의 모든 신학이 지향하는 목표가 된다. 칼빈의 경건은 개인의 인격과 하나님과의 관계에서 시작하고 있다. 그의 경건의 사상 바탕에는 창조주요, 구속주 되시는 하나님과 그 하나님의 형상으로 창조된 인간에 대한 지식이 존재한다. 따라서 칼빈은 경건을 하나님에 대한 인간의 예배를 정점으로 해서, 타자에 대한 사랑과 창조 세계에 대한 돌봄으로 풀어내고 있다.

특이할 만한 것은 칼빈이 자신의 경건의 개념에 기초하여, 경건을 사회적, 경제적, 생태학적으로 확대, 해석할 수 있도록 해주는 신학적 포괄성을 보여주고 있다는 점이다. 이 점은 다른 신학자들과 비교할 때 독특한 점이라고 할 수 있다. 칼빈은 경건을 개인의 영성에 배타적으로 해석하지도 않았으며, 사회적 개념으로 극단적으로 확대시키지도 않았다. 양 극단적인 경건의 경향성 사이에서 건강한 균형을 이루는, 경건

---

60) Calvin, *Institutes*, 3,10,6.
61) Calvin, *Institutes*, 3,10,6.

과 신학의 통합이라는 개념을 가지고 있었던 것이다. 바로 이 점이 16세기를 살았던 칼빈의 '경건의 신학'이 21세기를 살아가는 현대인들에게도 여전히 중요한 '경건의 교과서'가 되고 있는 이유라고 할 수 있을 것이다.

고난과 숨어 계시는 하나님[62]

인간은 본래 하나님의 창조 세계를 지키는 청지기로 살도록 창조되었다. 이 인간은 하나님을 사랑하고 이웃을 사랑하며 자연을 보전하는 존재다. 그러나 인간의 죄로 인해서 하나님과의 관계가 단절되고 이웃과의 신뢰도 무너지게 되었으며 창조 세계의 질서도 혼돈되었고, 그 결과 인간은 고통을 겪게 되었다. 개혁신학의 체계 안에서 분석해보면 이와 같은 고난은 근원적으로 인간의 죄에서 기원한다. 그것은 자신에게 주어진 본연의 사명을 다하지 못함으로써 초래된 인류의 죄의 결과인 것이다. 이와 같은 비참한 상태에 있는 인간에게 하나님은 예수 그리스도를 통한 구속을 베풀어 주셨으며, 이 구속은 종말론적인 회복과 소망을 약속해주고 있다.

---

62) 본 주제의 내용은 필자의 다음의 기고문을 중심으로 보완하여 작성되었다. "사회적 고난에 대한 설교를 위한 역사적 이해," 「헤르메네이아 투데이」(2012년 봄 53호), 29-39.

그렇지만 그리스도인들은 아무리 성실하게 신앙 생활을 한다고 해도 이 세상에서 고난을 겪게 된다. 그 가운데서도 특히 신자들이 이해하기 어렵고 고통스러운 것은 자신의 직접적인 허물과 실수가 아니라 자연 재해나 인간 사회의 불의에서 파생되어 경험하게 되는 소위 사회적인 고난이다. 그리스도인들은 이런 고난을 어떻게 해석해서 극복해 나갈 수 있는가?

본 글은 위의 질문에 대한 해답을 칼빈의 개혁주의적인 신학의 체계 안에서 모색하게 될 것이다. 기초적으로 칼빈의 창조 신학과 인간의 책임 그리고 인간의 범죄로 인한 창조 세계의 비참함을 살펴볼 것이다. 신자들이 당하는 사회적인 고난에 대해서는 위의 칼빈의 신학적 틀 안에서, 특히 칼빈의 하나님의 숨어 계심(Hiddenness of God)의 신학을 활용해서 설명하게 될 것이다.

창조 세계의 사회와 인간[63]

창조 세계와 인간

칼빈 신학의 큰 기둥은 창조주요, 구속주이신 하나님에 대한 지식이다. 또한 그 하나님에 대한 지식과 더불어 그의 형

---

[63] 칼빈의 경건의 신학을 하나님과 이웃과 창조 세계와의 관계 속에서 이해하기 위해서는 다음을 보라. 안인섭, 『칼빈과 어거스틴』(서울: 그리심, 2009), 213-216.

상으로 창조된 인간에 대한 지식 역시 총체적인 신학적 기조를 형성하고 있다. 첫 인간은 하나님이 창조하신 세계를 하나님의 부성애적 사랑으로 돌보라는 사명을 받았다.[64] 이것이 의미하는 것은 창조 세계가 하나님의 영광을 드러낼 수 있도록 하기 위해서 인간이 하나님의 통치의 일원이 되었다는 것이다.[65] 칼빈은 하나님의 피조 세계를 다스리며 지키는 것은 인간의 본질적인 사명이었고 축복이었다고 본 것이다. 인간은 하나님의 창조 세계를 규모 있게 관리하면서 후손에게 넘겨주는 하나님의 '청지기'다.

이때 인간은 창조 세계의 청지기가 될 조건을 가지고 있다. 칼빈에 의하면 그것은 이 세계를 '규모 있고 적당하게 이용하고 만족하면서 남게 될 모든 것을 잘 돌봐야 한다는 조건'이다.[66] 칼빈이 든 예를 한번 보자. 밭을 소유하고 있는 자가 매년 과일을 따먹는다면 그는 관리를 소홀히 함으로 땅에 해를 입히지 말아야 한다. 그는 자신이 받은 대로 그것을 자손에게 넘겨주어야 할 뿐 아니라 더 잘 개발된 것을 후손들에게 물려주어야 한다.

---

64) Calvin, *Com. Gen.* 1:28. 이하 Comm. Gen.으로 표시함. cf. 정승훈, 『종교개혁과 칼빈의 영성』(서울: 대한기독교서회, 2000), 236-266.
65) Calvin, *Com. 1 Cor.*, 15:27.
66) Calvin, *Comm. Gen.*, 2:15.

인간이 청지기 의식을 가지고 있을 때 그는 방종할 수 없게 된다. 또한 인간은 하나님이 보존되기를 요구하시는 것들을 남용함으로 자신을 부패시키지 않도록 해야 한다.[67] 따라서 칼빈에 의하면, 인간은 엄밀하게 말해서 이 세상의 통치자가 아니다. 인간은 이 세상을 통치하시는 창조주 하나님에 의해서 임무를 부여받은 청지기로서 창조주 하나님께 복종해야 하는 존재이다.[68] 그러므로 인간은 본래 다른 피조물들과 적절한 유대관계를 이루며 살아가도록 되어 있었던 것이다.[69]

사회적 관계 속의 인간

칼빈은 인간 사회의 관계를 설명할 때 그 출발을 에덴동산에 두고 있다. 인간의 창조 기록을 볼 때 인간이 동일한 근원에서 출생하게 된 것은 인간이 서로 돕고 포용하라는 의미라고 칼빈은 해석하고 있다.[70] 따라서 이웃을 돌아보는 것도 결국은 자기의 허물을 돌아보며, 겸손한 마음을 회복하는 것이 되는 것이다.[71] 인간의 신체 기관들을 살펴 보아도 각 기관들은 자신만을 위해서 존재하는 것이 아니라 다른 기관들을 위

---

67) Calvin, *Comm. Gen.*, 2:15.
68) Calvin, *Comm. Gen.*, 2:16.
69) Calvin, *Comm. Gen.*, 2:18.
70) Calvin, *Comm. Gen.* 1:28.
71) Calvin, *Institutes*, 3. 7. 4.

해서 존재하고 있다고 칼빈은 지적하고 있다. 그래서 경건한 그리스도인들은 다른 성도들을 섬겨야 한다.[72]

칼빈은 더욱더 강조하기를 그리스도인들이 소유하고 있는 모든 은사 자체도 자신의 이기적인 욕심을 위한 것이 아니라 다른 사람들의 유익을 위해서 나누어주라고 하나님이 맡기신 것으로 설명하고 있다.[73] 따라서 우리는 이웃을 도울 수 있도록 우리에게 주신 모든 것을 관리하는 청지기이다. 그런데 이 청지기의 유일한 자격 조건은 사랑이다. 이 사랑이란 타자와 자아의 유익이 일치되는 것이지만, 칼빈은 다른 사람들을 위한 삶을 더 중시하라고 강조하고 있다.[74] 이렇게 볼 때 인간은 하나님의 창조 세계와 인간의 사회 속에서 하나님의 청지기로서 그 관계를 잘 지켜나갈 사명을 부여받은 존재이다.

인간의 범죄와 창조 세계의 고통

만약 첫 사람이 하나님 앞에 범죄하지 않고 그 본래적 지위를 상실하지 않았더라면, 인간은 창조 세계 가운데 친밀한 관계를 유지할 수 있었을 것이다.[75] 인간 사회 역시 평화로울

---

72) Calvin, *Institutes*, 3,7,5.
73) Calvin, *Institutes*, 3,7,5.
74) Calvin, *Institutes*, 3,7,5.
75) Calvin, *Comm. Gen.*, 2:19.

수 있었을 것이다. 그러나 칼빈은 이 아름답고 기쁨이 가득했던 창조 세계가 형벌을 받게 된 이유를 인간의 범죄로 지목한다.[76] 창조 세계의 청지기인 인간이 하나님 앞에서 범죄함으로 그 결과 생태계가 파괴되었다. 칼빈은 자연계에서 발생되는 모든 좋지 못한 현상들은 원래부터 그런 것이 아니라 모두가 인간의 범죄 때문에 발생한 것이라고 지적하고 있다.[77] 칼빈은 땅이 불모지로 전락하는 것에서 하나님의 분노를 볼 수 있어야 하며, 따라서 우리의 죄를 통탄해야 한다고 강조한다. 심지어 그 결과 "인간의 엄청난 수효가 기근과 기타 무섭고 비참한 일들로 인하여 곧 멸망하게 될 것"이라고까지 칼빈은 말하고 있다.[78] 뿐만 아니라 인간의 평화로운 관계가 파괴되어 서로의 신뢰가 깨지고 그 결과 고통을 겪게 되는 것도 죄 때문이다.

구속, 창조 세계의 회복

하나님이 보시기에 좋았던 창조 세계와 인간 사회가 이처럼 무질서와 비참함에 빠져 있다면, 그것을 본래의 아름다운 상태로 완전히 회복시킬 수 있는 방법은 무엇일까? 칼빈의 신

---

76) Calvin, *Comm. Gen.*, 3:17.
77) Calvin, *Comm. Gen.*, 3:18.
78) Calvin, *Comm. Gen.*, 3:18.

학은 이와 같은 창조 세계의 비참한 고통으로부터 벗어날 수 있는 길로서 그리스도의 구속 사역을 제시한다. 칼빈에 의하면 그리스도께서 오신 목적은 이 피조 세계의 저주를 제거함으로 세상을 하나님과 화해시키는 데 있다. 따라서 이 창조 세계는 다시 완전한 상태로 회복될 것이다. 칼빈은 그리스도께서 오신 목적은 '하늘에 있는 것이나 땅에 있는 것을 무질서한 상태에서 함께 모으는 데 있다'고 가르치고 있다. 결국 칼빈은 "그리스도께서 오셔서 이 세상에서 온갖 해로운 것을 추방하시며 그동안 저주 아래 놓여 있던 이 세상의 과거의 아름다움을 회복시켜 주실 것"이라고 가르치고 있다.[79] 요컨대 하나님의 창조 세계와 인간 사회는 인간의 범죄로 비참한 상태에 놓이게 되었지만 그리스도의 구속 사역으로 전적으로 회복될 수 있는 길이 열리게 되었다.

숨어 계시는 하나님[80]

그러나 인간은 현실적으로 여전히 창조 세계와 인간 사회

---

79) Calvin, *Commentary on Isaiah* (Edinburgh: Calvin Translation Society, 1844–55); Repr. (Grand Rapids, Mich.: Baker Book House, 1998), 11: 6–7.

80) 칼빈의 신학 가운데 하나님의 숨어 계심에 대한 탁월한 설명은 셀더하위스 교수의 다음 챕터를 보라. H. Selderhuis, 『중심에 계신 하나님: 칼빈의 시편 신학』 장호광 역 (서울: 대한기독교서회, 2009), 127–170.

속에서 고통을 당하고 있다. 특별히 본 주제와 관련해서 살펴볼 때, 신자들이 쓰나미와 대지진과 홍수와 같은 자연 재해들과 인간 사회의 불합리한 구조적인 문제로 인해서 신음하고 있을 때 하나님은 어디서 무엇을 하고 계시는가? 이것은 하나님의 섭리와 돌보심의 차원에서 제기되는 질문이기도 하다. 이러한 문제에 대한 신학적인 답변은 루터도 제시한 바 있지만 칼빈의 경우 명확한 신학적 설명을 제공해주고 있다. 여기서는 그것을 특히 '하나님의 숨어 계심'(Hiddenness of God)에 대한 개념을 통해서 생각하려고 한다.

인간의 한계에 기인한 하나님의 숨어 계심

피조물인 인간은 하나님을 인식하는 데 근원적인 한계를 가지고 있다. 현실적으로 이해할 수 없는 사건들 속에서 인간은 하나님께서 과연 어떤 일을 하고 계시는지 다 알 수 없다는 것이다. 그것은 인간 자신의 본래적인 한계에 기인하는 것이다. 그러나 칼빈은 비록 신자들에게 분명하게 드러나지는 않지만 그럼에도 불구하고 하나님께서는 일하고 계시다는 것을 알아야 한다고 강조한다.[81] 하나님이 적극적으로 숨어 계신다기보다는 인간이 그 하나님을 인식할 수 없다는 것이다.

---

81) Calvin, *Comm. Ps.* 9:18.

칼빈이 볼 때 사람들은 하나님의 도우심을 자신의 규범에 따라 저울질하며, 그로 인해 하나님을 부를 때 하나님께서 즉시 손을 뻗어 응답하지 않으시면 곧 용기를 잃고 심지어 절망하기까지 한다. 그래서 결국 하나님께서 고난 속에서 소리치는 자신들의 목소리를 귀담아듣지 않으신다고 생각한다.[82] 따라서 인간 사회에서 발생하는 사회적 고난들 또한 그 가운데 하나님의 뜻이 무엇이고 하나님은 어떤 일을 하고 계시는지를 인간은 명확하게 알 수 없다는 것이다. 그러나 확실한 것은 그 고난의 자리에서 하나님은 비록 숨어 계신다 해도 하나님은 여전히 그의 백성들과 이 창조 세계를 위해서 부지런히 일하신다고 믿는 것이 진정한 믿음이다.

스스로 숨어 계시는 하나님

칼빈에 의하면 하나님은 인간의 한계로 인해서 우리에게 드러나지 않으시기도 하지만, 또 다른 한편으로 하나님은 적극적으로 스스로를 감추기도 하신다. 인간이 자연 세계와 인간 사회로부터 고난을 겪고 있을 때 하나님은 스스로 숨어 계시기도 한다는 것이다. 칼빈은 시편 주석에서 하나님의 얼굴을 감추고 있는 구름의 이미지를 자주 사용하고 있다.[83] 그런데

---

82) Calvin, *Comm. Ps.* 9:13.
83) Calvin, *Comm. Ps.* 44:4.

하나님은 우리가 하나님의 말씀을 누리는 것을 박탈할 때도 구름으로 당신의 얼굴을 덮으신다. 칼빈에 의하면 심지어 하나님 스스로 당신을 감추시는 일도 자주 일어난다.[84]

신자들이 삶의 길을 잃고 헤맬 때 하나님은 숨어 계시기도 하지만 동시에 하나님은 적으로부터 보호하기도 하신다. 하나님이 스스로를 은폐하실 때 이 세상은 곧 혼란을 야기하는 어둠에 있게 된다. 그러나 하나님이 자신의 얼굴을 다시 보여주실 때 곧 질서가 회복된다. 하나님께서 그분의 자녀들을 돕고 보호하시는 것은 당신의 직분이기 때문에 일반적으로 볼 때 하나님은 일시적으로만 자신을 감추신다고 할 수 있다.

또 다른 차원에서 보면 칼빈은 하나님이 진노의 표현으로도 당신 자신을 감추실 수 있다고 말한다. 즉 왕이 그의 백성에게 화가 나서 은밀한 곳으로 물러나는 것처럼 하나님은 자기 백성들에게 화가 나서 은밀한 곳으로 물러나기도 하신다.[85]

하나님은 당신의 본질에 따라 자비하신 분이므로, 당신의 진노를 알아차릴 수 있도록 스스로 일시적으로 모습을 감추시는 것이다. 하나님의 형벌은 동시에 사랑과 돌보심의 표현이기도 하다. 하나님께서 자신의 자녀들에게 벌을 주신다는 것은 여전히 그들에게 관심을 가지고 계심을 의미한다.

---

84) Calvin, *Comm. Ps.* 119:135.
85) Calvin, *Comm. Ps.* 18:11.

숨어 계시는 하나님의 의도

칼빈은 하나님의 숨어 계심을 자신의 십자가 신학 위에서 세우고 있다. 십자가에서 승리하신 그리스도는 죽음의 옷을 입고 있었다. 십자가의 신학은 이처럼 어떤 것의 반대적 모습으로 나타나는 특징을 보여주고 있다. 하나님께서는 당신이 의도하시는 것의 정반대를 행하심으로써 당신의 행위의 목표를 감추신다. 하나님께서 도와주기를 미루시는 것은 그의 백성을 눈물과 탄식으로 단련하시기 위함이다.

칼빈이 하나님의 숨어 계심을 설명할 때 칼빈은 동시에 하나님의 모든 행위에 의도가 있음을 설명함으로써 하나님을 이해할 수 있도록 돕는다. 칼빈은 하나님의 숨어 계심을 설명하면서 하나님의 선하심을 강조하고 있다. 만약 하나님께서 우리의 모든 일에 즉각적으로 개입하신다면 우리는 이 세상의 삶에 너무 매달리게 될지 모른다는 것이다. 그러므로 하나님은 당신의 은혜와 당신 자신까지도 우리 앞에서 은폐하시기도 하는 것이다.[86] 하나님은 또한 우리에게 더욱더 기도하게 하기 위해서 혹은 우리가 얼마나 순종하는지를 시험하기 위해서 침묵하기도 하신다.

하나님이 우리로부터 멀리 떨어져 계시는 그 순간에 하나

---

86) Calvin, *Comm. Ps.* 9:13.

고난을 다룬 칼빈의 욥기 설교(1574년). 총 150편으로 되어 있으며 10년 동안 5쇄를 인쇄하였다.

님을 경배하는 것보다 더 힘든 일은 없을 것이다. 하나님의 모습이 인간 존재에 나타나지 않을 때 우리는 깊은 시련을 받게 된다. 하나님은 과연 이런 고난의 자리에도 존재하고 계시는가?

하나님은 이처럼 침묵하시고 숨어 계실 때도 긍정적인 일을 하고자 하신다. 하나님의 숨어 계심은 교육적 성격을 가지고 있다. 하나님은 신자들의 고난 가운데서도 숨어 계시면서 자신의 섭리 속에서 여전히 자신의 자녀들을 돌보신다는 것을 교육하고 계시는 것이다. 하나님은 부당하게 고난을 받는 자들을 즉각적으로 도와주시지 않는다 하더라도 그들을 돌보는 책임을 중지하지는 않으신다. 하나님은 신자들의 고난 속에 숨어 계시면서 신자들의 인내를 훈련하시는 것이다.[87] 우리가 이것을 잘 인식하게 될 때 비록 하나님이 지속적으로 모습을 감추고 있을지라도 우리는 인내하며 십자가를 지고 나

---

87) Calvin, *Comm. Ps.* 9:10.

아갈 수 있는 것이다.

믿음과 숨어 계시는 하나님의 은혜

하나님의 숨어 계심 때문에 신자들은 자신과 하나님의 거리가 마치 하늘과 땅 정도나 되는 것으로 여긴다. 이 엄청난 괴리감을 연결 지을 수 있는 길은 하늘과 나 사이에 거리가 있다는 의식을 버리고 내가 하늘로 올라가서 거기에서 실제의 모습을 내려다보는 것이다. 하나님을 인식함으로 얻어지는 믿음은 그 거리에 다리를 놓을 수 있다. 칼빈의 표현을 빌리자면 믿음은 구름을 뚫고 하나님의 감춰진 정의를 볼 수 있는 것이다.[88]

믿음의 눈으로 보면 비록 지금 감추어 있는 중에도 하나님의 은혜를 간파할 수 있다. 믿음은 사람들로 하여금 하나님께서 우리 앞에서 모습을 감추신 그 구름 위로 올라가서 평안을 얻을 수 있도록 하는 날개 역할을 하는 것이다. 이 높은 곳에서 우리는 하나님의 모습을 다시 발견할 수 있으며 또 우리 인간이 어떤 상황 가운데 있는지 볼 수 있다.[89] 인간이 극심한 고난을 겪고 있는데도 하나님이 모습을 감추고 계실 때 하나님을 믿는 것은 결코 쉬운 일이 아니다. 그렇지만 그것은

---

88) Calvin, *Comm. Ps.* 94:15.
89) Calvin, *Comm. Ps.* 18:15.

가능하며 또 그래야만 이 고난의 자리를 통과할 수 있는 것이다. 이 믿음은 거저 얻어지는 것이 아니라 하나님의 약속에 매달려 있는 것이다.

신자들에게 약속된 구원이 예수 그리스도 안에서 성취되었기 때문에, 신자들은 하나님의 숨어 계심을 더 잘 감수할 수 있게 되었다. 요컨대 믿음은 계시된 하나님을 통해 드러나는 감춰진 하나님의 약속을 향한다고 할 수 있을 것이다.

사회적 고난과 숨어 계시는 하나님

이상에서 살펴본 바와 같이 하나님과 인간에 대한 칼빈의 지식에 의하면 하나님은 창조 세계와 인간 사회 속에서 적절한 관계 가운데 살아가도록 인간을 지으셨다. 인간은 또한 창조 세계를 아버지의 사랑으로 돌보라는 청지기 사명을 받았다. 그러나 인간은 하나님 앞에 범죄함으로 본래적 지위를 상실하게 되었다. 그 범죄의 비참한 결과는 인간 자신뿐 아니라 전 창조 세계에 미치게 되어 무질서와 혼돈이 찾아왔다. 그러나 하나님의 아들이신 그리스도의 전 우주적 구속 사역으로 모든 피조물은 다시 회복되어 하나님께 영광을 돌릴 수 있게 되었다.[90]

---

90) Calvin, *Comm. Col.* 1:16.

그러나 이 세상에서 신자들은 고난 속에 살아간다. 특히 사회적인 고난은 신자들이 이해하고 극복하기 쉽지 않다. 하나님은 정확히 그 원인을 알 수 없는 사회적 고난들 속에서 존재하지 않거나 침묵하고 계시는 것이 아니다. 하나님은 고난의 자리에서 숨어 계시면서 신자들을 연단하고 훈련하신다. 그러므로 신자들은 견디기 힘든 고난 속에서도 믿음을 통해 하나님을 인식하고 그 상황을 직시함으로 인내하여 극복할 수 있게 된다.

하나님은 우리의 연약함에 큰 관심을 갖고 계신다. 그래서 우리에게 친숙한 방법으로 우리를 자신에게 이끄신다. 칼빈에 따르면 하나님께서 우리의 연약함에 자신을 맞추시는 것(accomodatio)은 하나님께서 직접 우리에게 오시는 것과 마찬가지다.[91]

하나님은 우리의 연약함을 무시하지 않으시며, 자신을 우리에게 맞추신다. 칼빈에 의하면 설교는 하나님께서 직접 우리에게 오시는 방편과도 같다.[92] 이것은 하나님께서 우리를 얼마나 사랑하고 계신지를 보여주는 것이다. 이런 하나님의 자비로우심은 우리의 믿음을 더욱 굳세게 해준다. 그러므로 설

---

91) Calvin, *Sermons on the Epistle to the Ephesians* (Edinburgh: The Banner of Truth Trust, 1979), 376.
92) Calvin, *Sermons on the Epistle to the Ephesians*, 376.

교는 고난에 처해 있어 당황하고 두려워하고 있는 신자들을 하나님과 만나게 해주며 그들을 위로하여 그 고난을 이길 수 있도록 돕는 것이다.

시편 신학

칼빈이 시편 주석을 준비하고 출판하던 때는 칼빈의 인생이 성숙해가던 시기였고, 제네바는 정치적 격변기였다. 칼빈은 이때 시편을 주석하면서 자신을 드러냈고 그의 신학은 이 주석에 용해되었다. 실제로 칼빈은 어떤 책에도 자기의 속내를 잘 드러내는 인물이 아니었지만 시편 주석에서만큼은 자기 삶의 깊은 이야기를 흘려주고 있기 때문에 시편은 칼빈의 자기 해석의 책이라고도 할 수 있다. 칼빈의 「기독교강요」의 신학과 그의 사상적 체계는 칼빈 자신이 시편을 묵상하면서 기록했던 주석으로부터 형성되어 갔다. 또한 칼빈은 시편을 찬양으로 만들어 교인들이 교회에서나 집에서 늘 부르도록 할 정도로 시편을 중요하게 생각하고 있었다.[93]

칼빈의 주석은 1557년 제네바에서 라틴어로 처음 출판되었으며, 이 주석은 다음 해에 프랑스어로도 나타나는데 더 정확

---

93) H. Selderhuis, *John Calvin: A Pilgrim's Life* (Nottingham: IVP, 2009), 134-135.

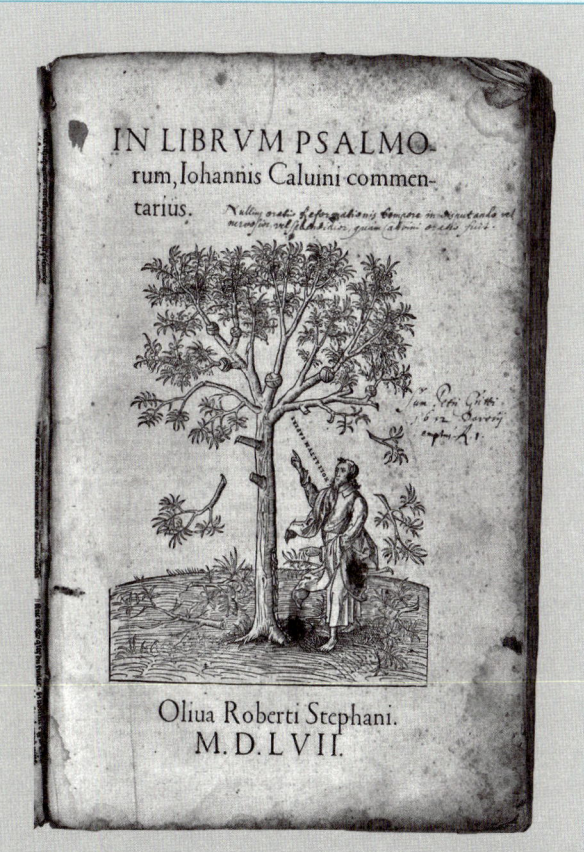

칼빈의 시편 주석 라틴어판(1557)

한 프랑스어 번역 시편 주석은 1561년에 출판되었다.[94] 칼빈의 시편 설교의 경우 주석과는 달리, 극히 제한된 설교들이 남아있는데 그것도 설교된 연도가 산만하게 흩어져 있기 때문에[95] 이 글에서는 다루지 않을 것이다. 그 대신 칼빈의 시편 주석에 나타나고 있는 설교에 대한 신학적 이해를 살펴볼 것이다.

칼빈의 시편 주석이 갖는 의미

칼빈의 시편 주석은 다른 주석들과는 다른 여러 가지 특별한 의미를 가지고 있는데 그것은 다음과 같다.

---

94) 칼빈의 시편 주석 중 처음으로 출판된 라틴본은 다음과 같다. *In librum Psalmorum, Iohannis Calvini Commentarius* (Geneva, 1557–CO 31 그리고 32). 영어판 시편 주석은 다음을 보라. Calvin, *Commentary on of the Book of Psalms*, vols I–IV (Edinburgh: Calvin Translation Society, 1844–55); Repr. (Grand Rapids, Mich.: Baker Book House, 1998). 한글판 시편 주석은 40권으로 된 칼빈 성경 주석 전집 중 제7-11권이다. 칼빈, 『신,구약 성경주석』 존 칼빈 성경주석출판위원회 역 (서울: 신교출판사, 1978), vols 7-11. 칼빈의 시편 주석에 대한 탁월한 연구로서 다음의 책을 추천한다. H. Selderhuis, 『중심에 계신 하나님: 칼빈의 시편 신학』 장호광 역 (서울: 대한기독교서회, 2009). 본 글의 내용은 이 연구의 기조 위에서 논의를 개진했다.

95) 칼빈 생전에 출판된 것 가운데 현존하는 것은 시편 115편, 124편(1546년), 16편, 27편, 87편(1552년) 그리고 119편 등의 설교들이다. 이 가운데 시편 119편에 대한 22편의 설교는 한글로도 번역되어 있으니 참조하라. J. Calvin, 박건택 역 『칼뱅의 시편 119편 설교』 (서울: 기독교문서선교회, 2004).

성숙한 신학의 반영

칼빈은 세상을 떠나기 7년 전인 생애의 마지막 부분에 시편 주석을 출판했다. 또한 이 시편 주석은 칼빈이 신학을 체계적으로 정리했던 「기독교강요」의 최종판이 출판되기 불과 2년 전에 등장했다. 「기독교강요」의 초판(1536년)에서는 제일 적게 인용되었지만 최종판(1559년)에서는 로마서에 이어 최고로 많이 인용된 것도 시편이었다.[96] 결국 칼빈은 그의 시편 해석을 통해 신학이 심화되어 절정에 이르렀다고 평가할 수 있다. 칼빈은 평생 시편을 읽으면서 그의 신학을 발전시킨 것이다.

한편 칼빈의 신학을 가지고 칼빈의 주석을 해석하는 것이 아니라, 칼빈의 성경 주석을 깊이 연구하여 그의 신학을 도출하는 것이 개혁주의 신학의 특징에 더 맞는다. 칼빈의 주석으로 칼빈의 신학을 읽어야 하는 것이지 그 반대는 아니라는 것이다. 실제로 칼빈의 시편 주석에는 방대하고도 체계적인 칼빈의 성숙한 신학이 고스란히 녹아 있다. 칼빈의 시편 주석이 갖는 신학적인 특징은 한마디로 하나님 중심성이다.[97] 칼빈은

---

96) H. Selderhuis, 『중심에 계신 하나님: 칼빈의 시편 신학』 (서울: 대한기독교서회, 2009), 17-18. ; W. de Greef, *The Writings of John Calvin: Expended Edition* (Louisville/London: Westminster John Knox Press, 2008), 88. 칼빈의 시편 주석에 대한 선구적인 중요 연구서로는 다음을 들 수 있다. E. Mühlhaupt, *Der Psalter auf der Kanzel Calvins* (Neukirchen, 1959).

97) 셀더하위스 교수는 특히 이 점을 강조하면서 칼빈 신학의 핵심을 '중심에 계신 하나님'으로 해석하고 있다.

자신의 삶과 목회의 여정에서 경험했던 하나님을 시편 주석을 통해서 잘 이야기해주고 있다.

교회 현장으로부터 형성된 주석

칼빈의 시편 주석은 설교 강단과 강의실, 성경공부 공동체라는 '교회의 현장'을 통해서 형성된 그의 성경 해석을 반영하고 있다. 칼빈의 시편 주석은 그의 책상 머리에서 문득 영감을 받아 저술된 주석이 아니라 '교회의 신학'이라는 맥락에서 보아야 하는 것이다. 칼빈은 1549년부터 주일 정오에 시편을 설교하기 시작했다. 사실상 칼빈이 주일에 설교를 한 본문은 신약이었고 구약은 평일에만 설교했는데, 유독 시편만 주일에 강단에서 설교된 구약 책이었다.[98]

또한 칼빈은 제네바의 목회자들을 중심으로 매주 금요일 오전에 모여서 공동으로 성경을 주석하고 토론하는 공식적인 그룹 성경공부 모임(Congrégations)을 이끌고 있었는데, 때로는 관심 있는 평신도들도 참석해서 질문할 수 있는 열린 대학(open university)의 형식이었다. 그 이후에는 성경을 토대로 주제별 토론(Disputationes)을 벌였는데 이것은 라틴어로 진행되었

---

[98] W. Balke, *Calvijn en de Bijbel* (Kok: Kampen, 2003), 150–151. 그리고 같은 책의 미주 6번을 참조하라.

기 때문에 목회자들만이 참여할 수 있었다.[99] 칼빈이 주도했던 이 모임은 1555년부터 1559년 8월까지 시편을 연구했기 때문에 칼빈은 심도 있게 시편을 해석할 수 있었을 것이고, 이러한 성경 해석의 결과들이 그의 신학으로 정립되었던 것이다. 또한 칼빈이 제네바에서 시편 강의를 시작한 것은 1552년부터다. 그리고 1553년부터 칼빈은 실제로 시편 주석을 저술하기 시작했다.

이 모든 역사적 정황들을 살펴볼 때 이렇게 종합할 수 있다. 칼빈의 시편 주석은 장시간에 걸친 제네바 교회의 현장 사역을 통해서 형성되어 갔다는 것이다. 따라서 칼빈의 시편 해석은 그의 무르익은 신학의 정수를 보여주고 있는 것이다.

칼빈을 해석하는 열쇠

좀처럼 자기 자신에 대해서 이야기하지 않는 칼빈도 자신의 시편 주석에서만큼은 자신의 삶의 이야기를 투영하고 있다. 그의 삶이 녹아 있기 때문에 이 시편 주석에서 인간 칼빈을 발견할 수 있다. 칼빈은 시편 해석을 통해서 자기를 읽는다. 독자들은 칼빈의 시편 주석에서 칼빈을 읽는다. 칼빈

---

99) E. de Boer, "Doing Theology in Geneva," Plenary Session paper of 10th International Congress on Calvin Research (Bloemfontein, South Africa, 2010), 3-10.

의 주석에서 '우리'라는 단어를 만날 때 그것은 '나'(칼빈)를 의미하는 경우가 많기 때문에 독자들은 보다 깊은 칼빈에 대한 이해를 얻을 수 있다. 칼빈의 신학이 집약된 것이 시편 주석이고 이것은 칼빈 자신의 신학적 발전에서 중요한 것이다.[100]

더 나아가 칼빈은 시편 주석을 기술할 때 본문의 의미를 객관적이고 무미건조하게 전달하기만 한 것이 아니라, 자신을 시편 내용에 포함시켜 가능한 한 효과적으로 의미를 전달하려고 했다.[101] 그러므로 칼빈에게 시편은 제3자적이요 객관적인 본문이 아니라, 칼빈의 삶의 희로애락을 용해하여 해석하고 있음을 주목해야 할 것이다. 그렇지만 칼빈을 단순한 인간 칼빈으로만 접근하는 것은 그의 시편 주석을 미흡하게 읽은 것이다. 칼빈은 자신의 신학의 정중앙에 '하나님 중심성'이라는 기둥을 세워놓고 있기 때문이다.[102]

칼빈의 시편 주석에 나타난 신학

상호 관계성의 신학

칼빈의 시편 주석은 서로 구별되는 주제들을 분리시켜 놓지 않고 서로 연관시켜 설명하는 특징을 보여준다. 즉 교회를 말

---

100) H. Selderhuis, 『중심에 계신 하나님: 칼빈의 시편 신학』, 14-16.
101) H. Selderhuis, 『중심에 계신 하나님: 칼빈의 시편 신학』, 37.
102) H. Selderhuis, 『중심에 계신 하나님: 칼빈의 시편 신학』, 32-39.

할 때는 그리스도와 연결시켜 놓고, 창조를 설명할 때는 창조주와 피조물을 분리시키지 않고 상호 관계성에서 말하고 있다. 같은 맥락에서 칼빈은 하나님을 창조주로 말하면서 동시에 구속주로 말하고 있다. 하나님과 인간에 대한 인식도 서로 연결해서 말하고 있다.[103] 이러한 칼빈의 시편 주석의 특성은 그의 「기독교강요」 최종판(1559년)에도 반영되어 있다.

하나님에 대한 인식
• 창조주이자 구원자이신 하나님

칼빈은 창조 세계는 우연히 생긴 것이 아니라 하나님의 명령에 의해서 만들어졌다는 점을 지적하면서 그리스 철학의 창조관을 배격하고 있다.[104] 이 창조의 목적은 하나님을 찬양하게 하기 위함이다. 칼빈에 의하면 창조는 하나님의 본질이 숨겨져 있다가 드러나 보이는 것인데, 마치 하나님이 외투를 입고 인간에게 나타나시는 것과 같이 창조는 일종의 계시다.[105] 자연에서 하나님의 음성이 울리기는 하지만 칼빈에 의하면 이 음성을 이해하려면 교회 안에 있어야 한다는 것이다.[106] 하나

---

103) H. Selderhuis, 『중심에 계신 하나님: 칼빈의 시편 신학』, 14-16.
104) Calvin, *Comm. Ps.*, 148:7.
105) Calvin, *Comm. Ps.*, 104:1.
106) Calvin, *Comm. Ps.*, 29:3.

님의 말씀을 통해서만 인간은 창조에 계시된 하나님의 영광을 볼 수 있다.[107]

칼빈은 하나님의 형상인 인간은 하나님의 영광을 가장 분명하게 보여주는 거울이며,[108] 특히 인간이 이성과 지성을 가지고 있다는 사실은 인간이 하나님과 닮았다는 증거라고 주장하고 있다.[109] 이 인간은 하나님에 의해서 창조 세계를 관리하는 자로 세움을 받았다.[110] 인간과 창조 세계 사이의 보편적인 관계는 잔존하지만 인간의 범죄 때문에 인간이 가지고 있던 하나님의 형상은 거의 지워져버렸다.[111]

바로 이런 맥락에서 칼빈은 창조자 하나님을 구원자 하나님으로 연결시키고 있다. 칼빈에 의하면 "구원은 하나님의 일과이다"라고 할 수 있을 정도로[112] 불쌍한 인간을 도우시는 것이 하나님의 본성에 더 맞는다.[113] 구원하시는 일이 하나님의 직분인데, 무덤에서까지 다시 살려내시는 것이 하나님의 직무이다.[114] 특히 칼빈은 하나님이 교회를 돌보셔야 교회가 하

---

107) Calvin, *Comm. Ps.*, 19:7.
108) Calvin, *Comm. Ps.*, 8:1.
109) Calvin, *Comm. Ps.*, 119:169, 145:15.
110) Calvin, *Comm. Ps.*, 8:7.
111) Calvin, *Comm. Ps.*, 8:6.
112) H. Selderhuis, 『중심에 계신 하나님: 칼빈의 시편 신학』, 76.
113) Calvin, *Comm. Ps.*, 86:1.
114) Calvin, *Comm. Ps.*, 130:8, 37:34. H. Selderhuis, 『중심에 계신 하나님: 칼빈

나님을 찬양할 수 있기 때문에 하나님은 교회를 향한 자비를 베푸신다고 보았다.[115]

• 숨어 계시는 하나님

일반적으로 숨어 계시는 하나님에 대한 개념은 루터의 신학에서는 강조되었지만, 칼빈의 경우 그리 주목 받지 못했다. 그렇지만 칼빈은 그의 풍부한 시편 주석에서 숨어 계시는 하나님을 묘사하고 있다. 특히 셀더하위스 교수는 인간의 죄에서 기인하는 하나님의 은폐성은 물론, 하나님께서 스스로를 적극적으로 감추시는 것도 칼빈의 시편 주석을 통해서 밀도 있게 설명해주고 있다.[116]

하나님은 구름을 통해 얼굴을 감추시는 경우가 있는데 스스로를 감추시는 경우도 적지 않다.[117] 하나님이 약속의 성취를 미루고 숨으시면 하나님의 자녀들은 길을 잃고 헤매게 되는데[118] 이런 경우 신자들은 불신자들과 비교하여 아무런 차이도 느낄 수 없을 정도다. 그렇지만 칼빈은 비록 하나님이 자신의 정의를 감추셨지만 그분의 공정함과 의로움으로

의 시편 신학』, 76.
115) Calvin, *Comm. Ps.*, 55:2.
116) H. Selderhuis, 『중심에 계신 하나님: 칼빈의 시편 신학』, 250-272.
117) Calvin, *Comm. Ps.*, 44:4., 13:3.
118) Calvin, *Comm. Ps.*, 13:3., 119:155.

인하여 자신의 숨어 계심을 다시 드러나게 할 것이라고 설명하고 있는데[119] 여기에 종말론적인 전망이 투영된다. 칼빈은 더 나아가 하나님의 백성에 대한 그분의 진노를 하나님의 숨어 계심과 연결시켜 하나님의 은혜의 보류라고 묘사하고 있다.[120]

칼빈의 숨어 계시는 하나님의 신학은 칼빈의 십자가 신학(Theologia Crucis)과 깊이 연관되어 있다. 칼빈은 하나님이 그분이 원하시는 것과 반대되는 행동을 하시면서 숨는 것의 전형적인 예로서 그리스도의 승리가 죽음의 옷을 입고 있는 것을 들고 있다.[121]

칼빈은 한 걸음 더 나아가 숨어 계시는 하나님의 신학을 목회적으로 적용한다. 그리스도인들은 자신의 삶에서 하나님이 자신을 완전히 숨기고 계실 때 큰 좌절감과 위기를 겪는다. 그러나 칼빈은 하나님이 그분의 백성들의 믿음과 인내를 교육하기 위해서 숨어 계시다는 것을 인식하고 이 상황을 극복하거나 하나님의 섭리를 묵상하면서 이겨 나갈 것을 목회적으로 권면하고 있다. 왜냐하면 하나님은 그분의 자녀들을 위해서 일하시

---

119) Calvin, *Comm. Ps.*, 94:15.
120) Calvin, *Comm. Ps.*, 18:11., H. Selderhuis, 『중심에 계신 하나님: 칼빈의 시편 신학』, 260.
121) H. Selderhuis, 『중심에 계신 하나님: 칼빈의 시편 신학』, 53, 263.

는 하나님이기 때문이다.[122] 그러므로 칼빈은 그리스도인들이 고난을 당할 때 숨어 계시는 하나님을 묵상하면서 대처할 것을 목회적인 차원에서 가르치고 있는 것이다.

위에서 살펴본 것처럼 우리는 칼빈의 시편 주석에서 인간 칼빈의 심장의 박동 소리를 들을 수 있을 뿐 아니라 그의 신학의 심장도 들여다볼 수 있다. 시편이 하나님의 교회를 위한 것이라면 칼빈의 시편 주석은 칼빈의 신학을 위한 것이라는 말은 결코 과장이 아닌 것이다.[123] 그러므로 칼빈의 시편 주석은 칼빈 자신의 인생과 그의 가장 성숙된 신학을 고스란히 드러내고 있기 때문에 칼빈의 심장을 보여주는 창문이라고 표현할 수 있을 것이다.

결혼관[124]

칼빈의 결혼관의 배후에는 언약신학이 있다. 언약신학에 근거한 칼빈의 결혼관은 베자(Theodore Beza) 등과 같은 직접적인

---

122) Calvin, *Comm. Ps.*, 9:10., 12:8. H. Selderhuis, 『중심에 계신 하나님: 칼빈의 시편 신학』, 268.
123) H. Selderhuis, 『중심에 계신 하나님: 칼빈의 시편 신학』, 1-39.
124) 칼빈의 제네바의 결혼관에 대한 구체적인 사례를 위해서는 다음을 보라. J. Witte Jr. and R. M. Kingdon, *Sex, Marriage, and Family in John Calvin's Geneva: Courtship, Engagement, and Marriage* (Grand Rapids: Eerdmans, 2005). 본 장의 내용은 위의 책 중 481-490페이지를 참고했다.

테오도르 베자(1519-1605)

후계자들과 그 다음 세대인 청교도와 개혁파 정통주의 그리고 장로교회뿐 아니라 일반적인 개신교회를 통해서 면면히 이어져 왔다.

언약신학과 결혼

칼빈의 결혼관을 동시대의 종교개혁자인 루터와 비교해 보면 그 특징이 더 드러난다. 칼빈의 결혼 개념은 루터의 두 왕국 사상을 계승하면서도, 칼빈 자신의 언약신학을 가지고 한 차원 더 발전시킨 것으로 평가된다. 루터는 결혼을 두 왕국 사상을 가지고 접근하여 지상 왕국의 사회적인 유산 속에서 결혼을 이해했다고 볼 수 있다. 칼빈의 경우 한편으로 보면 루터의 사상을 이어가고 있으나 두 왕국 사상이라는 틀 위에 칼빈 자신의 언약신학을 덧붙였다. 따라서 칼빈은 결혼이 지상의 왕국에서 가지는 영적인 무게를 루터의 경우보다 더 무겁게 보았으며, 현실적으로 결혼에 대해서 교회와 국가가 발휘하는 영향력을 더욱 강화했다.

칼빈은 성경에 등장하는 기록들을 통해서 결혼을 언약(covenant)의 개념으로 풀어내고 있다. 특히 칼빈이 시행한 설교와 권면들 중에서 결혼과 이혼에 대한 가르침이 1551년부터 1564년 사이에 대폭 늘어났는데, 이는 목회 현장에서 결혼의 의미를 더욱 강조해야 할 필요성을 강력하게 느꼈기 때문인 것으로 보인다.

성경을 보면 하나님과 이스라엘의 언약적 관계는 남편과 아내라고 하는 특별한 결혼 관계와 유사하게 표현되고 있다. 심지어 구약은 이스라엘 백성들이 하나님께 불순종한 것에 대해서 종종 창녀와 같다고 말하기도 했고, 우상숭배는 간음으로 표현되기도 했다. 결혼과 이혼에 대한 이미지는 구약 선지자들의 글에서 반복되고 있는데 호세아(2:2~23), 이사야(1:21~22; 54:5~8; 57:3~10; 61:10~11; 62:4~5), 예레미야(2:2~3; 3:1~5, 6~25; 13:27; 23:10; 31:32) 그리고 에스겔(16:1~63; 23:1~49) 등에 대표적으로 나타나 있다.

칼빈은 하나님과 인간 사이의 수직적인 관계뿐 아니라 남편과 아내의 수평적인 관계를 설명하기 위해서 언약신학을 사용하고 있다. 칼빈에 의하면 마치 하나님이 자신과의 언약적 관계 속으로 선택 받은 성도들을 이끌어오신 것처럼, 동일하게 하나님은 남편과 아내를 상호 언약적 관계로 인도해주신다. 칼빈은 하나님이 하나님과 우리의 관계 속에서 믿음과 선한 행실이 지속되기를 기대하시는 것과 마찬가지로, 인간의 결혼 속에서 부부간의 상호 신뢰와 헌신적인 삶을 기대하신다

존 낙스가 가장 거룩하고 온전한 도시라고 불렀던 칼빈 시대의 제네바 지도(1550)

고 말한다.[125] 한 남자와 한 여자를 만나게 하시고 서로 연합하게 해주는 결혼 언약의 성립자는 하나님 자신이라는 것이다.

칼빈에 의하면 남자와 여자 사이에 결혼이 성립될 때 그것은 하나님이 주관하시는 것이기 때문에 결혼을 하는 남성과 여성은 성숙한 서약을 해야 한다. 솔로몬은 결혼을 하나님의 언약이라고 했는데(잠언 2:17), 이것은 다른 어떤 인간의 약속보다 더 우월한 것이다. 결혼의 권위자는 하나님이시고 성경이 말하고 있는 것처럼 결혼은 거룩한 언약인 것이다. 칼빈은 하나님께서 그분이 선택하신 지상의 교회를 통하여 결혼 언약

---

125) 잠 2:17; 말 2:14~16.

의 성립에 참여하신다고 믿었다. 그래서 칼빈은 하나님이 결혼의 창시자라고 말하고 있는 것이다.[126]

칼빈은 결혼 언약을 창조 및 자연적 순리와 율법 등의 기초 위에 정초하면서 결혼 안에서 남자와 여자는 분명한 의무와 다른 권위를 갖는 것으로 설명하고 있다. 창조 명령에 따라서 남편은 하나님을 경외함으로 가정을 이끌고, 여성은 그의 신실한 조력자가 되어야 한다. 남편과 아내는 거룩하고 친밀하고 평화로운 교제를 통해서 일치를 이루어간다.

결혼과 제네바 컨시스토리 사역

칼빈은 결혼을 언약신학 위에서 이해했고 결혼을 인도하시는 분이 하나님이라고 보았기 때문에 교회의 사역 중에서 중차대한 것 가운데 하나가 결혼과 가정에 대한 것이라고 보았다. 이러한 맥락에서 칼빈은 목사와 장로로 구성된 컨시스토리를 통한 목양 사역 가운데서 결혼에 가장 큰 비중을 두었다.

칼빈은 제네바에서 행해진 그의 설교들을 통해서 결혼은 하나님과의 언약이라는 근거 없이는 아무것도 아니라고 강력하게 주장했다. 그래서 칼빈은 남편의 간음은 자기 아내와의 언약을 깨고 아내에 대한 사랑과 존경을 위배할 뿐만 아니라

---

126) 칼빈, 『에베소서 설교』, 5:22-26, 31-33.

결국 결혼 언약을 세우신 하나님에 대한 존중을 깨뜨리는 것으로 보았다. 물론 아내의 경우도 마찬가지로 아내의 간음은 남편에 대한 잘못뿐 아니라 살아 계신 하나님께 범죄한 것이라고 강변했다.

칼빈은 결혼에서 당사자들의 의지와 동의를 중시했다. 그러나 그 이전에 결혼은 하나님의 창조와 계명에 근거하고 있다고 보았다. 따라서 칼빈이 볼 때 결혼은 부정적인 차원에서 보면 정욕으로 인한 죄로부터 멀어지게 하는 것이면서도, 긍정적으로는 결혼 당사자들에게 사랑의 열매가 되며 천상의 삶의 순례를 의미하기도 한다. 결국 결혼은 자녀를 생산하는 사회적인 목적과 죄를 예방하는 역할을 하면서도, 동시에 하나님의 은혜를 통한 성화와 교화의 거룩한 목적을 갖는 것이다. 그러므로 칼빈은 언약신학을 근거로 이전에는 강조하지 못했던 결혼에 대한 새로운 신학적인 의미를 부여했고 그것을 제네바의 교회 공동체와 컨시스토리 속에서 합리적으로 적용할 수 있도록 해주었다고 평가할 수 있다.

칼빈은 결혼을 언약신학 안에서 이해함으로 보다 넓은 범위에서 발생하는 문제들에 답을 제시할 수 있었다. 예를 들어 당시 제네바 안에서 발생하고 있었던 우발적인 성관계, 매춘, 내연 관계, 혼전 성관계, 동거 그리고 문란한 성관계 등의 다양한 문제에 대해서 성경에 근거한 언약신학적 관점에서 대처

할 수 있었다. 칼빈은 간음하지 말라는 계명을 실제적인 간음 행위를 넘어서서 광범위하게 적용했다. 은근한 성적 행위들, 예를 들면 방탕함, 춤, 음란한 게임, 성적 풍자, 저급한 유머, 야한 옷차림, 성을 암시하는 연극이나 글 등을 포함하는 일련의 행위들도 확장된 개념의 간음으로 인식했던 것이다. 여기서 우리가 한 가지 구별할 것이 있는데 그것은 칼빈이 예술적인 활동을 하는 댄서와 습관적인 호색한을 같은 잣대로 판단한 것은 아니라는 것이다. 칼빈에 의하면 이 모든 대응들은 간음하지 말라는 십계명의 정신 속에서 확대 해석되어 이해되며, 결국 거룩하고 바람직한 결혼을 통해 경건한 가정을 형성할 수 있게 해주었다.

요약해보자면, 칼빈이 바라보는 결혼이란 한 남성과 여성이라는 결혼 당사자들의 자발적인 동의가 중요하다. 그러나 칼빈이 강조하고 있는 것은 모든 결혼에서 제3의 당사자가 하나님이라는 것이다. 결혼은 하나님의 창조 질서와 사회적 법 안에서 정초된다. 칼빈이 더 심도 있게 통찰했던 것은, 다른 언약들은 인간 당사자들의 성향에 좌우되지만 결혼이라는 언약은 결혼 대상자를 선택할 때부터 특별한 제한이 따른다는 것이다. 결혼의 대상은 성숙한 사람, 근친이 아닌 사람, 파트너와 성적인 관계를 할 수 있는 성년 가운데 선택되어야 했다. 따라서 결혼은 가장 거룩한 연합이며 가장 성실하게 보호되어야 한다. 그래서 칼빈은 제네바 컨시스토리의 구성원인 목사와 장로의 목양 사역을 통해서 결혼의 진정한 가치를 보호하기 위해서 힘썼던 것이다.

컨시스토리에서 취급했던 수백 개의 사례들 가운데 절반 이상이 결혼에 대한 내용이었기에 결국 제네바 컨시스토리 문서들은 종교개혁 정신으로 교회와 사회가 움직여졌던 16세기 그리스도인들의 가정 생활과 그 삶의 변화를 들여다볼 수 있는 독특한 창이 되는 것이다.

칼빈의 결혼관이 미친 영향

칼빈이 종합적으로 제시했던 언약 사상은 칼빈의 제네바 사역을 통해서 16세기 중반 이후 서양 세계에서 합법적인 결혼이 무엇이며 이러한 결혼을 형성하기 위한 일반적인 필요조건이 무엇인지를 정립하는 데 큰 영향을 주었다. 칼빈은 결혼 언약은 세 가지 주된 목적을 가지고 있다고 보았다. 첫째로 결혼 언약은 남편과 아내가 성숙한 사랑을 할 수 있게 해주며, 이것을 유지하게 해주는 능력을 배양해준다. 둘째로 결혼 언약을 통해서 남자와 여자 모두 성적인 죄와 유혹으로부터 보호받을 수 있다. 셋째로 결혼 언약은 남자와 여자가 합법적인 출산과 자녀 양육을 할 수 있도록 해준다.

칼빈에 의해서 결혼을 하나님과의 언약 관계 속에서 이해하게 됨으로 교제하는 남녀 상호 간의 동의, 부모의 동의, 두 증인, 시민으로의 등록 그리고 교회의 예식 등과 같은 합법적이고 공식적인 절차를 통해서 결혼을 하게 함으로 당시 존재하고 있었던 비밀 결혼에 관한 시대적 문제를 해결할 수 있게 했다. 칼빈의 제네바에서 강조된 바와 같이 결혼은 그 언약적 특성상 공적인 제도로서 공동체 속에서 진행되어야 한다.

따라서 칼빈은 결혼을 창조 질서 속에 정초함으로 불법적인 성적 연합에 대해서 성경적인 비판을 할 수 있는 근거를 제공해주었다. 칼빈의 제네바 이후 결혼은 이성 간의 일부일처제 결합으로 확립되었다. 그 의미는 결혼이 육체적인 능력과 사랑으로 함께하는 자연적인 성향을 가진 남성과 여성이라는 두 대상의 결합이라는 것이다. 칼빈은 성경을 통해서 남색, 수간, 수욕, 동성애 그리고 자연스럽지 못한 성적인 관계를 맹렬하게 비판했다. 또한 근친 간의 결혼도 성경의 정신에 입각해서 반대했는데, 그 근거는 하나님이 너무 가까운 사람들 간에 불화를 피하도록 하기 위해서 근친 간의 결합을 금하신다고 보았던 것이다.

칼빈은 자신의 언약신학에 따라서 그리스도인이 불신자들과 결혼하는 것도 반대하고 있다. 불신자와 결혼이 이루어지게 되면 하나님께서 제정해 주신 결혼의 본질적인 의미가 흔들리기 때문이다. 칼빈은 그 이유를 몇 가지로 제시하고 있는

데 불신자들은 그리스도 안에서 반영된 사랑의 참된 의미를 알지 못하고, 또한 하나님의 사랑 안에서 자녀를 양육하는 법을 알지 못하기 때문이다. 그러나 칼빈은 불신자와의 결혼이 바람직하지 못하다고 말하면서도 신앙을 결혼을 구성하는 절대적인 기준으로 보지는 않았다. 그래서 칼빈은 이미 불신자와 결혼해 있는 사람에게는 인내하고 소망을 가지고 살아가야 한다고 신중한 입장을 보였다. 그렇지만 다른 한편으로 칼빈은 일단 결혼한 부부 사이에서 신앙이 다른 남편이 아내를 박해하는 문제에 있어서는 약자인 여성에 대해 동정심을 표현하는 조심스러운 태도를 보여주었다.

chapter 4

칼빈의
목회 속으로

칼빈은 영적으로 혼란하며
전쟁과 가난과 질병이 풍미하던
종교개혁 시대를 살면서 교회를 섬겼다.
이런 현실을 저버릴 수 없었던 그는
성경에 근거한 자신의 신학을 가지고
해결책을 제시했다.

chapter 04

칼빈의 목회 속으로

칼빈은 영적으로 혼란하며 전쟁과 가난과 질병이 풍미하던
종교개혁 시대를 살면서 교회를 섬겼다. 이런 현실을 저버릴 수 없었던 그는
성경에 근거한 자신의 신학을 가지고 해결책을 제시했다.

장로와 목양 사역[1]

16세기 종교개혁자 칼빈을 21세기에도 여전히 배워야 하는 이유는 무엇인가? 그 이유 중 하나를 들자면, 칼빈은 그 시대의 교회와 사회에서 제기되는 문제 의식을 성경의 정신에 근거하여 목회 사역을 통해 해결을 도모했으며 또한 실제로 성공했다는 점이다. 칼빈은 제네바 성도들이 살아가는 삶의 현

---

1) 칼빈의 제네바 컨시스토리의 구체적인 사역 내용은 다음의 책을 중심으로 참고했다. J. Witte Jr. and R. M. Kingdon, *Sex, Marriage, and Family in John Cavin's Geneva: Courtship, Engagement, and Marriage* (Grand Rapids: Eerdmans, 2005).

장을 무시하지도 않았고 또한 그 상황에 함몰되지도 않았다.

한국 교회는 하나님의 은혜로 지난 120여 년의 짧은 역사 속에서도 비약적인 발전을 이룩했다. 기본적으로는 하나님의 은혜이며, 그 저변에는 목사로부터 장로와 집사와 평신도에 이르기까지 모든 성도들의 한결같은 헌신이 있었다. 그러나 근래 들어 한국 교회는 수적 성장에 제동이 걸린 지 이미 오래다. 그 원인 가운데 하나는 교회 안의 갈등 구조이며, 그 중심에는 목사와 장로의 갈등이 위치하고 있다.

그렇다면 장로 제도 자체가 잘못된 것인가? 아니면 장로 제도를 운용하는 방식의 잘못인가?

한국 교회의 진정한 회복과 지속적인 하나님 나라의 확장을 위해서 한국 교회가 건강한 교회상을 회복하는 것은 절대적으로 필요한 사명이라고 할 수 있을 것이다.

그러므로 장로는 누구이며 교회에서 어떤 사역을 감당하는 존재인지 그 정체성을 수립하는 것이 절실히 필요하다. 장로 제도는 성경에 근거하고 있고 초대교회부터 존재했던 목양적인 의미를 함축하는 직제였다. 그러나 중세 천 년을 지나면서 왜곡된 교회 제도에 의해서 묻혀 있었다. 칼빈은 이와 같은 장로의 사역 개념을 재발견하여 자신이 목회했던 제네바 교회의 역사적 현장에 적용했다.

제네바에서 진행되었던 종교개혁 운동은 정치 및 법과 종교의 모든 측면에 적용되었다. 종교개혁 직전의 로마 가톨릭 주교는 종교적인 것은 물론 정치적인 영역 모두의 지배자였다. 그러나 종교개혁으로 이들이 물러간 이후 개신교 도시가 된 제네바 시민들의 삶을 이끌어갔던 것은 종교적으로는 컨시스토리였고 정치적으로는 시 의회였다.

그렇다면 이 컨시스토리는 무엇인가? 일반적으로 컨시스토리를 '당회'라고 번역하기도 하지만, 칼빈 당시의 컨시스토리는 그 구성과 사역의 내용에서 보다 깊은 이해를 요구한다. 컨시스토리는 어떻게 보면 교회 안에서의 삶을 넘어서는 보다 넓은 의미의 사회적인 삶까지를 함축하고 있다. 말하자면 장로는 목사와 함께 공동으로 제네바 전체의 영적인 삶과 사회적인 삶을 이끌어가고 있었으며, 사회적인 권위가 아닌 영적인 권위를 가지고 있었다는 것이다. 목양 장로 사역과 관계해서 이 컨시스토리는 매우 중요한 의미를 갖기 때문에 보다 자세히 살펴보는 것이 필요하다. 결론부터 말하자면 이 컨시스토리에서 목사와 더불어 공동으로 사역을 감당했던 장로들의 사역 내용과 그 의미를 면밀하게 살펴보면 자연스럽게 목양 장로의 개념이 도출된다는 것이다.

컨시스토리는 16세기에 종교개혁 도시가 된 제네바 시민들의 일상 생활에 대해서 적절하게 기독교적 지도를 할 수 있는

칼빈 400주년 기념 동판(1909, 독일)

의사 소통과 실행을 위한 필수적인 기관이었다. 이 컨시스토리는 1541년 칼빈의 '교회 규칙서'에 의해 만들어진 새로운 기관이었다. 말하자면 모든 제네바 사람들이 설교와 법령들에 표현된 새로운 개혁주의 가르침을 그들의 일상 생활 속에서 그대로 실천할 수 있게 하기 위한 것이었다.

1555년 칼빈이 제네바에서 실제적인 지도력을 발휘할 수 있게 된 이후에 이 컨시스토리는 판단을 위한 심리 재판소로, 상담 봉사 기관으로 그리고 교육 기관으로 그 기능을 감당했다. 말하자면 16세기 제네바에서 모든 사람들의 삶의 차원을 관통하고 있었던 것이 이 컨시스토리였다.

제네바의 컨시스토리 전문 연구가인 킹던 교수에 의하면, 컨시스토리는 당시 제네바 교인들의 지극히 개인적인 문제에까지 관련되어 있었다. 그래서 도움이 필요한 사람, 결백한 사람 그리고 학대 받는 사람들의 실제적 삶의 필요를 채워줄 수 있었다.

제네바 컨시스토리의 기록은 몇 개의 빈 곳을 제외하고는 상당히 많은 내용이 보존되어 있어서 전체 21권의 두꺼운 책으로 남아 있으며, 그 중 많은 부분이 최근까지도 해석되지 못한 채 남아 있다. 컨시스토리 기록들은 16세기 중반기 개신교 도시국가가 된 제네바 시민들의 모든 가정 생활과 삶의 변화를 들여다볼 수 있는 독특한 창이다. 매년 이 컨시스토리에서 다루어진 수백 개의 사례들 가운데 사실상 절반 이상이 가정 생활에 대한 것이었다.

컨시스토리의 사역 과정

칼빈 당시 제네바의 컨시스토리에서는 권징이 주로 다루어졌다. 권징은 마태복음 18장 15~18절과의 연관 속에서 간단하게 다루어지는데, 권징의 목적은 올바르게 하는 것이지 정죄하는 것이 아니기 때문에 칼빈은 필수적인 징계들 속에서 중용(완화, moderation)을 주장한다.

다양한 일들이 컨시스토리에서 다루어졌다. 컨시스토리 앞으로 나온 각 사람들은 신분이 확인되고, 남자나 여자나 대답하기로 되어 있는 것에 대해 밝혀야 했다. 그런 후에 그들은 행정 장관(syndic)의 지휘 아래 컨시스토리의 구성원들로부터 질문을 받았다. 개혁 초기 개인에 관련된 대부분의 일반적인 판결은 간단한 질책으로 집행되었는데, 주로 목사나 칼빈에 의한 '훈계'(admonition) 또는 '충고'(remonstrance)로 이루어졌다.

여러 사람이 관계되는 사건에서 컨시스토리는 종종 화해

(reconciliation)하도록 하거나 한 가정이나 이웃들, 사업체들 안의 분쟁을 해결하도록 했다. 이러한 경우 법정보다는 좀 더 강제적인 상담이나 중재로써 일이 이루어졌다. 예를 들어 이혼 신청 문제를 다루는 경우 컨시스토리는 보통 즉각적으로 신청을 승인하기보다는 두 사람이 다시 함께 오도록 했다. 만약 이 문제가 보편적으로 좋지 않은 평판을 받았다면 화해의 예식은 종종 컨시스토리 앞에서 이루어졌다. 화해의 예식은 주로 교구의 교회에서 이루어졌고, 정례의 예배를 따랐다. 컨시스토리는 개인들에게 '공적인 배상'(public reparation)을 하도록 지시할 수 있었다.

만약 컨시스토리가 특별히 공격적인 행동이나 징계에 완강히 거부하는 행동을 하는 사람을 발견했다면, 모든 사람에게 매년 4회 제공되는 성찬식에 그 죄인을 참여하지 못하도록 금지할 수 있었다. 수찬 금지(the ban from communion)는 지금의 그것보다 훨씬 더 가혹한 처벌이었다. 사람들은 그것을 하나님의 은혜의 수단인 성찬을 받지 못하게 하는 것으로 보았고, 옛날 가톨릭 시절에서 본다면 성찬은 구원을 위해 필수적인 것이었다. 수찬 금지는 일상적인 일과 사업을 하지 못하도록 하는 사회적 수치였다. 이처럼 금지된 죄인은 매우 중요한 명예인 대부(god-father)가 될 수 없었고, 결혼도 할 수 없었다. 또한 가난으로부터 구제받거나 병원에 가는 것도 보장

받지 못했다. 만약 개인들이 스스로 회복하려고 하지 않거나 성찬식에 다시 참여하도록 허가받는 것을 시도하지 않는다면, 1541년 교회법은 컨시스토리가 그들을 '교회로부터 분리시킴 또는 의회에 고발'하도록 하였다.

스코틀랜드 해딩턴에 있는 존 낙스 상

컨시스토리는 그 이상의 영적 권위는 물론 공식적인 합법적 권위를 가지고 있지 않았다. 만약 한 사건이 그 이상의 심사와 그 이상의 형벌이 필요하다고 판단되면 그것은 소의회에 제출해야 했다. 이 점에서 컨시스토리는 종종 법정 공판을 준비하는 것의 하나로 실행되기도 했다.

존 낙스(John Knox)와 같이 제네바를 방문했던 기독교 지도자들도 이 컨시스토리의 사역에 의해 제네바 교인들의 삶이 경건해지는 것을 보면서, 예전에 결코 제네바에서처럼 바르게 살고 있는 기독교인의 삶을 발견하지 못했다고 할 정도였다.

컨시스토리 사역의 내용

컨시스토리는 성, 결혼, 가정 생활의 영역까지 다루었다. 초창기에는 주로 잔재해 있는 가톨릭적인 신앙의 태도를 바꾸려고 많은 시도들을 했다. 그러나 나중에 가서는 때로 교활한 사업의 관례들을 뿌리 뽑으려 하였고 또한 정부와 교회의 지도자들에 대하여 경시하는 것들을 근절하려고 하였다. 그러나 컨시스토리의 사건들 대부분은 주로 성과 혼인(부부)에 대한 것들을 담고 있었다.

일반적으로 컨시스토리에서 목사와 장로들은 제네바에 살고 있는 모든 시민들이 성실하게 가정에 충실한 삶을 살도록 유지하기 위해 노력하였다. 보통 일반적인 가정의 스타일은 한 남편과 아내, 아이들 그리고 젊은 하인들이 한 집안에 조화롭게 함께 사는 것이었다. 칼빈을 포함한 교회의 지도자들은 결혼과 가정을 세우도록 기대되었다. 평신도들(laymen)도 마찬가지로 결혼과 가정을 세우도록 요구되었다.

예를 들어 장로들이 컨시스토리에서 목사와 함께 지도했던 삶의 또 다른 양상은 난잡함(promiscuity)이었다. 종교개혁 전에 난잡함은 보통 피할 수 없는 필요악으로 여겨졌다. 그 당시 대부분의 도시들과 같이 제네바도 매춘을 허용하고 있었다. 그러나 종교개혁 후 매춘은 폐지되었다. 전문적인 소수의 매춘부들은 아주 조용히 거래하였으며, 다른 공동체로 떠나도록 요구받았고 그들의 여행 경비를 위해 약간의 돈이 지불되기도 하였다.

다음의 목록은 1546년, 1552년 그리고 1557년 등 3년 동안 장로들이 목사와 함께 컨시스토리에서 다루었던 사안들의 종류와 경향들을 요약해주고 있다.

'간음과 간통'은 개혁의 제네바에서 점차 확대되는 성적 범죄였다. 이것은 자발적인 성교나 결혼하지 않은 사람들이 그들이 미혼이거나 약혼을 했든 또는 결혼을 했든 간에 서로 친밀한 교제를 가지는 것도 포함되었다. 그것은 춤, 유혹, 음탕한 말이나 그림의 사용, 음란한 놀이, 방종한 태도나 행동, 자극적인 옷차림이나 화장 그리고 그 비슷한 것들도 의미했다.

장로들이 컨시스토리에서 다룬 사안들 중 성, 결혼, 가정과 관련된 것들

〈표1〉 1546년도[2]

주요문제	사건의 수	훈계조치	수찬금지	의회로 이전
간음/간통	94	29	4	47
다른 성적 폐단	23	11		6
성폭력/강간	1	0		1
약혼문제	20	5	1	15
부부/가정불화	66	39		18
낙태	1	0		1
세례논쟁	3	2		1
유아학대	5	3		1
교육비 논쟁	1	0		0
부모 불순종	1	1		

---

[2] J. Witte, Jr. & R. Kingdon, *Sex, Marriage and Family in John Calvin's Geneva*, 75.

아내구타	1	1		0
이혼	6	0		6
총	182	91	5	96
합계	309			

〈표2〉 1552년도[3]

주요문제	사건의 수	훈계조치	수찬금지	의회로 이전
간음/간통	94	22	19	55
처자불법유기	8	4	2	4
다른 성적 폐단	37	26	2	6
성폭력/강간	2			1
약혼문제	38	7	2	22
타종교 결혼	2		2	
부부/가정불화	89	54	9	22
낙태	0			
세례논쟁	2	2		
유아학대	1			
교육비 논쟁	1			
부모 불순종	0			
아내구타	3	3		
이혼	15			9
총	253	118	36	119
합계	390			

---

3) J. Witte, Jr. & R. Kingdon, *Sex, Marriage and Family in John Calvin's Geneva*, 75.

〈표3〉 1557년도[4]

주요문제	사건의 수	훈계조치	수찬금지	의회로 이전	출교
간음/간통	97	22	46	60	5
처자불법유기	16	7	4	8	1
다른 성적 폐단	43	16	15	14	2
성폭력/강간	1		1	1	
약혼문제	43	15	4	26	1
타종교 결혼	6	3	2	3	
부부/가정불화	83	48	28	23	
낙태					
세례논쟁	7	3	3	3	
유아학대	9	6	2	2	
교육비 논쟁	3	2	1	1	
부모 불순종	3		3	2	
아내구타	19	9	5	7	1
이혼	13	2		8	
총	323	133	114	158	10
합계	566				

위의 몇 가지 사안들은 장로들이 제네바의 컨시스토리에서 목사들과 함께 다른 교인들의 삶을 지도한 것의 특징을 알려주고 있다. 첫째, 장로들이 컨시스토리에서 다룬 사안들의 약

---

[4] J. Witte, Jr. & R. Kingdon, *Sex, Marriage and Family in John Calvin's Geneva*, 76.

60%가 성, 결혼, 가정에 대한 일이었다는 것이다. 둘째로, 영적인 엄격함이 후에 더욱 증가하였다는 것이다. 1546년에는 대부분 일반적 구제책은 당사자가 더 잘하도록 권면하거나 많은 경우 짧은 훈계로 끝났다. 그러나 시간이 지나면서 그 사역은 더욱 강화되었다. 셋째, 장로들은 컨시스토리에서 적어도 회개와 화해를 위한 가능성(locus poenitentiae)을 내포하는 무거운 금지의 사용을 기꺼이 시행하려고 했다는 것이다. 넷째로, 컨시스토리는 그 3년의 각각의 사안들을 영적인 방법으로 처리했다는 것이다. 다섯 번째, 이 3년의 예에서 가정과 관계된 문제의 발생 빈도가 상대적으로 낮아졌다. 이것은 개신교들에 대한 핍박(화형 및 종교재판)을 피해 제네바로 몰려든 도시 인구의 엄청난 증가에 비교할 때 그러하다. 또한 그런 문제에 대한 컨시스토리의 영향력이 자리를 잡아가고 있음을 보여준다. 즉 제네바 교인들의 삶의 변화는 실제로 장로들의 사역에 의해서 유도되었다는 것이다.

1546년에 장로들이 컨시스토리에서 다룬 309개의 사례 중 182개, 1552년에 취급된 390개의 사례 중에서 253개, 1557년에 다루어진 566개의 사례 중에서 323개의 사례들이 가정 및 결혼 문제와 같이 일상적 삶의 문제에 관계되어 있었다. 약혼과 결혼 그리고 가족 분쟁 등이 가장 흔한 사례들이었다. 낙태, 유아 방치, 유아 학대, 세례 논쟁, 교육적 논쟁, 가정 빈곤, 가족 재산 유용, 질병, 이혼, 부부간 재산 분쟁, 상속은 물론 심지어 배우자 학대, 처녀 학대, 근친상간, 일부다처, 성폭행, 동성연애, 수간, 매춘, 관음증, 공중 목욕 등 매우 복잡하고 미묘한 문제들이 컨시스토리에서 장로들에 의해서 지도되었다.

따라서 장로는 말씀을 설교하는 목사와는 구별되는 직분이었지만, 제네바의 컨시스토리에서 장로는 목사와 함께 교리교육을 내면화하여 삶에 적용시켰으며, 새로운 학교들, 커리큘럼들, 수업 도구들을 만들어냈다고 평가할 수 있다. 동시에 장로들은 컨시스토리를 통해서 사생자, 유기된 사람과 학대 받는 아이들에게 새로운 피난처를 제공했으며, 학대 받는 부인들과 가난한 과부들에게 새로운 보호처를 제공하기도 했다.

여기서 매우 중요한 점은, 당시 제네바의 컨시스토리에서 칼빈과 같은 목사들은 물론 평신도 가운데 선출된 장로들이 함께 동석하여 이 복잡한 그리스도인의 삶의 문제를 일일이 목양하고 있었다는 것이다. 이러한 16세기 제네바 교회의 유형은 유럽과 아메리카 대륙의 장로교회들을 통해서 더욱 정교하게 되어 지금까지 전해 내려오고 있으며, 심지어 근대 시민 사회의 질서와 전통을 창출하는 데까지 기여하게 되었던 것이다.

한국 교회를 위한 목양 사역

이상에서 우리는 칼빈이 활동했던 16세기 유럽과 제네바를 중심으로 목양 장로 제도에 대해서 고찰해보았다. 특별히 장로의 목양 사역의 실제적 내용과 그 신학적 의미를 살펴보았다. 칼빈은 영적으로 혼란하며, 실제적으로 전쟁과 가난과 질병이 풍미하던 종교개혁 시대를 살면서 교회를 섬겼다. 그는 교회를 섬기면서 이런 현실을 저버릴 수 없었기 때문에 성경에 근거한 신학을 통해서 해결책을 모색해왔다. 이상과 같은 연구에 근거하여 필자는 한국 교회를 향한 시사점을 제시하려고 한다.

교회의 직분은 로마 가톨릭이 주장하는 것과 같이 성직 계층 제도에 근거한 것이 아니다. 창조주요, 구속주이신 하나님께서 이 세상을 통치하실 때 교회 안에 직분자를 세워서 자신의 통치를 이루어가시는 것이다. 장로의 직분 또한 마찬가지다. 그러므로 교회 안에서 장로의 직분을 감당할 때는 그 사역을 통해서 그리스도의 몸인 교회를 세워나가야 할 것이다. 그러므로 목사와 장로, 집사와 같은 직분자는 그리스도의 지체로서 서로 섬기는 자세로 교회를 이끌어가야 한다. 특히 장로는 단순히 교회 안에서 행정 및 회계 관리를 맡는 항존직이 아니다. 장로는 교인들의 개인적이고 구체적인 삶을 돌아보면서 그들의 영적 필요를 채워주어야 하는 것이다.

사회 복지[5]

16세기 유럽 교회의 사회 복지 필요성

16세기는 여러 의미에서 중세에서 근대적인 토양으로 발전되는 변화의 시대였다. 신학적으로 보면 '오직 성경'과 '오직 믿음' 그리고 '오직 은총'의 원칙은 중세 말 교회로 하여금 자신의 본질적인 정체성을 발견하도록 촉구하였다. 그리고 이러한 운동은 비단 신학적인 측면에만 국한되지 않았다. 이 역동적인 16세기는 사회 복지의 역사라는 측면에서 볼 때도 큰 전환점이었고, 실제로 현대적 의미의 사회 복지가 출발하게 된 시기라고 말할 수 있다. 이 16세기 유럽 사회의 큰 특징 중 하나로 사회 복지의 변화를 주목할 필요가 있다.

중세 말 유럽 사회는 사회적으로 매우 불안한 시기였다. 페스트가 발생하여 유럽인들을 괴롭히고 있었고, 백년전쟁(1337-1453)을 비롯한 각종 전쟁들은 인간적인 삶을 크게 위협하고 있었다. 사회적으로는 중세의 봉건 제도가 회의와 도전 앞에서 흔들리고 있었다. 이러한 변화들은 유럽 사회 안에서 구걸하는 농민들이나 군인들 그리고 부랑자들의 숫자를 점증

---

5) 칼빈의 제네바의 사회복지에 대한 상세한 내용을 보려면 필자의 다음의 책을 참조하라. 안인섭, 『칼빈과 어거스틴: 교회를 위한 신학』 (서울: 그리심, 2009), 277-298.

백년전쟁 중 슬뤼 전투

시켰고, 이것은 당시 큰 사회적 문제를 야기시키고 있었다. 따라서 이들 거지와 부랑자 문제는 당시 유럽의 교회와 사회 기구들이 해결해야 할 가장 중요한 사회적 이슈 중 하나였다. 특히 당시의 도시들이 주로 이와 같은 큰 문제들에 직면하게 되면서 사회 복지 문제는 긴요한 사업이 되었다. 따라서 교회가 이 문제에 대해서 문제의식을 철저하게 갖게 되었다는 것은 어떻게 보면 당연한 것이었다. 이와 관련하여 이 시기에 유럽 내 여러 곳에 존재했던 빈민 구제를 위한 기금과 행정이 중앙집권화 되었다. 이 조직화 과정은 대륙 전역에 걸쳐 발견된다. 그러므로 16세기에 급격하게 발전하게 되는 사회 복지 법령들의 큰 특징들은 조직화, 중앙집권화 그리고 세속화라고 할 수 있다.[6] 독특한 점은 16세기에 이르러 교회는 말할 것도 없고 국가 당국도 가난한 사람들을 위한 자선 사업에 책임 의식을 가지게 되었다는 것이다.

제네바의 목회적 환경 변화

제네바의 정치적, 종교적 상황

제네바는 종교개혁 전 사보이인들에 의해 좌우되었고 도시의 중심에 있는 가톨릭 성당을 중심으로 추기경에 의하여 통치되었다. 전형적으로 정치와 가톨릭이 구별할 수 없을 정도로 서로 깊이 얽혀 있었던 곳이었다. 한편 프랑스와 국경을 접하고 있으면서 간접적으로 프랑스의 종교적인 영향은 그대로 받는 상황이었다.

16세기 제네바는 사보이인들의 지배로부터 벗어나고자 하는 도시민들의 의지가 강했으나 주교가 사보이인들의 편에 섰기 때문에 시민들의 애국적 정서는 가톨릭에 대한 반대로 흘렀다. 그래서 본격적인 동요가 시작되기 전인 1527년에 이미 제네바 사람들 사이에는 민족주의와 개신교 신앙과의 급속한 결합이 나타나게 되었다. 말하자면, 가톨릭주의는 사보이인의 지배와 동일시되었으며, 사보이인들로부터 자유를 쟁취한

---

6) E. A. McKee, John Calvin *on the Diaconate and Liturgical Almsgiving* (Geneva: Droz, 1984), 93-113.

다는 것은 주교를 쫓아내는 것이었고 동시에 개신교로 돌아서는 것이었다.[7] 결국 1534년 9월에 교회의 땅과 재산들은 제네바의 소유가 되었고, 1535년 10월 15일에는 미사가 폐지되었으며, 1535년 연말 제네바에 있는 수도원과 유물과 성직자 계급 제도와 함께 중세 가톨릭은 무너지게 되었다.

전체적으로 볼 때, 1525년부터 1546년까지 제네바의 교회는 불안정, 불화 그리고 분열적인 변화를 겪고 있었다고 묘사할 수 있다. 실질적으로 말하면 제네바 사회가 통제 불능의 상태였다는 것이다. 그러나 1546년에 접어들면서 제네바의 교회 구조는 안정적인 시기로 들어섰다. 이 기간에 유권자들은 질서를 선택하여 정치적 위기를 해결해갔다. 1555년 이후 칼빈을 통한 제네바의 목회적 혁신은 매우 현실적이고, 매우 분명하게 사회 변화에 영향을 끼쳤다.

칼빈 당시 제네바의 사회 복지 활동

16세기 사회 복지 사업의 발전과 관련하여 중요한 구체적 사례로서 제네바 도시 국가를 들 수 있는데, 왜냐하면 이곳의

---

[7] W. G. Naphy, "The Renovation of the ministry in Calvin's Geneva," in: *The Reformation of the parishes: The ministry and the Reformation in town and country* (Manchester: Manchester University Press, 1993), 113-132. ; W. F. Graham, The Constructive Revolutionary John Calvin (tr.) 김영배, 『건설적인 혁명가 칼빈: 사회와 경제에 끼친 영향』(서울: 생명의 말씀사, 1995), 35-49.

개혁이 매우 급진적인 측면을 가지고 있기 때문이다. 16세기에 프랑스에서는 국가가 대대적으로 또 합법적으로 복음주의자들을 박해하기 시작했다. 이때 수많은 난민이 발생했는데, 이들은 신앙의 자유를 찾아 프랑스와 국경을 맞대고 있는 제네바로 모여들었다.

당시 제네바는 가톨릭을 후원하는 이탈리아의 사보이로부터 개신교를 주창하는 도시 국가로 이제 막 정치적인 독립을 획득했기 때문에 박해 받던 개신교도들은 난민이 되어 제네바로 모여들었다. 이것이 칼빈이 제네바의 부름을 받을 당시 제네바의 사회적 환경이었다. 따라서 이런 상황의 제네바에서 개혁교회가 그 목회적 활동을 한다는 것은 다음의 몇 가지 의미를 갖는 것이었다.

종교개혁자들에 대한 화형

첫째, 이 장의 주제와 관련하여 대거 발생한 프랑스 난민들이 인접한 제네바로 몰려왔고 그로 인한 사회적 문제가 대두되었는데 이것은 칼빈의 목회 환경에 중요한 변수가 되었다는 것이다. 즉 가난한 자들과 병든 자들이 많이 발생하게 되면서 이것을 목회적으로 풀어야 하는 상황이 주어진 것이다. 칼빈은 '오직 성경으로'라는 그의 신념에 따라 성경으로부터 통찰력을 얻어 구체적인 목회적 적용을 하게 되었다.

둘째, 제네바 도시 국가 안에서 교회가 종교개혁의 신학적 정체성을 세우는 일은 국가의 문제이기도 했다. 따라서 사회 복지의 문제에서도 이 두 기관은 서로 밀접하게 관련을 갖게 되었다. 즉 사회 복지 활동은 교회의 문제이기도 했고, 동시에 국가의 의제이기도 했다. 제네바의 자선은 국가의 법에 의해 성립되었다. 신학적으로 보면 개혁주의의 자선 사업은 필연적으로 교회론적인 문맥에서 찾아진다.[8] 이 점은 사회 복지 문제에서 제네바의 모델이 다른 지역과 차별되는 이유 중 하나가 된다.

칼빈의 이상은 좀 더 넓게 교회의 역할을 강조한다. 그는 제네바에서 최고의 설교적 영향력을 끼쳤고 이와 함께 컨시스토

---

8) 이번 장에서는 교회의 본질적인 사역의 측면에서 사회 복지 문제를 다루게 될 것이다.

리의 기능을 통해 사회적, 윤리적 기능을 형성하였다.[9] 게다가 칼빈과 시 당국은 가난한 자들을 살피는 것과 의무 교육의 필요를 느끼게 되었다. 가난한 사람들을 구제하는 것은 옛 교회의 물건들을 종합 구빈원(Hôpital Général)에 조달하고, 프랑스 구호 기금(Bourse Francaise)을 수립함으로써 대부분 해결할 수 있었다. 제네바에서는 목회에 있어서 종합적이고 의미 있는 변화를 보게 되었다. 이 체계는 개혁된 사회가 현실을 만든다는 칼빈의 비전을 보여준다.[10]

요약하자면, 16세기 칼빈이 목회를 감당할 때의 유럽 사회는 위에서 살펴본 것처럼 사회적 불안과 가난과 질병이 큰 문제로 대두되어 있었다. 이것이 새로운 신학으로 무장하면서 등장하고 있었던 개신교회가 실제로 활동을 펼쳐야 하는 삶의 환경이었다. 특히 칼빈은 이와 같은 제네바의 상황 속에서 그 목회적 사역을 감당했다. 따라서 칼빈 당시 제네바에서 사회 복지는 교회와 국가 모두에게 매우 중요한 문제로 발전하게 되었으며, 칼빈은 양과 질에서 큰 목회적 변화를 주도했다.

---

9) 제네바 컨시스토리를 칼빈의 목회와 신학의 접목으로 이해하고 있는 다음을 참조하라. 이정숙, "제네바 컨시스토리(The Genevan Consistory): 칼빈의 신학과 목회의 접목," 「한국기독교신학논총」vol. 18, (2000), 159-189.
10) W. G. Naphy, "The Renovation of the Ministry in Calvin's Geneva," 121-128.

칼빈의 사회 복지 목회의 실제

칼빈과 제네바 종합 구빈원

복지 개혁을 위한 움직임의 확산은 거의 정확하게 종교개혁의 확산과 동시에 일어났다. 종교개혁자들은 많은 정통 가톨릭에게 도전을 주었다. 칼빈의 리더십 아래에서 제네바는 교회 조직 안에서 가장 철저하고 완고한 개혁을 개발하였다. 그것은 또한 초기 개신교들이 어떻게 사회 복지에 대한 행정을 개혁했는지에 대한 모델이 된다.

제네바의 복지 개혁은 당시 다른 도시의 일반적 형태를 그대로 따랐다. 즉 교회와 목회자가 아닌 평신도가 빈민과 병자를 치료할 목적으로 운영하는 종합 구빈원이 그것인데, 빈민 구제 집중화라고 할 수 있었다. 이 제네바 종합 구빈원(Hôpital Général)은 개혁에 의한 설립이었지만 칼빈이 설립한 것은 아니었다.

이 종합 구빈원은 자신의 필요를 채우지 못하고 있는 여러 종류의 사람들에게 환대를 제공하는 다목적 기관이었다. 대부분 전쟁으로 인한 고아와 너무 늙고, 아프거나, 심한 장애를 가진 소수의 노인들에게 집을 제공하였다. 그곳에서는 가난한 가정에게 매주 빵을 나누어주었고, 숙박료를 지불할 수 없거나 막 제네바에 도착한 방문객에게 쉼터와 음식을 제공

하였다.[11]

구빈원 안팎에서는 재정과 행정적인 책임을 맡는 집사인 '복지 행정사'와 직접 빈민과 환자를 방문하여 돌보는 '구제 도우미'의 주관하에 자선 행사가 열렸으며 구걸은 엄격하게 금지되어 있었다.[12]

자발적 기부를 기대하고 장려했지만 구빈원의 운명은 결국 세속화된 교회 재산을 통해서 이루어져야 했다. 칼빈은 이 구빈원에 직접 관여하지는 않았으나 서신을 통해 적극적인 관심을 가지고 사역했다. 그는 자신이 제시했던 집사 제도를 통해서 이 사역에 사상적으로, 간접적으로 영향을 주었다.

새로운 종합 구빈원의 운영은 평신도에게 넘겨졌다. 전임 구제 도우미를 임용하였고, 그는 가족과 함께 본부로 거처를 옮겨야 했다. 식사가 포함된 하숙이 제공되었기 때문에 이 자리는 많은 인기를 얻었다.

칼빈이 1541년 교회 조직 구축의 총 책임을 맡기 위해 제네바에 돌아왔을 시점에는 복지 행정사의 역할이 이미 정해

---

11) R. M. Kingdon, "Social Welfare in Calvin's Geneva," in: *Articles on Calvin and Calvinism* vol. 4. Calvin's Work in Geneva (New York and London: Garland Publishing Inc., 1992), 22–41.

12) J. E. Olson, "Calvin and social-ethical issues," in: *The Cambridge Companion to John Calvin*, (ed.) D.K. McKim (Cambridge: Cambridge University Press, 2004), 163–167.

진 것으로 보인다. 복지 행정사들은 이외에 다른 많은 특별한 임무가 있었다. 그들은 구빈원에 할당된 상당한 자산을 관리하는 책임이 있었다.

칼빈은 그의 글 여기저기서 구제 도우미와 구빈원 복지 행정사(procureur)들에 대해 언급하는데, 특히 1541년 스트라스부르에서 돌아온 직후 그가 감독하려던 개혁교회를 위한 정관으로 제네바 시를 위해 제시한 초안인 교회의 법령(ecclesiastical ordinances)에 많이 언급되어 있다. 이 교회의 법령들은 교회 안의 사역을 네 종류로 구분하는데 네 번째가 집사에 관한 것이다.

더 나아가 칼빈은 집사를 두 가지로 구분하는데 가난한 자를 위해 구호금을 모으는 자들과 이러한 구호금을 나누어주는 자들로 분리했다. 더욱이 칼빈은 그의 여러 글에서 집사와 관련하여 원리를 전개하였다. 이러한 진술들이 증거하는 것은 칼빈은 집사 직분이 오로지 가난한 자를 돕는 일에 헌신하는 사역이라고 생각했다는 것이다.

한편 킹던 교수는, 칼빈이 제네바에 영향을 준 것이 아니라 제네바가 칼빈에게 영향을 주어, 가난한 사람들에 대한 관심을 갖게 했다고 말한다. 그러나 칼빈의 「기독교강요」 초판을 보면 칼빈은 이미 제네바 사역을 시작하기 전부터 교회의 본질적인 4중 사역, 즉 말씀과 기도와 성찬 그리고 구제를 중요

한 요소로 간주하고 있었다는 것을 알 수 있다.[13]

칼빈과 프랑스 구호 기금

종합 구빈원이 해결해 줄 수 없었던 제네바의 사회적 문제는 다른 나라로부터 이주해온 많은 종교적 난민들을 돕는 일이었다. 왜냐하면 구빈원은 제네바 시민과 제네바에서 단기 체류할 계획을 가진 사람들의 문제에만 대처하도록 의도되었기 때문이다. 따라서 제네바에 장기간 거주하기 원하는 난민들의 경우 문제가 발생하였다.

1545년 국제 무대를 배경으로 한 종교 위기에 대비하려는 특별 헌금이 칼빈의 촉구에 의해 최초로 시작되었다. 이는 그 해 프랑스의 프로방스에서 대대적인 개신교 박해 사건이 일어났기 때문이다. 칼빈은 시민들의 각성을 촉구했고 원조를 구했으며, 탄원을 위해 여러 도시들을 순회하였다. 그리고 이것은 제네바에서 훨씬 멀리 떨어진 외부 지역에까지 영향을 미쳤다.

이러한 문제 의식 속에서 현금 기금이었던 프랑스 구호 기금(Bourse française)이 칼빈에 의해서 세워졌다. 이 기금은 프랑스에서 제네바로 피난 온 난민들, 즉 질병이나 가족의 문제

---

13) *OS*. I. IV. 149. *Institutues* (1536), IV. C. 40.

또는 프랑스에서 자산을 모두 상실하는 등 더 이상 자신을 부양할 수 없는 가난한 프랑스 피난민에게 나누어주기 위한 것이었다. 구빈원과는 달리 프랑스 구호 기금은 사적인 기관이었다.[14] 종교개혁 기간에 제네바에서 창립된 프랑스 구호 기금은 칼빈의 목회와 사회 복지와의 관계 속에서 매우 중요하다.

이 곳은 기증한 사람들에 의해 선출된 집사의 직책을 가지고 있는 평신도들이 운영하였다. 집사들은 돈을 걷고 분배하고 수입, 지출 모두를 기록하였다.[15] 이러한 점에서 프랑스 구호 기금은 구빈원과 매우 유사했으나 처음부터 칼빈의 관심과 강력한 지지를 얻은 점에서 다르다.

칼빈의 광범위한 프랑스 구호 기금 활동을 보면, 가난한 자들의 필요에 대한 칼빈의 관심이 특별했으며 그가 가치를 두는 사항을 진전시키기 위하여 국가와의 관계에서도 긴밀하게 활동했다는 것을 알 수 있다.

기부제로 운영되는 망명자 단체는 정기적인 헌금을 후원 받았는데, 이 단체는 제네바 빈민층을 위한 종합 구빈원과 같은

---

14) R.M. Kingdon, "Social Welfare in Calvin's Geneva," in: *Articles on Calvin and Calvinism vol. 4. Calvin's Work in Geneva* (New York and London: Garland Publishing Inc., 1992), 22-41.

15) E.A.McKee, *John Calvin on the Diaconate and Liturgical Almsgiving* (Geneva: Droz, 1984), 106-109.

선상에 놓여 있었다. 망명가 사회는 그들 사회 속의 빈민과 불우한 사람들을 돌보고자 자신들 스스로 조직화하기에 이르렀다. 최대 규모의 망명자 단체는 프랑스어를 사용하는 집단으로, 가난한 구성원과 여행자를 후원하고자 정규 기금을 마련한 첫 번째 공동체였다. 집사는 기금 기부자들이 선출한 사람으로서 자금을 배분하고 빈곤층과 병자들에게 각별히 신경을 쓰고 돌볼 책임이 있었다. 망명자 단체의 회합에서 성직자의 참석은 관례였으며 유서 깊은 기업과 교회는 서로 밀접한 관계를 유지했다. 올슨에 의하면, 많은 헌금 기부자들이 일정한 시간 간격으로 정해진 금액을 기부했다.[16]

제네바의 망명자들을 위한 다양한 원조 물자와 함께 프랑스 및 다른 지역 교회에 대한 개혁가들의 관심사를 한데 모으면서, 구제 헌금은 여기저기 흩어져 활동하고 있지만 서로 결속된 개혁 단체들 사이를 묶어주는 끈이 되었다.

칼빈의 사회복지관이 한국 교회에 주는 교훈

칼빈은 전쟁과 가난과 질병이 풍미하던 종교개혁 시대를 살면서 교회를 섬겼다. 그의 목회 또한 이러한 현실을 저버릴 수 없었으며, 칼빈은 그의 「기독교강요」와 성경 주석을 통

---

16) J. E. Olson, *Calvin and Social Welfare*(Selinsgrove: Susquehanna University Press, 1989), 107-126.

해 자신의 신학을 가지고 해결책을 제시했다. 그것은 '자선'을 말씀과 성찬, 기도와 더불어 교회의 주요한 본질적인 모습으로 보았다는 점이다. 그리고 칼빈은 이 본질적인 사회 복지적인 측면을 두 종류의 집사 제도를 통해서 목회적으로 풀어갔다. 그것은 재정적인 행정을 감당하는 복지 행정사와 실제로 가난하고 병든 사람들을 방문하여 위로하고 격려하는 복지 도우미였다.

이와 같은 신학적 이론을 가지고 실제로 칼빈은 그의 사역지였던 제네바에서 종합 구빈원과 프랑스 구호 기금 등을 통해 목회의 장을 펼쳐나갔다. 칼빈의 위대한 점은 이처럼 신학이 이론에만 머문 것이 아니라 늘 교회의 현장에서 함께 나갔다는 점일 것이다.

이상과 같은 연구에 근거하여 한국 교회를 향한 몇 가지 시사점을 제시하려고 한다.

첫째, 칼빈은 교회의 예배와 교회가 가난한 사람들을 돌보는 자선 활동을 이분법적으로 보지 않았다. 그는 오히려 자선을 교회의 본질적인 사역 가운데 하나로 보았다. 그러므로 한국 교회도 신앙과 삶, 예배와 윤리가 불일치하여 사회 속에서 그 영향력을 상실하지 않도록 통전적인 목회관을 가져야 할 것이다.

둘째, 칼빈이 말하는 '집사'라는 직분은 가난한 사람들과 병자들을 위해서 행정적으로 구호 기금을 모으고 또 실제로 방문하여 위로하는 것이었다. 그렇다면 한국 교회의 집사 직책, 더 나아가 한국 교회의 직분론은 과연 칼빈의 신학 위에 서 있는가를 돌아보아야 할 것이다. 칼빈의 집사직은 단순히 교회 안의 행정 및 회계 관리에 그치는 항존직이 아니었다. 오히려 사회 복지 개혁의 중추적인 역할을 감당한 사회 개혁자였다고 평가할 수 있을 것이다. 그렇다면 오늘날 현대 교회는 이 칼빈의 집사직을 잘 음미하여 사회 복지적인 차원에서 유익을 얻을 수 있을 것이다.

셋째, 그러나 칼빈은 교회의 목회직을 사회 복지적인 차원에만 제한한 것은 절대 아니라는 것을 환기해야 한다. 칼빈이 그의 「기독교강요」와 성경 주석에서 계속 강조하였듯이 교회의 목회적 활동은 말씀과 기도와 성찬 그리고 자선(혹은 사회 복지)이라는 네 가지 요소가 잘 균형 잡혀야만 한다. 한국 교회는 다른 세 가지 요소는 서양의 교회와 비교할 때 나름대로 잘 감당하고 있는 것 같지만 마지막 사회 복지 혹은 가난한 자를 위한 디아코니아는 아직 성숙하게 실천하고 있지 못하다는 인식이 있다. 그러므로 차제에 한국 교회가 더욱 돌아보는 기회가 되었으면 한다.

교회와 국가[17]

한국 교회의 국가론의 문제

그리 길지 않은 한국 교회의 역사에서 국가에 대한 기독교인들의 자세는 매우 다양한 모습을 보여주었다. 한국 교회 역사의 전반기라고 할 수 있는 1885년에서 1945년까지를 보면, 한국 기독교인들은 조선 왕조가 망해가면서 일본의 식민지배가 심화되어 가던 시기를 살았다. 이때 한국의 초대 기독교인들은 처음에는 기울어가는 국가를 위해서 적극적으로 투쟁하는 모습을 보여주었다. 3.1 운동을 중심으로 국가의 독립을 위해 적극적인 입장을 표명했던 것이 그 대표적 예다. 그러나 점차 식민지 지배가 장기화되면서 국가에 의한 신사참배 강요가 시행되자 이것을 수용하는 다수와 적극적으로 반대하는 소수로 양분되었다.

1945년 해방 이후에는 더욱 급변하는 역사의 전개 속에서 기독교인들의 국가에 대한 태도도 발전되어갔다. 해방 직후 적지 않은 기독교인들이 실제 정부에 진출하여 국가 활동에

---

17) 본 항목은 필자의 다음의 논문들을 사용하여 작성되었음을 밝힌다. 안인섭, "칼빈의 국가론", in: 『칼빈신학개요』 한국칼빈학회 (서울: 두란노 아카데미, 2009), 185-207. ; 안인섭, "교회와 정치참여: 칼빈을 통해 조명하는 교회의 정치 참여", 「역사신학논총」 제16집 (2008), 31-51.

적극 참여하는 형태를 보여주기도 했다. 그러나 1980년을 분기점으로 한국 기독교는 보수와 진보 세력으로 양분되면서 국가에 대한 현격한 인식의 차이를 드러냈다.

보수적인 교회의 국가관

한국 보수 교회의 국가에 대한 태도는 다음과 같이 이중적으로 평가되고 있다. 첫째, 국가의 지도자는 하나님이 세우신 것이므로 그리스도인들은 영적인 일에 집중해야 하며, 국가 및 사회와 관련되는 일에는 신경 쓰지 않는다는 것이다. 따라서 어떤 정부가 출범하든지 상관하지 않고, 국가가 신앙의 자유를 건드리지만 않는다면 그 정부는 하나님이 세우신 것으로 믿으면서 전적으로 복종하겠다는 것이다. 이 경우 그 정부가 정의로운지 아닌지는 우선적으로 고려되지 않았다. 한마디로 정교분리의 태도를 가졌다.

둘째, 그렇다고 보수적 교회의 국가관이 정교 분리라고 단언하는 것은 그리 적당치 않다. 남한 사회를 폭넓게 지배하고 있던 반공 의식과 결부되어 보수적인 그리스도인들은 앞의 태도와는 역설적으로 보수적인 정부를 후원하는 모습을 통해 적극적으로 국가를 지지하는 정치 참여를 보여주기도 했다. 즉 보수적인 기독교인들은 국가가 소위 '좌경화' 하지 않도록 '우파' 정부를 지원하기 위해서 하나님의 이름으로 적극적으로 나서기도 했다. 이 태도는 특히 반공주의적이고 친미적인 입장과 깊이 관련되어 각종 시위의 모습으로 나타났다.

진보적인 교회의 국가관

한편, 진보적인 기독교인들은 국가의 부정 및 불의한 정권에 대해서 적극적으로 저항해야 한다는 태도를 가졌다. 이런 그룹의 기독교인들은 정의롭지 못한 군사 독재 정부에 대해서 예언자적으로 반대하는 것이 이 땅에서 하나님의 뜻을 이루는 것이며 이것이 바른 국가관이라고 믿었다. 이와 같은 국가관을 가진 기독교인들은, 불의한 국가와 기업에 대항하여 사회 정의를 획득하고 기업 안에서 노사 정의를 이루기 위해서 발생하는 저항을 적극 지원하는 모습을 보여주었다.

21세기 한국 교회와 국가

이상에서 간략하게 살펴본 것처럼, 한국 교회의 국가관은 한국 역사의 흐름에 따라서 이리저리 기운 현상을 보여주고 있다. 1990년대 이전 한국 교회의 국가관은 주로 정부에 대한 저항이나 지지라는 비교적 단순한 논리로 이해될 수 있었다. 그러나 소위 민주적인 정부가 출범한 1990년대 이후 교회의 정치 참여 문제는 반정부, 친정부의 이분법을 넘어서서 보다 다각적인 해석을 요구하고 있다. 특별히 현대의 민주화된 사회에서 개인과 단체들의 이해 관계는 첨예하게 복잡해졌다. 따라서 이런 이해 관계의 충돌을 조율할 수 있는 실제적인 최종 권위가 부여되어 있는 국가가 존재하는 상황 속에서 한국 교회의 국가관은 보다 깊은 성찰을 요청하고 있다. 또한 다양한 문화와 종교가 공존하고 있는 현대 사회 속에서 한국 교회가 바람직한 국가론을 갖는다는 것은 더욱더 중요하다.

특별히 21세기를 맞아, 한국뿐 아니라 한반도 주변의 4개국 그리고 전 세계가 주목하고 있는 남북한의 분단과 통일에 대한 인식에서도 한국 교회의 입장은 위에서 살펴본 양극화의 모습을 그대로 이어가고 있다. 그러므로 한국 사회 안에서 그리스도인들이 국가에 대해서 어떤 바람직한 관점을 가질 수 있는가의 문제는 단지 이론적인 문제가 아니라 매우 현실적이며, 동시에 극히 중요한 문제로 우리에게 가까이 다가와 있다고 할 수 있다.

그렇다면 한국의 기독교인들은 국가에 대해서 어떤 관점을 가져야 바람직한 것일까? 한국 교회가 어떤 국가관을 가지느냐의 문제는 결과적으로 한국 교회의 분열과 일치 그리고 통일에 대한 태도를 포함한 매우 중차대한 결론을 만들어 내기 때문에 우리의 관심이 집중되지 않을 수 없다.

그런데 우리는 이런 쉽지 않은 숙제를 풀기 위해서 과거로 시선을 돌릴 필요가 있다. 교회의 역사 속에서 기독교인들은 어떤 국가관을 가지고 있었을까? 그들이 취한 국가관은 오늘 한국 교회가 만났던 것과 유사한 그들의 시대적 난제들에 대해 어떤 방향을 인도해 주었을까? 그리고 그 결과가 무엇이었는지 교회사적으로 살펴보는 것은 21세기를 사는 우리에게 너무도 중요한 문제가 아닐 수 없다.

칼빈의 국가관

칼빈은 그의 「기독교강요」에서 이중의 정부, 즉 영적인 정부(regimen spirituale)와 정치적인 정부(regimen politicum)라는 개념을 사용하고 있다.[18] 칼빈에 의하면 이 정부들은 모두 하나님에 의해서 수립되었으며, 주 예수 그리스도의 권위에 복종된다. 그러므로 교회와 국가는 하나님의 절대적인 주권적 지배하에 놓여 있는 것이다.

칼빈이 「기독교강요」를 기록한 일차적인 의도는 칼빈과 개신교인들은 왕이 하나님의 권위 아래 있다고 믿기 때문에, 왕에게 순종하는 자들이며 정부 정복자가 아님을 프란시스 왕과 독자들에게 천명하는 것이었다.[19] 일반적으로 칼빈은 혁명

---

18) W. van 't Spijker, "The Kingdom of Christ According to Bucer and Calvin," in *Calvin and The State*, (ed.) P. de Klerk (Grand Rapids: Calvin Studies Society, 1993), 120-122.
19) *CO*. II. colms. 26-28 (「기독교강요」, 서문, 7).

십자가가 들어 있는 국기들

적인 재세례파들과 지배적인 가톨릭 세력 사이에서 중도의 길(Via Media)을 택했다. 칼빈은 사회를 위협했던 재세례파 혁명주의자들과 대조하면서, 부분적으로는 시민 정부를 옹호하기 위해서 「기독교강요」를 기록했던 것이다.[20]

국가는 어떤 일을 하는가?

칼빈에 의하면, 국가는 하나님에 의해서 세워진 신적 기관이다. 칼빈은 이 국가의 기능을 인간들 사이의 화해를 도모하며, 사회의 공적인 평화를 유지하기 위함이라고 명확하게 기

---

[20] W. van 't Spijker, "The Kingdom of Christ According to Bucer and Calvin," in *Calvin and The State*, (ed.) P. de Klerk (Grand Rapids: Calvin Studies Society, 1993), 120-122.

술하고 있다.[21] 칼빈은 국가의 역할에 또 다른 중요한 점을 더하고 있다. 그것은 "국가는 하나님께 대한 외적인 예배를 존중하고, 보호하고, 건전한 교리와 교회의 지위를 수호"해야 한다는 것이다.

여기서 주목할 만한 점은 국가의 목적을 설명하는 동일한 곳에서, 「기독교강요」 초판에는 나타나 있지 않던 국가의 종교적인 역할에 대한 설명이 1559년의 「기독교강요」 마지막 판에는 등장하고 있다는 사실이다. 칼빈에 의하면, 국가는 기본적으로 사회적 평화를 유지해야 하는 고유의 목적을 가지고 있다. 그러나 동시에 국가는 하나님에 대한 예배를 존중하면서 보호해야 한다. 뿐만 아니라 교회는 건전한 교리를 지키고 교회를 수호해야 하는 것이다. 이처럼 「기독교강요」의 초판이 나왔던 1536년과는 달리, 1559년 판에는 신생 개신교 독립 도시인 제네바의 교회를 지도해나가야 할 막중한 책임이 칼빈의 국가관에 반영되어 있었다.

국가 지도자는 누구인가?

칼빈은 또한 국가의 정치를 책임지고 있는 사람들의 의무에 대해서도 설명해주고 있다. 그에 의하면, 국가의 정치를 이끌

---

21) OS. I, 259. (「기독교강요」 1536, 6.C.36).

어가는 지도자들은 국가 본래의 기능이 이루어질 수 있도록 그 사명을 다해야 하는 사람들이다. 그래서 정치적인 지도자들은 '공공의 순결과 절도와 품위와 평화의 수호자요 또한 보호자로서 임명을 받은 사람들'인 것이다.[22]

이런 책임을 가지고 하나님에 의해서 임명된 국가 지도자들은 결국 하나님의 대리자이며[23] 하나님의 종이라고 할 수 있다.[24] 그들은 선한 사람들을 악한 사람들의 그릇된 행위로부터 지켜주어야 할 책임이 있다.[25] 칼빈은 여기서 더 나아가 국가의 지도자들은 현재 박해 받고 있는 자들도 도와야 하고 수호해야만 한다고 주장했다.[26] 국가 지도자들이 물리적인 권력을 부여 받았던 것도 바로 이런 이유라고 보는 것이다.[27] 칼빈은 국가의 지도자들은 국가가 공공의 평화를 확립하기 위해서 악한 사람들과 죄인들에 대해 강제권을 발동해서 처벌할 수 있다고 보았던 것이다.[28]

칼빈의 1559년 「기독교강요」를 살펴보면, 1536년에 나왔던 그의 「기독교강요」 초판에서 발견할 수 있었던 국가 지도자의

---

22) OS. I, 264. (「기독교 강요」1536, 6.C.43).
23) OS. I, 261-262. (「기독교강요」1536, 6.C.40).
24) OS. I, 261-262. (「기독교강요」1536, 6.C.40).
25) OS. I, 264. (「기독교강요」1536, 6.C.43).
26) OS. I, 264. (「기독교강요」1536, 6.C.43).
27) OS. I, 264. (「기독교강요」1536, 6.C.43).
28) OS. I, 264. (「기독교강요」1536, 6.C.43).

책임에 대한 견해가 그대로 유지되고 있는 것을 알 수 있다. 칼빈에 의하면, 하나님께서는 국가의 지도자들을 세우셨는데 그것은 바로 사회의 공적인 선을 위한 것이다. 그렇기 때문에 이런 맥락에서 국가의 지도자는 하나님의 대리자가 된다.[29] 또한 칼빈은 그 이전과 마찬가지로 국가의 정치인들은 사회의 공공의 평화를 증진하고 사악한 자들로부터 선한 사람들을 보호해야 하는 임무를 지니고 있다고 설명한다.[30]

그렇지만 다른 한편으로 보면 칼빈의 1559년 「기독교강요」는 1536년의 초판과 비교할 때 상대적으로 더 많은 정치 지도자의 책임론을 강조하고 있음을 발견할 수 있다. 칼빈은 정부와 그 정부를 운영하는 사람들이 왜 필요한지를 설명해주는 문장들을 많이 추가했고 또 그 위정자들이 교회의 명예를 후원해야 한다는 내용을 많이 확장시켰다. 칼빈이 확대한 내용들은 국가의 정치 지도자들은 신앙적인 책임도 지녀야 한다는 것이었다. 칼빈은 위정자들을 향한 하나님의 명령은, '그들이 대표하는 하나님과 또 그들에게 은혜를 베푸셔서 주권을 갖게 하신 하나님의 영광을 보호하고 옹호하는 것'이다.[31]

그러면 국가에 신앙적인 책임을 맡긴 칼빈의 주장을 21세기

---

29) *CO*. II.20. colms.1095-1097. (「기독교강요」1559, IV.20.4-6).
30) *CO*. II.20. colms.1098-1099. (「기독교강요」1559, IV.20.8).
31) *CO*. II.20. colms.1099-1100. (「기독교강요」1559, IV.20.9).

에는 어떻게 이해해야 할까? 요즈음 그와 동일한 주장을 한다면 다른 종교를 가진 사람들이 금방 칼빈을 반격할 것이다. 이 문제는 16세기 안에서 보아야 한다. 당시 개신교를 믿는 사람들은 로마 가톨릭 국가 내에서 극심한 박해를 받는 일이 비일비재했다. 개신교도들은 신앙의 자유를 전혀 얻지 못하고 있었고, 유럽 내에서 루터파의 경우 1555년부터 영주에게 권리를 주는 제한적인 방법으로 신앙의 자유를 획득했으며, 칼빈파의 경우 1648년에 가서야 공식적으로 인정을 받을 수 있었다. 그러므로 이와 같은 16세기의 문맥에서 칼빈은 국가가 신앙을 후원해야 할 것으로 주장했던 것이다. 오늘날의 표현으로 조금 강조해서 바꾸어보자면, 칼빈은 국가는 인간의 존엄성을 후원하고 지켜야 한다는 입장이라고 할 수 있다.

악한 사람들에 대한 위정자의 태도

칼빈은 국민들은 국가의 왕에게 복종해야 한다고 말하고 있다. 이 점은 기독교 전통의 가르침과 일치한다. 그러나 칼빈은 초기에는 혁명의 개념을 가지고 있지 않았다. 그러나 점차 프랑스의 정치적인 상황이 개신교들에게 핍박을 야기시키자, 칼빈은 정의롭지 못한 국가의 지배자에 대해 순종하기보다는, 그 위에 계시는 하나님께 복종해야 한다는 점을 강조하고 있다.

칼빈은 「기독교강요」 마지막 판(1559년)에서 국가의 지배자들이 폭력을 사용하는 문제를 경건과 관련시켜 설명하면서, 국가 정치 지도자들이 악을 행한 사람들에게 벌을 내리되 자신을 위해서 하지 말고, 하나님을 위해서 하라고 강조하고 있다. 그래서 칼빈은 행악자를 추방하는 왕을 높이 평가하는 내용을 보충했던 것이다.[32] 칼빈은 한 나라 안에서 악을 행한 자들을 처벌할 때, 그것은 왕의 덕스러운 행동으로 보아야 한다고 말하고 있다.

그렇다면 제네바에서 악행자를 추방하는 일이 칼빈 자신에 의해서 강조되었다는 것일까? 그러나 역사적으로 제네바 시 당국의 상황을 살펴보면 그렇지는 않다. 칼빈이 제네바에서 추방되어 스트라스부르에서 난민 목회를 하고 있던 1538년에서 1540년 사이에도, 제네바는 계속 도덕적인 통제가 강화되고 있었다. 제네바 정치계에 미치는 칼빈의 실제적인 영향력이 확립된 것은, 칼빈을 후원하던 사람들이 1555년 시 선거에서 압승하여 제네바 시를 실제적으로 운영하게 되면서부터이다.[33]

---

32) *OS*, V, 482. (「기독교 강요」1559, IV.20.10).
33) W.G. Naphy, *Calvin and the Consolidation of the Genevan Reformation* (Manchester: Manchester University,1994), 12-52.

다른 종파에 대한 입장

칼빈은 제네바에 거룩한 공동체를 세우길 원했다. 그의 모든 신학적, 목회적 역량이 이곳에 집중되었다고 말할 수도 있을 것이다. 그렇다면 칼빈은 다른 종파에 대해서 어떤 관점을 가졌는지가 궁금하게 된다.

칼빈에 의하면 교회는 선택된 자들의 전체의 수이다. 다시 말하면 하나님 자녀들의 전체가 교회인 것이다.[34] 칼빈은 선택된 사람들, 즉 하나님의 자녀들과 패역한 사람들과 이방인들을 구별하는 것은 어렵기는 하지만 가능하다고 생각했던 것으로 보인다.

그렇다면 어떻게 선택된 사람들을 알아볼 수 있을까? 칼빈에 의하면, 우리와 함께 동일한 하나님과 그리스도를 믿음으로 고백하되 삶의 모범과 성례에 참여함을 통해서 그 믿음을 고백하는 사람들은 사랑의 판단에 의해서 선택된 자로 인정된다는 것이다. 따라서 선택자들은 비록 완전하지는 못할지라도 선택자로 인정되어야 하는 것이다.[35]

한편, 다른 종파에 대한 칼빈의 언급은 파문의 문맥에서 발견된다. 칼빈은 같은 신앙에 동의하지 않는 사람들 또는 자신의 입으로 하나님에 대한 신앙고백을 부인하는 사람들은 현

---

34) OS. I, 86. (「기독교 강요」1536, II.B.21).
35) OS. I, 89. (「기독교 강요」1536, II.B.26).

교회에 거짓된 성도로 간주되었고,[36] 따라서 칼빈은 다음의 세 가지 이유가 있을 때 출교할 수 있다고 보았다.

첫째로 출교는 하나님의 영광을 위해서 시행되어야 한다는 것이다. 만약 그렇지 않다면 세상 사람들의 눈에 교회 안에 많은 범죄자들이 존재하는 것으로 비춰지기 때문에 마치 교회가 악한 일을 범한 사람들과 사악한 사람들의 소굴로 여겨질 수 있기 때문이다. 다음으로 악을 범한 자들의 타락함이 공동체 안에 확산되는 것을 방지하기 위해서 출교가 이루어져야 한다는 것이다. 마지막 셋째는 범죄하여 출교된 사람들로 하여금 자신의 죄를 회개하고 돌아오도록 만들기 위해서 출교가 필요하다는 것이다.[37]

그러나 칼빈에게 있어서 중요한 것은 이것이다. 칼빈은 비록 심각한 죄를 저질러서 처벌을 하는 경우에라도 그들을 하나님의 손에서 버려진 사람들인 것처럼 절망하게 만들어서는 안 된다는 것을 강조하고 있다.[38] 뿐만 아니라, 칼빈은 그의 「기독교강요」 초판(1536년)에서 종교적인 이유로 사형을 집행하

---

36) *OS*. I, 89. (「기독교 강요」1536, II.B.26). 다음을 참조하라. P.C. Holtrop, The Bolsec controversy on predestination, from 1551 to 1555: *The statement of Jerome Bolsec, and the Responses of John Calvin, Theodore Beza, and Other Reformed Theologians*. 2 vols. (New York and Ontario: Mellen, 1993).

37) *OS*. I, 89. (「기독교 강요」1536, II.B.26).

38) *OS*. I, 90. (「기독교 강요」1536, II.B.27).

는 것에 대해서 허락하지 않았다.[39] 요컨대 출교된 사람들이라 하더라도 교회나 국가에 의해서 박해를 받지 말아야 한다는 것이 그의 기본적인 입장이었던 것이다.

칼빈은 그의 「기독교강요」 초판에서 터키 사람들, 사라센 사람들 그리고 다른 종교를 가진 사람들이라고 하더라도 인격적으로 대해야 할 것을 말하고 있다. 그들에게 정통 기독교, 정통 신앙을 가르친다고 해서 가톨릭 사람들이 했던 것과 같이 '불과 물과 다른 일상 요소들의 사용을 금지시키고, 그들의 인간성을 부인하고 그들을 칼과 무기로 윽박지르는 방법'은 옳지 못하다고 명백하게 말하고 있는 것이다.[40] 이상에서 볼 수 있는 바처럼, 칼빈은 다른 종파에 대해서 폭력과 강제의 방법을 사용하는 것에 대해서 반대하는 입장을 가지고 있었다.[41]

국가의 신앙적인 책임과 권징의 의미

칼빈에 의하면, 국가는 두 가지 의미를 가지고 있다. 한편으로 국가는 강제의 수단일 수 있다.[42] 또 다른 한편으로 국

---

39) 「기독교 강요」 1536, II.B.27.
40) *OS.* I, 91. (「기독교 강요」 1536, 2.B.28).
41) 한편 1559년판 기독교강요에서는, 국가가 반대 종파에 대해서 폭력을 사용해서는 안 된다는 초판의 문장들이 생략되어 있다.
42) *CO.* 2. colms. 196-197. (「기독교 강요」 1559, II.2.13). Cf. M. Walzer, *The Revolution of the Saint: A Study in the Origins of Radical Politics* (Cambridge, Mass: Harvard University, 1965/82), 30-34.

가는 이 세상에 살고 있는 그리스도인들을 훈련시킬 수 있다. 칼빈에 의하면, 정부는 하나님의 뜻을 성취시킬 책임을 가지고 있다. 그러므로 국가의 정치적인 역할 역시 하나님의 뜻에 속하는 것이다. 국가의 책임이 칼빈에 의해서 종교적인 영역으로 확대되었기 때문에, 교회와 국가 사이의 경계가 모호하게 된 것으로 보인다. 칼빈은 정부의 정치적인 지도자들에게 영적인 기능을 허용했다. 그러므로 칼빈에 의하면, 정치적인 지도자는 하나님에 대한 예배를 변호하고, 참 교리를 더럽히고 교회의 평화를 깨뜨리는 자들을 처벌하기 위한 책임을 가지는 것이다.[43]

칼빈에게 있어서 국가의 세속적인 지배하에 있는 성직자는 죄인들을 훈련시킬 의무를 가지고 있었다. 그렇지만 동시에 국가 또한 죄인들을 처벌할 권리를 가지고 있었다. 따라서 모든 제네바의 시민들이 또한 교회의 구성원이 되었기 때문에 혼돈이 발생하게 되었다. 모든 시민들은 신앙을 고백해야 했고, 십계명에 복종해야만 했다.[44] 하나님에 대한 복종을 약속하는 것은 또한 시민의 서약이기도 했다. 그러므로 교회의 권징은 국가의 강제로 대체될 수 있었다. 범죄자들은 그 도시로

---

43) *CO.* 2. colms.1093-1094. (「기독교 강요」 1559, IV. 20.2) ; CO 40. colms. 647-651. (Comm. Dan 4:1-4).
44) M. Walzer, *The Revolution of the Saint*, 54-55.

부터 추방되었다. 결과적으로 제네바에서 출교는 국가의 법이었다.

여기서 교회와 국가 사이의 관계에 대하여, 권징에 대한 책임을 지고 있었던 컨시스토리의 구성에 주목할 필요가 있다. 사실상 권징의 책임은 컨시스토리 법정을 구성했던 장로들과 목사들에게 있었다. 그럼에도 불구하고 컨시스토리는 교회의 법정이었지 국가의 법정이 아니었다.[45] 이것은 제네바에서 왜 교회와 국가의 분리가 어려웠는지를 설명해준다. 그것은 또한 국가의 종교적 역할도 설명해준다고 할 수 있다.

따라서 우리는 제네바에서 교회와 국가의 관계에 대한 신정론의 개념을 고려하지 않을 수 없다. 한편으로, 칼빈이 리더십을 발휘하고 있던 동안에 제네바는 하나님께서 세속적인 당국과 교회의 당국 모두에게 직접적인 책임을 가지고 계시며, 백성들의 삶에 있어서 하나님의 말씀의 효과적인 적용이 그 목적이었다는 점에서는 '신정적'이라고 부를 수 있는 측면도 있을 것이다.[46] 칼빈의 견해에 의하면, 위정자들은 하나님의 대리자였다.

---

45) T. H. L. Parker, *John Calvin: A Biography* (Philadelphia: Westminster, 1975), 98-101.
46) J. T. McNeill, *The History and Character of Calvinism* (New York/Oxford: Oxford University Press, 1954), 185. Cf. his Calvin: *On God and Political Duty* (Indianapolis: The Liberal Arts Press, 1956), 23-25.

다른 한편으로, 우리가 제네바의 정치 체제와 컨시스토리의 구성을 조사해보면, 칼빈 당시 제네바가 신정 정치의 시대였다고 말하는 것은 엄밀하게 보면 옳다고 할 수 없다. 왜냐하면, 비록 교회와 국가 모두가 동일한 하나님께 헌신되어 있었지만 그들은 모두 각각 다른 방법을 사용했으며, 그 권위의 영역이 서로 달랐기 때문이다. 정부가 강제적인 방법을 사용할 권리를 가지고 있었던 반면, 교회는 덕의 증진을 위해서 비폭력적인 교육을 통해서 사역을 했다.[47] 사실상 칼빈은 그의 삶의 거의 대부분을 제네바의 시민이 되지 않은 채로 살고 있었다. 그는 컨시스토리의 구성원인 경우를 제외하고는 정치적인 권위를 행사할 수 없었다. 제네바에 미친 칼빈의 영향력은 그의 법적인 지위를 통해서가 아니라 한 명의 설교자로서의 권위를 통한 것이었다. 1555년 제네바 선거에서의 승리 이후 제네바에 미친 칼빈의 영향력은 점차 커지는 추세였던 것으로 보인다.[48]

---

[47] A. E. McGrath, *Reformation Thought*, 216. Cf. R.S. Wallace, *Calvin, Geneva and the Reformation: A Study of Calvin as Social Reformer, Churchman, Pastor and Theologian* (Edinburgh: Scottish Academic Press, 1988), 110-128.

[48] W. G. Naphy, *Calvin and the Consolidation of the Genevan Reformation* (Manchester: Manchester Univnersity Press, 1994), 208-235.

칼빈의 교회와 국가의 관계

칼빈에 의하면, 하나님은 창조주이시자 구속주이시기 때문에 창조 세계와 인간 사회는 그들을 다스리시는 하나님의 통치(Regnum Dei)하에 위치한다. 이것은 칼빈의 모든 신학 사상이 정초하고 있는 광의의 토대를 제시해준다. 비록 인간은 타락한 본성으로 인해 이 세상에 살면서 여전히 탐욕과 죄악과의 싸움 속에 살고 있지만, 그리스도인들은 이 사회 속에서 하나님께서 그들에게 위임하신 책임을 다하면서 종말을 향해 살아간다. 이와 같은 문맥에서 칼빈이 제시하는 '교회와 국가의 관계'에 대한 이해는 교회의 정치 참여의 타당성과 가능성 및 방향성 그리고 그 한계성에 대한 칼빈의 사상을 알려주는 중요한 밑그림이 된다.

칼빈에 의하면 인간 사회에는 두 개의 세계가 있다. 그것은 영적인 세계와 외적인 세계인데 칼빈은 이 두 세계가 서로 다른 체제를 가지고 있으며 각각 다른 법적 지배를 받는다고 보았다.[49] 이 두 세계는 경건과 하나님을 공경하는 영적인 부분과, 법을 제정하는 책임이 있고 인간성과 시민성에 대한 의무가 있는 일시적이고 정치적인 영역이다.[50] 그것은 영적인

---

49) *Institutes*, (1559), III.19.15. (OS, IV, 199-200.). 칼빈은 이 개념을 그의 「기독교강요」 초판(1536년)부터 최종판(1559년)까지 계속 유지하고 있다.
50) W. Bouwsma, *John Calvin: A Sixteenth Century Portrait* (New York/

정부와 정치적 정부로서 곧 교회와 국가이다. 칼빈에 따르면 이 두 기관은 하나님이 제정하셨으며, 마치 예수 그리스도라는 한 목자 아래 있는 두 명의 다른 목자들처럼[51] 궁극적으로는 그리스도의 통치에 귀결된다.

칼빈이 말하는 그리스도의 왕권은 본질적으로 영적인 것이지만 국가도 하나님이 세우신 기관으로 보았기 때문에 국가는 이 세상에서 하나님의 뜻을 잘 수행해야 한다. 교회와 국가의 관계에 관한 칼빈의 사상을 잘 해석해주는 것은 '영혼과 육체의 유비'이다.[52] 육체는 하나님의 형상인 영혼을 위해서 존재한다. 이와 동일한 원칙으로 국가는 하나님에 대한 외적인 경배를 보호하고 지켜야만 한다. 국가는 사회 속에서 평화를 유지할 뿐 아니라 건강하고 경건한 교리와 교회를 변호해야만 한다는 것이다. 그러므로 교회는 국가의 양심이라고 할 수 있으며, 국가는 사회 내에서 교회의 후원자가 된다.[53]

Oxford: Oxford University Press, 1988), 204.
51) W. van 't Spijker, "The Kingdom of Christ According to Bucer and Calvin", in: *Calvin and The State*, (ed.) P. de Klerk (Grand Rapids: Calvin Studies Society, 1993), 120-122.
52) 안인섭, "칼빈의 교회와 국가론," 「칼빈연구」 제3집 (2005), 255-273.
53) P. C. Holtrop, *The Bolsec controversy on predestination, from 1551 to 1555: The statement of Jerome Bolsec, and the Responses of John Calvin, Theodore Beza, and Other Reformed Theologians* (New York and Ontario: Mellen, 1993), 184-186.

그러므로 칼빈이 말하는 교회와 국가의 관계는 다음과 같이 간략하게 요약될 수 있다.[54]

하나님의 통치(Regnum Dei)

칼빈에 의하면 인간은 영혼과 육체의 두 부분으로 구성되어 있다.[55] 이 영혼과 육체는 서로 명확하게 구분되며 각각 독립적인 객체들이다.[56] 칼빈은 영혼은 모든 부분들에 생기를 넣어주며, 그 모든 기관들을 각각의 행동에 적절하고 유용하게 한다고 보았다.[57] 칼빈이 해석하는 영혼은 거룩하며 인간의 불멸의 부분이지만, 육체는 이 세상을 살 동안 영혼이 머무르는 거처이다. 따라서 칼빈은 영혼을 하나님의 실제적 형상으로 보면서 불멸하는 존재로 보았던 것이다.[58] 칼빈이 볼 때 이 영혼과 육체는 서로 분리되어 인간이 죽게 되더라도 영혼은

---

54) 이 도표는 필자가 다음의 논문에서도 제시했던 것이다. 안인섭, "캘빈의 사상으로 조명하는 교회와 국가," 「목회와 신학」 (2008년 3월호), 164-172. cf. P. C. Holtrop, 『기독교강요 연구 핸드북』 (tr.) 박희석/이길상 (서울: 크리스찬다이제스트, 2003), 382.
55) *Institutes.*, 1.15.2. (*OS.* III. 174).
56) *Institutes.*, 1.15.1 그리고 2. (*OS.* III. 173-176).
57) *Institutes.*, 1.15.6. (*OS.* III. 182-184.).
58) A. J. Jelsma, *De Ziel van Calvijn* (Kampen: Kok, 1998), 11-12, 21-22. ; W. Bouwsma, *John Calvin: A Sixteenth Century Portrait*, 78-79. ; W. Balke, *Calvin and the Anabaptist Radicals* (tr.) W. Heynen (Grand Rapids: Eerdmans, 1981), 304-305.

의식을 가지고 살아 있다.[59]

칼빈은 영혼과 육체라는 유비로부터 교회와 국가의 종말론적인 성격도 이끌어내고 있다. 칼빈이 보는 영혼은 영원하지만, 육체는 소멸하게 되어 있다. 칼빈은 이와 마찬가지로 교회는 영원하지만, 국가는 이 세상에서 한시적으로 존재한다고 보았다. 칼빈이 볼 때 이 세상에서 정치적 질서는 종말까지 지속될 것이다.[60] 그러나 종말에 가면 더 이상 정치적인 권위도 필요 없게 될 것이다.

교회의 정치 참여 문제라는 주제와 관련해서, 칼빈이 영혼을 영적인 정부와 연결시키고 있고 육체를 국가와 관련시키고 있다는 것을 파악하는 것은 매우 중요하다. 칼빈에 의하면 인간은 영혼의 다스림과 국가의 통치라는 '이중 정부의 지배 하'에 살고 있다. 이 그리스도의 영적인 왕국과 국가의 권력은 완전히 구별되지만 정반대되지는 않는다.[61] 교회와 국가는 마치 영혼과 육체가 한 사람 안에서 서로 나누어질 수 없는 것과 마찬가지로 서로 분리될 수 없다. 그러나 교회와 국가는 영혼과 육체처럼 서로 명확하게 구별되어 있다.

이처럼 교회와 국가를 영적인 정부와 육적인 정부로 보면

---

59) A. J. Jelsma, *De Ziel van Calvijn*, 21–22.
60) A. E. McGrath, *Reformation Thought* (Oxford: Blackwell, 1999), 215–216.
61) *Institutes*., 4.20.1. (*OS*, V. 471–472.).

서 이 두 정부의 관계를 명확하게 규정한 것은 칼빈의 독특한 점이다.

칼빈의 국가론의 몇 가지 특징들

위의 분석을 중심으로 칼빈의 국가론은 다음과 같은 몇 가지 특징들로 정리할 수 있다.

첫째, 칼빈은 국가와 국가를 운영하는 위정자들을 하나님께서 세워주신 공적인 사람들로 인정했다. 따라서 국가의 정당한 기능과 합법적인 정치 책임자를 반대하는 것은 곧 하나님이 세우신 질서를 허무는 것으로 보았다.

둘째, 국가의 기능과 관련하여 칼빈은 국가는 이 현실 사회 가운데 평화와 질서를 제공해주는 의무를 가지고 있다고 믿음으로써 국가의 기능을 실제적으로 이해했다고 할 수 있다.

셋째, 칼빈의 경우 국가의 권위와 위정자에 대한 복종과 악행자에 대한 처벌에 대해서는 일면 연속성을 보여주면서도, 악행자에 대한 보다 엄격한 처벌을 점차 강화하는 등 국가의 소임을 점점 강조했다는 면이 주목된다.

넷째, 다른 종파에 대한 칼빈의 입장은, 동시대의 다른 교회 그룹이나 신학자와 비교해볼 때 상대적으로 덜 과격한 것이라고 볼 수 있다. 칼빈 시대에 로마 가톨릭을 신봉하는 국가들은 개신교도들을 가혹하게 탄압하여 교정할 것을 주장했지만, 칼빈은 단지 국가는 하나님께 대한 예배와 바른 교리를 수호해야 한다는 원칙을 강조했을 뿐이다.

다섯째, 칼빈은 거룩한 공동체를 세우고 죄인을 교화하는 차원에서 권징이 필요하다는 것을 인정했다. 중요한 것은 권징이 국가에 의해서 시행되는 정치적인 행위가 아니라 교회의 목회적인 활동이라는 것을 칼빈이 강조하고 있다는 점이다. 따라서 칼빈에 의하면 교회가 국가와 사회에 줄 수 있는 영향력은 설교를 통한 인간 개개인의 인격적 변화를 통해 영적인 감화를 주는 방식으로 발휘되어야 한다.

여섯째, 칼빈은 국가의 종교적 역할을 점차 강화한 것으로 보인다. 신생 독립 도시국가인 제네바는 안팎의 압력을 이겨 가면서 종교개혁의 신앙을 지켜가야 했다. 또한 칼빈의 조국 프랑스의 종교개혁 교회는 국가로부터 모진 박해를 당하고 있었다. 따라서 칼빈은 국가가 신앙을 보호할 것을 점차 강조했던 것이다.

일곱째, 국왕에게 복종하는 문제에 대해서 칼빈은 다소 복잡한 입장을 보여주고 있다. 자신의 태도와 관련하여 칼빈은 두 가지 관점을 견지하고 있다고 보인다. 제네바의 정치적인 상황의 긍정적인 전개는 칼빈을 고무했으며, 그에게 적극적인 한 관점을 제공했다. 그러나 칼빈의 조국 프랑스 자체의 종교적이고 정치적인 상황들은 그에게 또 다른 강조점을 갖도록

했을 것이다. 1539년과 1540년에 프랑스의 왕인 프랑스와 1세가 내린 칙령으로 프랑스 안에서 종교개혁의 신앙을 가지고 있었던 그리스도인들은 이교도로 취급받게 되었다. 그 뒤를 이었던 앙리 2세(1547-1559) 아래에서는 종교개혁 진영의 신자들이 이교도로 정죄되어 국가로부터 박해를 받았다.[62] 이런 상황으로 인해, 칼빈의 로마서 주석의 이후의 판들(1550년대)은 정의로운 왕에 대한 복종을 더욱 강조하고 있다.

교회의 국가 정치 참여 문제

칼빈이 말하는 국가는 이중의 역할을 감당하는 신적 기관이다. 칼빈에 따르면, 국가는 사회 속에서 평화와 질서를 유지해주며, 건강한 종교적 활동을 보장할 뿐 아니라 인간의 존엄성을 보호하는 기구이다. 따라서 칼빈은 또 다른 신적 기관인 교회는 국가가 그 본래의 기능을 다할 수 있도록 국가에 복종해야 한다고

칼빈이 「기독교강요」 초판을 헌정한 프랑수와 1세

---

62) E. Cameron, *The European Reformation* (Oxford: Clarendon Press, 1991), 287-288.

주장했다.[63] 그러므로 이처럼 국가가 하나님께서 자신을 세우신 그 본래의 목적을 다할 수 있도록 하기 위해서 교회는 국가와 어떻게 협력해야 할 것인가?

- '소극적'으로 국가 정치에 참여하기
  -사회의 평화와 질서 유지를 위해 국가에 순종

칼빈에 의하면, 교회는 국가가 국민의 평화로운 삶을 보장하고 개인의 재산을 보존할 수 있는 고유한 기능을 다할 수 있도록 적극 협력하고 격려해야 한다. 이것은 칼빈이 의도하는 소극적 의미의 교회의 정치 참여 중 첫 번째 범주이다. 먼저 칼빈은 인간 사회에서 정부가 하는 일은 꼭 필요한 것인데, 그것은 사회의 질서를 유지하여 시민의 재산권을 보호하는 일이라고 보았다. 그에 의하면 마치 빵과 물과 태양과 공기가 하는 일이 중요한 것처럼 국가의 역할도 중요하다는 것이다.[64]

일반적으로 칼빈은 정부에 대해서 사회 안에서 평화와 질서를 유지해야 한다고 보았다.[65] 이 사회 속에서 세상 사람들과 함께 살아가면서 우리 그리스도인 자신을 사회 생활에 적응시

---

63) *Ioannis Calvini Opera Exegetica* Vol. XIII. *Commentarius in Epistolam Pauli ad Romanos*, 271-272, 274-275. 「로마서 주석」, 13:1, 5).
64) *Institutes.*, 4.20.3. (*OS.* V. 473-474.).
65) E. Troeltsch, *The Social Teaching of the Christian Churches* (tr.) O. Wyon (New York: Harper & Brothers, 1960), 313.

키고, 우리의 행위를 사회 정의와 일치하도록 하며, 우리가 서로 화해하여 포괄적인 평화와 평온함을 증진하는 것이 국가가 하는 일이라는 것이다.[66] 이와 같이 칼빈은 시종일관 국가에 대해서 인간 사회 가운데 평화와 질서를 유지해 주는 역할을 가진다고 보았기 때문에[67] 교회는 이러한 국가에 대해서 적극 협조하고 순종해야 할 것이며, 이런 점이 교회가 '소극적' 의미에서 정치에 참여하는 것이라고 볼 수 있다.

이와 같은 칼빈의 견해는 국가의 정치를 감당하는 공직자에 대한 그의 이해에서도 확인된다. 칼빈에 따르면, 국가를 통치하는 국정 책임자들은 공공의 평화 유지를 위해서 하나님에 의해 임명 받은 사람들이다. 따라서 칼빈은 이들을 "하나님의 대리자"라고까지 말하고 있다.[68] 이들 국정을 맡은 자들의 권위는 하나님에 의해서 인정된 것이다. 칼빈이 볼 때 그들은 국가를 섬김을 통해서 하나님을 섬기는 것이다.[69]

그러므로 하나님에 의해서 그 권위가 주어진 국가가 사회의 평화와 질서를 유지하는 본연의 사명을 다할 수 있도록 교회가 순종하는 것은, 비록 그것이 적극적인 활동으로 표

---

[66] *Institutes*, 4.20.2. (*OS*, V. 473.).
[67] *Institutes*, (1536), 6.C.36. ; *Instituttes*, (1559), 4.20.8.
[68] *Institutes*, (1536), 6.C.40., 6.C.43. ; *Institutes*, (1559), 4.20.4, 6.
[69] *Institutes*,, 4.20.4. (*OS*, V. 474-475.).

현되지 않는다 하더라도, 교회의 소극적인 정치 참여라고 보는 것이다.

-인간의 존엄성 보존을 위한 국가의 양심적 역할

칼빈은 제네바 컨시스토리를 통해서 자신의 설교와 신학이 시민들의 일상의 삶에 적용되도록 하는 일에 힘썼다. 뿐만 아니라 제네바 시민들을 영적으로 또 도덕적으로 인도하기를 원했다.[70] 칼빈은 동시에 종교적 삶과 인간의 존엄성에 관련된 사명을 국가에도 부여하였다. 칼빈에 의하면 국가는 '사람들이 호흡하고 먹고 마시고 따뜻하도록 하는 이런 모든 활동을 포함한 생활 방도를 마련할 뿐 아니라, 그 이상의 일'을 하는[71] 신적인 기관이다. 칼빈의 강조점은 국가는 평화와 질서 유지 외에 영적이고 종교적인 책임도 있다는 것이다. 바로 여기서 우리는 칼빈이 말하는 교회의 소극적 정치 참여에 대한 또 다른 한 측면을 발견하게 된다.

특히 칼빈은 그의 삶의 후기로 갈수록 국가에 보다 종교적이고 영적인 역할을 부여하고 있다. 예를 들어 「기독교강요」의 초판에는 국가는 사회의 평화를 유지해야 한다는 언급은 있었

---

70) 이정숙, "제네바 컨시스토리(The Genevan Consistory): 칼빈의 신학과 목회의 접목," 「한국기독교신학논총」 vol. 18, (2000), 159-189.
71) *Institutes.*, 4.20.3. (*OS.* V. 473-474.).

지만, 국가에게 '건전한 교리와 예배를 존중하고 보호'해야 한다는 종교적인 임무를 부여한 적은 없었다. 그렇지만 「기독교강요」의 최종판은 국가의 이런 영적인 기능을 담고 있다.[72] 물론 방금 독립한 제네바라는 개신교 도시국가의 교회를 섬겨야 했던 칼빈의 역사적 상황을 배경으로 이해되기는 하지만, 칼빈에 의하면 국가는 그리스도인들이 공개적으로 종교 생활을 할 수 있도록 하며, 따라서 사회에 인간성이 보존되도록 해야 할 사명을 하나님께로부터 부여 받았다는 것이다. 결국 국가를 경영하는 사람들은 하나님의 영광을 보호하고 확대시키기 위해서도 노력해야 한다고 보았던 것이다.[73]

그러므로 칼빈은 국가의 두 번째 임무를 다음과 같이 명확하게 요약하고 있다.

> 우상숭배, 하나님의 이름에 대한 모독, 하나님의 진리에 대한 훼방 그리고 그밖에 종교에 대한 공공연한 방해가 사회에 발생하거나 만연하지 않도록 하고, 치안을 보호하며, 시민의 재산을 보호하고, 인간 상호 간의 선한 교제를 가능하게 하며, 정직과 겸양의 덕을 보존한다. 요컨

---

72) *Institutes.*, 4.20.2. 안인섭, "어거스틴과 칼빈: 『신국론』과 『기독교강요』에 나타난 교회와 국가 사상 비교," 「역사신학논총」 제7집 (2004), 11-38.
73) *Institutes*, 4.20.9. (*OS.* V. 479-480.).

대, 그리스도인이 공개적으로 종교 생활을 할 수 있도록
하여 사회에 인간성이 보존되도록 한다.[74]

칼빈에 의하면 이러한 사명을 수행하는 국가는 어느 소명보다도 신성하고 더 영예로운 기관이다.[75] 말하자면 국가는 인간의 존엄성을 보존하며 교회의 종교적 활동을 보호하는 역할을 위임 받은 신적 기관이라고 정의한 것이다. 그렇기 때문에 교회는 국가가 이와 같은 본질적인 사명을 다할 수 있도록 생기를 불어넣고 감시하는 등의 기능을 감당해야 한다. 왜냐하면 교회는 국가의 양심이기 때문이다. 필자는 국가를 향한 교회의 이와 같은 활동을 '소극적인' 정치 참여로 이해하고자 하는 것이다.

- '적극적'으로 국가 정치에 참여하기
- 불의한 정부에 불복종할 가능성

칼빈은 기본적으로 국가를 하나님이 주신 신적인 기관이라고 보았기 때문에, 국가에 순종할 것을 강조하면서 권위에 저항하는 자들에게 처벌이 있어야 한다고 보았다.[76] 칼빈의 이와

---

74) *Institutes.*, 4.20.3. (*OS.*V.473-474.).
75) *Institutes.*, 4.20.4. (*OS.*V.475.).
76) *Ioannis Calvini Opera Exegetica* Vol. XIII. *Commentarius in Epistolam*

같은 주장은 그의 로마서 주석 초판(1540년)부터 제2판(1551년) 그리고 제3판(1556년)에 계속해서 이어지고 있다.

그러나 칼빈은 하나님이 임명하신 국가가 그 위임 받은 본래적 임무에서 이탈했을 때, 그 국가는 더 이상 하나님에 의해서 인정되는 정부가 아니라는 뉘앙스를 강화하는 모습을 보여주고 있다. 칼빈은 1551년판 로마서 주석에 "폭군들과 권력의 불의한 집행을 하는 정부는 하나님으로부터 임명 받은 정부가 아니다"라는 문장을 첨가했다.[77] 그러므로 우리가 파악할 수 있는 것은 적어도 1551년 무렵의 칼빈은, 불의한 국가 지배자들의 신적 권위를 부정했다는 것이다. 여기서 우리는 칼빈의 직접적인 언급은 없지만, 그가 불의한 정부에 대한 저항을 무조건적으로 반대한 것은 아니라는 것을 발견할 수 있다. 말하자면 칼빈은 불의한 정권에 대해 저항할 수 있는 가능성을 닫아놓지 않았다는 것이다.

이와 같은 칼빈의 사상은 그의 로마서 주석 최종판(1556년)에서 더 잘 나타나고 있다. 즉 국왕에게 복종한다는 것은 '그들이 어떻든 간에' 강제적으로 요구되는 것이 아니라는 것이다. 칼빈은 더 나아가 그리스도인들이 국가의 정치적인 지배자에

Pauli ad Romanos, 272-273. (『로마서 주석』, 13:2).

77) *Ioannis Calvini Opera Exegetica* Vol. XIII. *Commentarius in Epistolam Pauli ad Romanos*, 271-272. (『로마서 주석』, 13:1).

게 순종하는 것을 '신앙적인 의무'의 차원에서 해석하고 있다. 1556년의 칼빈은 국왕에 대한 복종 그 자체가 중요한 것이 아니었다. 칼빈이 이 제3판에 추가한 단어들이 보여주듯이, 국왕에게 복종하는 것은 그것이 "하나님께 받아들여지는 순종이기 때문(sed quia Deo gratum est obsequium)"이다.[78] 결국 칼빈은 왕에 대한 복종의 타당성을 중요시하는 것처럼 보인다.[79]

그러므로 이런 맥락에서 볼 때, 칼빈에 의하면, 불의한 정부는 하나님으로부터 임명되지 못한 것이다. 만약 그렇다면 불의한 정부에 대한 순종의 여부는 신앙의 문제가 된다. 비록 칼빈은 직접적인 언급은 하지 않고 있지만, 그의 뉘앙스는 불의한 정부에 대한 교회의 불복종의 여지를 남겨놓은 것으로 해석된다. 이런 논리를 따라서 교회가 정의롭지 못한 정부에 불복종하는 행위를 할 때 필자는 이것을 적극적 의미의 정치 참여라고 이해하겠다는 것이다. 왜냐하면 이 불복종은 앞에서 언급했던 국가에 대한 복종이라는 소극적 의미의 정치 참여와는 구별되는 교회의 능동적인 활동이기 때문이다.

---

[78] *Ioannis Calvini Opera Exegetica*, Vol. XIII. *Commentarius in Epistolam Pauli ad Romanos*, 275. (「로마서 주석」), 13:7.

[79] 칼빈의 로마서 13장 주석들(1540년판, 1551년판, 1556년판)의 비교 분석에 대해서는 다음을 참조하라. 안인섭, "로마서 13:1-7 해석에 나타난 어거스틴과 칼빈의 교회와 국가 사상," 「신학지남」vol. 281. (2004), 162-187.

– 사회 복지 활동을 통해 참여하기

필자는 칼빈의 신학에 근거하여 교회의 '적극적' 의미의 정치 참여를 말할 때 그것은 사회 복지와 관련된 활동이라고 주장한다. 칼빈은 교회와 국가는 그 기능이 서로 구별된다고 보면서도, 가난하고 병든 자들을 위한 사회 복지적인 활동에서는 교회와 정부가 그 역할을 함께 감당해야 한다고 보았다.[80] 그러므로 필자는 교회가 국가와 더불어 구제와 자선, 즉 사회 복지 활동을 수행하는 것을 적극적 의미의 교회의 정치 참여라고 정의하고자 하는 것이다.

칼빈의 입장에서 교회가 국가에 대해서 적극적인 의미를 가지고 구제 및 사회 복지와 같은 정치적 참여를 해야 한다고 생각하는 것은, 칼빈이 국가 경영자들이 '하나님의 대리인'으로 세워졌다는 것을 전제하기 때문이다. 칼빈은 이들 국가 경영자들은 하나님에 의해서 임명되었으므로 '공적인 선'을 나타내야 한다고 주장하고 있다.[81] 칼빈에 의하면, 국가 정치를 진행하는 자들은 자신을 하나님의 대리자로 인식해야 할 것이며,

---

80) E. A. McKee 박사는 이와 같은 범주로서 스위스 바젤의 외콜람파디우스(John Oecolampadius)와 스트라스부르의 마틴 부처(M. Bucer) 그리고 스코틀랜드의 존 낙스(J. Knox) 등 개혁파들을 들고 있다. E. A. McKee, 『개혁교회 전통과 디아코니아』(tr.) 류태선&정병준 (서울: 한국장로교출판사, 2000), 44–48.

81) *Calvin, Commentaries on the Epistle of Paul. The Apostle to the Romans*, (tr.) and (ed.) J. Owen (Grand Rapids: Eerdmans, 1947), 478, 481.

사람들을 향해서 열심을 다해 '하나님의 섭리와 보호와 선과 후의와 공의를 나타내도록 노력해야 한다'는 것이다.[82] 따라서 칼빈의 주장에 의하면, 국가 지도자는 현재 박해 받고 있는 약자들을 도와주고 수호해주어야 한다. 위정자가 권력을 부여 받은 이유는 바로 이 때문인 것이다.[83]

한편 사회 복지 활동을 통한 교회의 적극적 의미의 정치 참여에 대해서 말할 때, 칼빈은 그 복지의 범위를 넓게 잡고 있는 것을 볼 수 있다. 그는 심지어 교리적인 문제로 출교된 사람이라 하더라도 국가는 그들을 박해하지 말아야 한다고 주장했다. 그래서 '터키 사람들, 사라센 사람들, 그리고 다른 종교를 가진 사람들'의 경우에도 그들의 인간성은 여전히 존중되어야 할 뿐만 아니라, 그들에게 '불과 물과 다른 일상의 요소들'을 통해 압제하지 말고 사회 복지적인 차원에서 지속적으로 인간적인 삶의 질을 유지해줄 것을 주장했던 것이다.[84]

이처럼 칼빈은 설령 자신과 다른 종교적 신념을 가진 자들이라고 하더라도, 폭력이나 강제의 방법이 아니라 평화의 방법으로 삶의 복지를 유지시켜 주어야 한다고 보았다. 그

---

82) *Institutes* (1559), 4.20.6. (*OS*.V.476.).
83) *Institutes* (1536), 6.C.43.; *Institutes* (1559), 4.20.8.
84) *Institutes* (1536), 2.B.28.

러므로 필자는 교회가 국가와 더불어 국민들의 인간다운 삶의 질을 유지해주기 위해서 진력하는 활동들이야말로 '적극적' 의미의 교회의 정치 참여의 한 유형이라고 파악하고 있는 것이다.

chapter 5

칼빈의
발자취를
따라서

성도들이 살고 있는
사회를 간과하지 않으면서 동시에
교회가 신학적 정체성을 명확하게 유지하며
사회와 삶의 정황에 함몰되지 않아 건강한
긴장을 유지하는 교회가 온전한 교회일 것이다.

chapter 05
칼빈의 발자취를 따라서

성도들이 살고 있는 사회를 간과하지 않으면서
동시에 교회가 신학적 정체성을 명확하게 유지하며 사회와 삶의 정황에
함몰되지 않아 건강한 긴장을 유지하는 교회가 온전한 교회일 것이다.

칼빈주의 교회 유형[1]

교회의 역사는 여러 유형의 교회를 제시해주고 있다. 교회 내적 활동에 배타적으로 집중하면서 교회와 그리스도인이 존재하는 사회를 무시하는 교회의 유형이 있는 한편, 기독교인들이 살아가고 있는 삶의 정황에 극단적으로 몰입하면서 성경과 역사적 교회가 제시하는 고유하고 본질적인 교회의 정체성을 희석시키는 교회 유형도 존재해 왔다. 이처럼 사회 속

---

[1] 사회 속에 존재하는 교회의 역사적 유형을 살펴보려면 필자의 연구 논문 중 다음을 보라. "칼빈의 성경해석학(Biblical Hermeneutics)이 제네바 사역(Pastoral Work)에 미친 영향"「개혁논총」(2009, 75-81).

에 존재하고 있는 교회의 성격을 다음의 표와 같이 간략하게 정리해볼 수 있다.

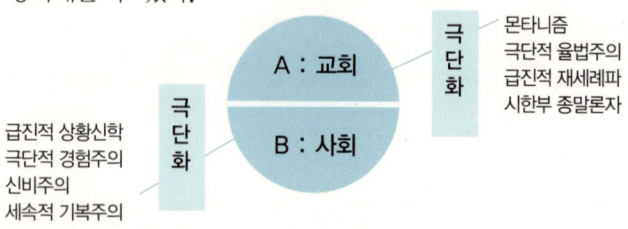

성도들이 살고 있는 사회를 간과하지 않으면서 동시에 교회가 신학적 정체성을 명확하게 유지하며 사회와 삶의 정황에 함몰되지 않아 건강한 긴장을 유지하는 교회가 온전한 교회일 것이다. 필자는 이런 유형의 전형적인 교회가 바로 개혁주의 교회라고 본다. 칼빈과 개혁파 교회들을 말하는 것이다. 그렇다면 세상 속에 존재하는 교회의 몇 가지 유형을 고찰함으로 개혁교회가 차지하는 위치를 살펴보자.

세 종류의 교회[2]

이 분석에 의하면, 첫째 '교회 유형'(Church Type)은 이 세상과의 분리나 격리를 강조하지 않으며 오히려 적극적으로 세상으로 나가 대중을 수용한다. 이 교회에는 그리스도의 구속의 결

---

[2] E. Troeltsch, *The Social Teaching of the Christian Churches* (tr.) O. Wyon (New York: Harper & Brothers, 1960)를 참조하라.

과로 은혜와 구원이 주어져 있다고 보고 있다.

둘째 '분파 유형'(Sect Type)은 이 세상으로부터 분리를 강조하며 미래에 성취될 하나님의 나라를 대망한다. 따라서 매우 엄격하며 자발적인 공동체를 이루고 있는데, 중생에 의해 강한 결속력을 가지고 있으며 법에 순종하는 것을 강조한다.

셋째 '신비주의적 유형'(Mysticism Type)은 구조나 조직을 강조하지 않으며 개인적이고 내적인 영적 경험을 중시한다. 따라서 예배의 형식이나 교리나 교회의 역사적인 측면을 간과하는 경향이 있는데, 이 신비주의적 교회 유형은 개인적 기초 위에 공동체를 세우게 된다는 것이다. 세상 속에 존재하는 교회의 세 가지 유형을 표로 정리해보면 아래와 같다.

세 종류의 교회	교회 유형	• 구속 사역의 결과로 은혜와 구원이 수여된 기구 • 대중들을 수용함 • 교회를 세상에 적용시킴
	분파 유형	• '중생'의 경험을 통해서 결속 • 은혜보다 법을 강조 • 엄격 • 자발적인 공동체 • 세상에서 분리된 소그룹 중심 • 장차 도래할 하나님의 나라를 대망
	신비주의적 유형	• 개인적이고 내적인 경험을 중시 • 어떤 형태나 구조를 강조하지는 않는다. • 개인적인 기초 위에 공동체를 형성 • 예배의 형식과 교리, 역사적인 요소를 약화시키는 경향

'교회 유형'의 교회는 일반 대중을 포함시키는 데 그 목적이 있으며 결국 그리스도인 개인이 아니라 기관으로서의 교회가 거룩하다고 본다. 그러나 '분파 유형'은 많은 군중을 포섭하는 것이 아니라 소수의 훈련된 제자를 세우는 것을 목표로 삼으며 교회가 국가로부터 자유로울 것을 강조한다. 한편 '신비주의적 유형'은 교회를 매개로 하지 않는 개인적이고 내적인 구원을 목적으로 한다. 이상의 신학적 강조점에 근거해서 세 유형의 교회들이 지향하는 목적을 표로 정리하면 다음과 같다.

교회의 목적	교회 유형	•국민과 대중의 교회가 됨 •거룩함은 개인에서 기관으로 •모든 국가가 교회의 메시지를 들어야 한다고 주장
	분파 유형	•사람들의 관심을 끄는 교회는 지향하지 않음 •거룩한 성도들로 구성되며, 개인적인 훈련을 강조 •국가로부터 자유롭기를 원함 •국가의 종교적 중립 요구
	신비주의적 유형	•구원의 진리는 내적인 것이라고 봄 •구원은 개인의 소유

물론 이 세 가지 유형의 교회들은 역사적으로 서로 섞여서 전개되어 왔다. 가톨릭 신학이 교회의 예전과 성례전적인 발전을 대표한다면, 개신교 신학은 정화된 교리를 지적인 체제로 수립하는 쪽이다. 이 개신교 교회는 설교와 은혜와 교리의 권위 있는 기초 위에 수립되어 있다고 할 수 있다. 한편 '분

파 유형'의 교회는 사회적으로 하층 계층에 주로 분포되어 있으며, 특별한 신학을 지향하기보다는 엄격한 윤리와 삶을 강조하며, 미래에 대한 열정적인 소망을 가지고 있다고 할 수 있을 것이다.

이처럼 사회 속에 존재하는 교회의 유형을 살펴보면, 로마 가톨릭 교회는 전형적인 '교회 유형'이다. 대중적인 세계관을 끌어안기 때문이다. 그러나 개신교는 '분파주의'나 '신비주의적'인 경향을 보이며 지속적으로 발전해왔으며, 순수한 '교회 유형'을 대표하지는 않는다고 볼 수 있다. 왜냐하면, 개신교는 교회와 국가가 분리되는 방향으로 전개되어 왔고 전통적인 기존의 교회가 아니라 새로운 교회를 지향해왔기 때문이다. 그러므로 역사적인 흐름 속에서는 '교회 유형'적인 삶에 '분파주의'와 '신비주의'의 활력이 침투되었으며, 이것이 전형적인 개신교의 역사라는 것이다. 이 세 가지 범주는 상호 침투하면서 역사적으로 전개되어 갈 것이라고 전망할 수 있다.

기독교와 문화의 관계[3]

위의 세 가지 교회 유형에 근거하여 기독교와 문화(세상)의 관계는 다섯 가지 유형으로 해석할 수 있다.

---

3) H. Richard Niebuhr, *Christ and Culture* (New York: Harper & Brothers Publishers, 1956)를 보라.

교회의 다섯 가지 유형	문화에 대항하는 그리스도
	문화와 역설적인 그리스도
	문화의 변혁자 그리스도
	문화 위에 존재하는 그리스도
	문화의 그리스도

그 내용을 종합하여 정리하면 다음의 표와 같이 될 수 있을 것이다. 이 중에서 어거스틴과 칼빈은 '문화의 변혁자'의 모델에 해당한다.

교회의 다섯 가지 유형	급진적 (Radical)	문화에 대항하는 그리스도	터툴리안	급진적인 종말론자
	교회적 (Church)	문화와 역설적인 그리스도	루터	세대주의 종말론주의
		문화의 변혁자 그리스도	어거스틴 칼빈	개혁주의 칼빈주의
		문화 위에 존재하는 그리스도	토마스 아퀴나스	로마 가톨릭
	문화적 (Cultural)	문화의 그리스도	문화 개신교주의	문화적 토착주의

교회의 다섯 가지 유형[4]

맥그래스(A. McGrath)는 기존의 다섯 가지 교회 유형을 나름대로 재해석하여 사회 속에 존재하는 교회를 다섯 가지 유형으로 제시했다.

맥그래스가 제시하는 교회의 다섯 가지 유형	문화에 대항하는 그리스도	• 박해 시기에 주로 등장	터툴리안 급진적 수도원운동 재세례파
	문화와 역설적인 그리스도	• 문화를 악하게 보지는 않지만, 그리스도인의 고난을 강조 • 세상과 긴장을 유지 • 세상의 나라와 하나님 나라의 긴장	루터 본 회퍼
	문화의 변혁자 그리스도	• 창조에 대한 긍정적 관심 • 인간의 고귀함과 죄성을 동시에 강조 • 창조와 구속 • 종말론적인 소망 • 개인적인 회심과 사회적 변혁	어거스틴 칼빈
	문화 위에 존재하는 그리스도	• 문화는 완전하지도 악하지도 않다 • 발전과 변혁의 대상 • 정화와 향상 강조 • "은혜는 자연을 파괴하지 않고 완전하게 한다"(토마스 아퀴나스)	토마스 아퀴나스
	문화의 그리스도	• 세상에 대한 무비판적 긍정 • 중세의 세속적인 성직자들 • 19세기 독일의 개신교 자유주의 (독일의 문화와 기독교를 혼합. 진보와 번영에대한 인본주의적인 환상)	유세비우스 리츨

---

4) A. McGrath, *Christian Spirituality: An Introduction* 김덕천 역 『기독교 영성 베이직』(서울: 대한기독교서회, 2006).

교회의 유형은 신학과 삶의 종합적인 차원에서 이해되어야 하기 때문에 세상과 문화에 대한 교회의 태도에 따라 역사적인 교회의 유형을 앞의 표와 같이 다섯 가지로 나누어 볼 수 있다.

이상에서 살펴보면 어거스틴과 칼빈의 특징은 창조와 구속의 틀 속에서 개인의 회심과 사회적인 변혁을 꾀하고 있다는 것이다. 칼빈의 신학은 삶의 자리에 함몰되지 않지만, 그렇다고 삶을 무시하고 초월하지도 않는다. 역사와 삶에 들어가서 그것을 성경의 정신으로 개혁하는 것이 칼빈 신학의 특징이라고 할 수 있다. 즉 개혁주의 교회의 특징을 웅변적으로 대변해주고 있는 것이다.

네덜란드, 제2의 제네바

칼빈과 네덜란드

칼빈과 네덜란드의 깊은 관계는, 일차적으로는 그의 가족적인 환경과 친구 관계를 통해서 잘 드러난다. 그의 어머니 잔 프랑과 아내 이들레뜨 드 뷔르는 모두 프랑스어를 사용하는, 당시 네덜란드였던 캄브라이(Cambrai)와 리에주(Liege) 출신이었다. 칼빈의 고향 누아용(Noyon) 또한 당시의 네덜란드에서 멀지 않은 곳이었다. 따라서 칼빈은 개인적으로 네덜란드를 어머니의 나라로 생각하고 있었다.

그러므로 칼빈은 네덜란드 개혁주의자들에게 매우 각별한 관심을 가지고 그들을 통해서 네덜란드에 개혁신학이 전파되기를 간절히 원했다. 칼빈의 「기독교강요」 최종판(1559년)이 이미 1560년에 네덜란드어로 번역되어 크게 영향을 준 것을 보면 칼빈과 네덜란드 개혁주의의 관련성이 얼마나 깊은지를 잘 알 수 있다.

뿐만 아니라, 칼빈은 네덜란드에 몇 차례 논문을 발송했는데 특히 1543년에 보낸 논문은 '진정한 그리스도인은 그 내면에서 개혁주의를 받아들일 뿐 아니라 외적으로도 하나님의 영광을 위해서 살아야 한다'고 역설한 것이었고, 이것은 바로 네덜란드 칼빈주의자들의 적극적인 개혁신앙을 위한 청사진을 제시한 것이었다.

누아용 칼빈 박물관에 소장되어 있는 르페브르 번역 성경

도르트레히트 총회와 명단들

칼빈주의 사상의 확립

16세기 후반 신성로마제국의 황제였던 스페인의 필립 2세의 절대주의적인 스페인화와 가톨릭화 정책에 대항해서, 네덜란드의 칼빈주의자들은 1565년 헤이즌(Geuzen) 동맹을 결성하여 맹렬한 독립전쟁을 전개한다. 당시 네덜란드에서 독립운동을 강력하게 추진한다는 것은, 투철한 칼빈주의자가 된다는 것을 의미했다. 독립 직후, 칼빈주의자들 내부에서 예정론 논쟁이 발생했고, 이 아르미니우스 논쟁을 해결하기 위해서 최초의 칼빈주의 세계 대회인 도르트레히트 총회(1618-1619)가 네덜란드에서 열렸다. 그 결과 영문 약자를 따서 '튤립'(Tulip)

이라고 알려진 칼빈주의 5대 교리가 확립되었다. 이 교리는 전적 타락, 무조건적 선택, 제한 속죄, 불가항력적 은혜 그리고 성도의 견인으로서, 매우 핵심적인 칼빈주의 사상이라고 할 수 있다. 이처럼 네덜란드의 개혁주의 교회는 네덜란드의 독립 과정을 통해서 칼빈주의 신학 확립에 공헌했던 것이다.

칼빈과 아브라함 카이퍼[5]

칼빈과 아브라함 카이퍼(Abraham Kuyper)의 관계에 대한 평가는 다양하다. 카이퍼의 신칼빈주의(Neo-Calvinism)는 개인주의적인 경건주의적 엄격주의와 더불어 자유교회 체제와 그와 동반하는 민주주의와 자유주의적인 현상에 있어서 제네바의 귀족주의적인 초기 칼빈주의로부터 많이 벗어났다는 평가가 있다. 신칼빈주의는 국제적인 평화를 위한 조직뿐 아니라 기독교적인 국가 조직과 개인의 독립과 자유 그리고 기회의 평등을 요구한다는 것이다.[6]

다른 한편 카이퍼는 칼빈을 재발견하여 칼빈의 사상 체계

---

5) 이 부분은 필자의 다음의 연구를 정리하였다. "기독교인의 정치참여에 대한 연구: 존 칼빈과 아브라함 카위퍼의 비교연구를 중심으로" 「한국교회사학지」 제30집 (2011), 183-229.
6) 대표적인 인물로 트뢸치가 있다. E. Troeltsch, *The Social Teachings of the Christian Churches* (tr.) O. Wyon (New York: Harper & Brothers, 1960), 688.

의 정치적 발전을 체득했고,[7] 개혁주의 신학의 근원을 당대의 언어로 재형성했다고 보는 평가도 있다.[8] 또한 네덜란드의 칼빈주의자인 헤르만 바빙크(Herman Bavinck)는 '카이퍼는 16세기 칼빈과 17세기 개혁파 정통주의자인 푸치우스(Voetius)와 콤리(Comrie)를 따르는 전형적인 개혁주의 신학자였으며, 카이퍼는 칼빈에게서 나왔다'고 정리하고 있다.[9] 카이퍼가 칼빈에게 호소했던 것이 19세기 네덜란드에서 실제적인 효과를 가져올 수 있었던 것은 당시 카이퍼의 정치적이고 신학적인 영향력과도 관련이 깊다.[10]

그런 의미에서 카이퍼에게 붙여진 신칼빈주의라는 용어는 칼빈과 전통적인 칼빈주의와 다른 사상이 아니라, 16세기 제네바의 칼빈의 신학과 원칙을 19~20세기 유럽과 네덜란드라는 상황에 적용한 것이라고 보는 것이 더 공정할 것이다. 카이퍼는 프랑스 혁명 이후 급격히 세속화되고 광범위하게 사회적 분화가 이루어졌던 유럽과 네덜란드의 상황에서 칼빈의

---

7) Frank Vanden Berg, *Abraham Kuyper* (Grand Rapids: Eerdmans Publishing, 1960), 75.
8) G. Puchinger, *Abraham Kuyper: His Early Journey of Faith* (ed.) George Harinck (Amsterdam: VU University Press, 1998), 27-31.
9) L. Praamsma, *Let Christ be King: Reflections on the Life and Times of Abraham Kuyper* (Ontario, Canada: Paideia Press, 1985), 114-116.
10) A. Huijgen, "Calvin's Reception in the Nineteenth Century," in: *The Calvin Handbook* (Grand Rapids: Eerdmans, 2009), 491-493.

사상을 다시 숙고하여 당시의 정치적 상황에 적용하여 실천한 것으로 해석된다.

칼빈주의 신학자이자 실제 정치가로서 수상까지 역임한 아브라함 카이퍼는 프랑스 혁명 이후 네덜란드 국가 발전 과정에서 정치와 사회에 큰 영향을 주었다.

근대 네덜란드 칼빈주의의 시대적 배경
• 19세기 유럽 사회의 역사적 상황

18세기 프랑스 혁명과 나폴레옹의 시대가 종식된 후, 유럽 사회는 혁명의 여파와 이에 대한 반동 사이에서 혼란을 경험하게 된다. 19세기 유럽의 사상적 지도를 그리자면 구(舊) 기득권 층을 대변하는 보수주의가 있었고, 부르주아 계급의 자유주의가 있었으며, 사회주의와 마르크스주의가 영향력을 끼치고 있었던 하층 계급이 있었다. 카이퍼가 파악한 바에 의하면, 물질주의적이고 반기독교적 성격을 가지고 있던 마르크스주의는 자유와 평등, 동포애와 같은 혁명의 정신을 계승하고 있다는 점에서는 자유주의와 일치했다.[11] 카이퍼가 볼 때 이들은 대규모의 프롤레타리아를 대상으로 삼으면서 보다 급진적인 성향을 보여주고 있었다는 점이 다른 점이었다.

---
11) L. Praamsma, *Let Christ Be King: Reflections on the Life and Times of Abraham Kuyper*, 17–18.

그러나 당시 정통신학은 이러한 시대적 도전과 변화에 능동적이지 못하였으며, 개인의 경건과 기독교의 순수성을 유지하기를 원했으나 이들 또한 시대적 영향에서 자유롭지 못했고, 보수적이고 개인주의적인 성향을 벗어나지 못하는 한계를 나타냈다.

● 19세기 네덜란드와 아브라함 카이퍼

19세기 유럽의 시대적 조류는 네덜란드에도 영향을 끼쳤다. 사회적 다양성을 인정하면서도 강력한 칼빈주의적 정신에 의해 인도되던 네덜란드에서도 국가적 차원에서의 칼빈주의는 명목상의 신앙으로 전락해갔다. 현대주의(Modernism)의 영향을 받은 국가가 교회를 통합하고 주관하려 하자, 정통 칼빈주의자들은 변질되어가는 국가 교회로부터 탈퇴하여 자신들의 신앙을 지키고자 하였다. 이러한 시도는 1834년의 압스케이딩(Afscheiding, 분리)[12]과 1886년 돌레앙찌(Doleantie, 슬픔)[13]

---

12) A. J. Rasker, *De Nederlandse Hervormde Kerk vanaf* 1795 (Kok: Kampen, 2004), 55-70. ; J.D. Bratt, *Dutch Calvinism in Modern America: A History of a Conservative Subculture* (Grand Rapids: Eerdmans Publishing Company, 1984), 3-13.

13) A. J. Rasker, *De Nederlandse Hervormde Kerk vanaf* 1795, 182-185. ; L. Praamsma, *Let Christ Be King: Reflections on the Life and Times of Abraham Kuyper*, 85-90.

로 나타났다.[14]

아브라함 카이퍼(1837~1920)

이러한 상황 가운데 네덜란드에서 19세기와 20세기에 걸쳐 칼빈주의 정신의 회복을 주창하면서 교회의 내적인 활동뿐 아니라 사회적으로나 정치적으로 활발히 활동했던 인물이 바로 아브라함 카이퍼[15]였다.

아브라함 카이퍼는 19세기 네덜란드에서 맹렬하게 일어나고 있었던 사회 분화의 한 중심에 있었고, 칼빈주의 신앙과 신학을 그 시대에 맞게 재정립하고 적용한 신칼빈주의자[16]로 불렸다. 그러나 '신칼빈주의'라는 용어는 그가 칼빈주의의 범주를 넘어섰다는 것을 의미하지는 않는다. 그는 스스로를 칼

---

[14] 이후에 '압스케이딩'과 '돌레앙쩨'의 교회들은 1892년 'The Reformed Churches in The Netherlands'로 연합을 이루었다.

[15] 카이퍼의 시대와 삶에 대해서는 다음을 참조하라. J.D. Bratt, *Abrahrm Kuyper: A Centennial Reader* (Grand Rapids: Eerdmans, 1998), 1-16. ; Frank Vandenberg, *Abraham Kuyper* (Grand Rapids: Eerdmans, 1960). ; L. Praamsma, *Let Christ Be King: Reflections on the Life and Times of Abraham Kuyper*. ; 정성구, 『아브라함 카이퍼의 사상과 삶』 (용인: 킹덤 북스, 2010).

[16] 신칼빈주의에 대해서는 유해무, "신칼빈주의 운동," 「신학지평」 8, (1998): 14-33, J.D. Bratt, *Dutch Calvinism in Modern America: A History of a Conservative Subculture*, 3-13을 참고하라.

빈의 모사(模寫)[17]라고 할 만큼 철저히 칼빈주의적이었다. 따라서 카이퍼는 새로운 신학과 신앙을 주창한 것이 아니라 정통적인 칼빈주의를 19세기 네덜란드에 맞게 적용시킨 것이라고 평가할 수 있다.

• 칼빈과 카이퍼 비교와 한국 기독교를 위한 제언

칼빈과 카이퍼 모두에게 있어서 교회와 국가는 이 세상에 대한 하나님의 통치를 이루기 위해서 수립된 두 개의 기관이었다. 따라서 그리스도인들은 영적인 세계를 통치하는 교회에 속하기도 하지만, 동시에 시민으로서 사회적인 삶을 통치하는 국가에 속하기도 한다. 따라서 그리스도인은 자연스럽게 정치 활동에 참여하게 된다. 한편 사회적 문제에 대해서도 카이퍼는 칼빈의 청지기 사상을 충실히 따랐는데, 절대적인 소유권은 오직 하나님께만 두면서[18] 그것을 이기적으로 사용하거나 혹은 완전한 공산사회를 지향하는 양 극단주의를 모두 배격했다.

그러므로 카이퍼는 기본적으로 칼빈과 동일한 정치 참여 사상을 가지고 있었으며, 칼빈과 전혀 다른 새로운 개념을 주

---

17) L. Praamsma, *Let Christ Be King: Reflections on the Life and Times of Abraham Kuyper*, 114.
18) 카이퍼, 『기독교와 사회 문제』, 73-74.

창한 것은 아니었다고 평가할 수 있다. 카이퍼는 칼빈의 시대와는 다른 19세기 네덜란드라는 보다 분화(Verzuiling, social segmentation)된 사회적 배경 속에서, 공적인 얼굴로서의 기독교 정당을 통해 구체적으로 정치에 참여했다. 아브라함 카이퍼는 흔히 '신칼빈주의자'(Neo-Calvinist)라고 지칭된다. 신칼빈주의란 16세기 칼빈의 사상을 19세기 네덜란드의 역사적 상황 속에서 '새롭게' 적용시켰다는 의미에서 '신'(Neo)칼빈주의라고 일컫는 것이다.

그렇다면 국가관, 민주주의와 관용의 문제, 기독교 정당이라는 세 가지 측면을 가지고 칼빈과 카이퍼의 정치 참여의 사상을 비교함으로써 한국의 기독교인은 정치 참여의 문제를 어떻게 바라보아야 할지 그 방향성을 모색해보자.

국가관

칼빈과 카이퍼 모두 국가는 하나님이 세우신 기관으로 본다. 또한 세상에 침투한 죄의 개념이 국가관의 배후에 존재한다. 카이퍼에 의하면 인간은 타락했기 때문에 그 죄성으로 인하여 국가와 위정자가 필요하게 되었다. 이 점은 동시에 국가 권력의 절대화의 위험으로부터 개인의 자유를 지켜야 한다는 것을 의미한다.[19]

---

19) 카이퍼, 『칼빈주의 강연』, 100-101.

한편 칼빈과 카이퍼는 모두 국가의 권위를 하나님의 절대적 권위 하에 상대화시켰다. 그러므로 어떤 국가도 절대적인 권력을 가질 수 없다. 카이퍼는 사람이 사람을 다스릴 수 있는 권리는 없다고 강변하고 있다.[20] 카이퍼는 국가의 신적 권위를 부인하면서 국가를 사회 속에 합류시켜 버리는 사회민주주의를 배격했다. 또한 그는 모든 사회를 절대적인 국가 아래 두면서 국가를 신성화하는 국가사회주의자들 또한 반대한다.[21] 그는 국가관에 있어서 마치 칼빈이 그랬던 것처럼 균형있는 '중간의 길'(via media)을 걷고 있다. 카이퍼는 하나님이 세우신 기관이기 때문에 국가의 권위가 존중되어야 함을 인정하면서도, 국가가 하나님의 자리를 차지하는 것을 비판하고 있는 것이다. 이것은 마치 칼빈이 로마 가톨릭과 재세례파의 사이에서 중간의 길로 자신의 국가관을 정립했던 것과 동일하다.

칼빈과 카이퍼의 국가관은 차이점도 존재한다. 그것은 국가라는 체제 아래 여러 사회적 영역들이 포함되는지, 아니면 국가가 사회의 여러 영역 가운데 하나인지의 문제로 귀결된다. 카이퍼가 볼 때 칼빈은 최상위에 있는 국가의 권위 아래 다른 영역들을 귀속시켰다. 그러나 카이퍼에 의하면 가족과 사업과

---

20) 카이퍼, 『칼빈주의 강연』, 103.
21) 카이퍼, 『기독교와 사회문제』, 72.

과학과 예술도 각각 국가와 별개로 존재하는 영역으로서 각자의 영역을 지배할 권위가 있다고 보았다. 즉 사회를 유기체적으로 보면서 각각 독립적인 권위를 인정해 준 것이다. 창조의 규례와 일치하게 삶을 형성하면서 유기적으로 발전한다고 보았던 것이다.[22] 다만 국가는 이 영역 가운데 최고의 영역이라고 할 수 있다. 이것은 당시 네덜란드의 사회적 분화 현상 속에서 이해되어야 한다.

민주주의와 관용의 문제

나폴레옹의 지배 이후 19세기 네덜란드 사회는 다양한 사상적 경향들로 인해 갈등을 겪었다. 이때 국가가 계몽주의의 영향을 받아 종교 교육을 실시하는 학교에 대한 지원을 중지하자 칼빈주의 교회는 로마 가톨릭, 유대인 등과 연대하여 평등한 교육을 주장하며 학교 투쟁을 벌였다. 이때부터 네덜란드의 특징적인 사회 분화 현상이 두드러지게 나타났다. 각각의 종교와 사상적 경향에 따라 교육, 문화, 정당에 이르기까지 사회 전반에 분화가 나타났으나 이러한 분화는 극단적인 힘의 대립이 아닌 관용(tolerance)을 통해 존중되었다.

칼빈과 비교할 때, 카이퍼의 사상은 더 민주화되어 있고 더

---

22) 카이퍼, 『칼빈주의 강연』, 112-113.

발전지향적이었다. 동시에 덜 신정정치적(theocrat)이며 더 관용주의적이라고 평가할 수 있다. 그러므로 카이퍼의 정치 참여 사상은 한마디로 관용적인 칼빈주의라고 할 수 있다.[23] 이는 칼빈이 살았던 16세기 제네바가 카이퍼가 살았던 19세기 말, 20세기 초의 네덜란드와 달랐다는 상황적인 차이에 근거한다.

기독교 정당의 문제와 한국 기독교의 정치 참여 방향

칼빈은 기독교 정당을 만들지 않았으나 카이퍼는 기독교 정당을 조직했다. 그 이유는 칼빈 시대인 16세기에는 아직 사회 분화가 없었고 근대적인 의미의 국가 개념이 확립되어 있지 않던 시대였기 때문에 국가와 교회가 함께 정치적인 사안을 다룰 수 있었기 때문이다.

그러나 아브라함 카이퍼의 시대는 사회 분화가 급격히 이루어진 19세기에서 20세기 초의 네덜란드였기 때문에 교회가 공적인 얼굴(public face)을 가지고 기독교적인 가치를 사회에 구현할 수 없었으며, 따라서 카이퍼는 정당을 조직해서 그 가치와 규범(value and norm)을 추구했던 것이다.

종합적으로 정리해볼 때, 칼빈주의는 네덜란드 사회의 형성

---

23) George Harinck 교수와의 인터뷰 (네덜란드 암스테르담 자유대학교, 2009년 1월 26일, 14:40–16:00).

과 발전에 중요한 역할을 담당하였다. 네덜란드는 독립의 과정에서부터 오늘날 네덜란드 사회를 특징짓는 사회 분화 현상이 형성되는 시기에 이르기까지 칼빈주의와 직간접적인 관련을 맺고 있다. 21세기에도 기독교 정당인 기독민주당(CDA)이 연립 여당의 지위에 있는 경우가 자주 있으며, 기독교인의 사회 참여가 활발히 이루어지고 있다. 이러한 배경에는 칼빈주의 세계관을 확립한 아브라함 카이퍼가 있다. 카이퍼의 영역 주권과 일반 은총에 대한 사상은 그리스도인들의 적극적인 사회 참여의 기반이 되었다. 또한 이 가운데 구현된 사회적 합의와 관용의 정신 그리고 약자에 대한 사회적 배려와 민주주의에 대한 신념과 같은 기독교적 가치는 오늘날까지도 네덜란드 사회의 주요한 특징으로 자리 잡고 있다.

카이퍼는 칼빈주의의 미래를 다음과 같이 전망하면서 결론을 내리고 있다.

청교도들의 후손뿐 아니라 옛 네덜란드 칼빈주의의 후손들이 해야 할 일은, 칼빈주의가 화석인 양 여기고 과거를 베끼는 것이 아니라 칼빈주의라는 식물의 살아 있는 뿌리로 돌아가 그 뿌리를 깨끗하게 하고 물을 주어 그 뿌리에 움이 돋게 하고, 이제 이 현대에서 벌어지는 우리의 현실 생활에 충분히 일치하며 다가올 시대의 요구에 부응하여 다시 한 번 꽃을 피

우도록 하는 것이다.[24]

카이퍼는 16세기 칼빈의 정치 참여 사상을 19~20세기 네덜란드에 적용했다. 21세기 한국의 기독교인들은 다시금 16세기는 물론 19~20세기 기독교인들의 정치 참여 이론과 실제를 깊이 연구하여 한국 교회가 어떻게 정치에 참여하여 긍정적인 결과를 얻을 수 있을지 교훈을 얻어야 할 것이다.

카이퍼의 사상적 후예들은 사회적 신뢰와 타협이라는 기조 위에서 단순한 권력 투쟁을 넘어 기독교적 가치를 사회에 구현하기 위해 기독교인의 적극적인 정치 참여를 이끌어 냈다. 기독민주당(CDA)의 지지자들 중 기독교인이 아닌 사람들도 포함되어 있다는 것은 기독교 정당이 단순히 종교적 헤게모니를 위한 것이 아니라 사회 일반의 보편적 가치를 제시할 수 있다는 것을 보여주고 있는 것이다. 오늘날 한국의 기독교가 네덜란드 칼빈주의자들의 정치 참여를 통해서 배울 수 있는 교훈은 바로 여기에 있다.

작금 한국에서 일고 있는 기독교 정당 운동의 경우는 칼빈의 정치 참여나 네덜란드 칼빈주의자들의 정치 참여와는 기본적인 성격과 방향성이 다르다고 평가할 수밖에 없다. 한국

---

24) 카이퍼, 『칼빈주의 강연』, 209.

적 상황에서 기독교인의 정치 참여란, 먼저 21세기 분단된 한국이라는 역사적 정황을 깊이 숙고한 후에 칼빈과 카이퍼의 정치 참여 사상을 다시 창의적으로 적용하는 방향으로 나아가야 할 것이다. 그러므로 한국은 현재 네덜란드와 같은 기독교 정당이라는 형식보다는, 외적으로 종교성을 표방하지 않는 일반 정당을 통해 네덜란드의 기독교적인 정당이 지향하려고 했던 그 '가치와 규범'을 구현할 수 있도록 하기 위해서 기독교인들이 정치에 참여하는 방향으로 나아가는 것이 더욱 바람직할 것이다.

한국, 제3의 제네바[25]

한국의 칼빈 수용은 프랑스, 네덜란드, 영국, 스코틀랜드, 독

---

[25] 이 논문은 한국 개신교의 정체성을 찾고자 하는 필자의 일련의 신학적 연구에 기초하고 있다. 다음을 보라. 안인섭, "Calvijn in Azië," in: Calvijns Handboek (ed.) H. Selderhuis (Kok: Kampen, 2008), 563-570. 이 핸드북은 독일어로도 출판되었다. *Calvin Handbuch* (Tübingen: Mohr Siebeck, 2008), 505-511. 영어판도 있다. *The Calvin Handbook* (Grand Rapids: Eerdmans Publishing Company, 2009). ; 안인섭, "Calvijn in (Zuid-)Korea," in: *Het Calvinistisch Ongemak* (Kampen: Kok, 2009), 237-248. ; 안인섭, "The Presbyterian Churches of (South) Korea and the reunification issue – a matter of reconciliation," in: *Reshaping Protestantism in a Global Context, Contact Zone. Explorations in Intercultural Theology* (Berlin: Lit Verlag, 2009) vol. 1, 85-95.

일의 칼빈 수용과 비교하여 다른 특징들을 보인다. 유럽 사람들은 그들이 로마 가톨릭 세계에 살고 있을 때, 칼빈의 저작과 사상을 만나게 되었다. 큰 맥락에서 그들은 칼빈을 공통 기독교 상황에서 이해할 수 있었다.

그러나 한국의 경우 우리는 다양한 문화적, 역사적 배경들로부터 칼빈 수용을 논해야만 한다. 한국 개신교는 서구 선교사에 의해 전래되었다. 그래서 한국 개신교 정체성은 서구 개신교와 한국 상황의 전형적인 접촉의 과정에 의해 형성되었다고 말할 수 있다. 이런 관점에서 동북아 개신교, 즉 중국, 일본, 한국은 공통된 정서를 가지고 있다.

한국의 칼빈 수용의 유형

칼빈의 사상은 끊임없이 한국 교회를 독려했다. 이 시기 칼빈의 수용은 보수 진영과 진보 진영 모두에서 크게 발전하였다.[26]

첫째, 보수 진영은 전통적인 칼빈주의의 정통 교리를 강조했다. 이 그룹은 칼빈주의의 전통을 받고, 받은 그것을 전달하기를 원했다.[27] 16세기 정통 신학을 따르기 원한다는 배경

---

26) 더 나은 분석을 위해 다음의 연구를 참고하라. K. H. Yon, *A Study on the Calvin theology in the Korean Presbyterian Churches: For the Unity of the Korean Presbyterian Churches* (Diss.) Hanshin University (1995).

27) H. N. Park, Systematic Theology: *An Introduction* (Seoul: Institute for the Christian Education of Korea, 1988), preface.

에는 칼빈의 신학이 있는 것이다.[28] 한국의 보수적인 그룹은, 장로교회가 비록 스코틀랜드로부터 전래되었지만 신학적으로는 칼빈과 네덜란드에서 발전한 칼빈주의 신학에 뿌리내리고 있다고 강조하고 있다. 박형룡은 칼빈은 바울과 어거스틴의 교리를 표현한 첫 번째 신학자라고 믿고 있었다.[29] 그 영향으로 이 그룹은 현대주의와 신학적 자유주의에 대한 저항의식이라는 유산을 받게 되었다.

박형룡 박사(우측)와 박윤선 박사(좌측)

두 번째 그룹은 칼빈의 교회 연합 신학을 강조하고 있는 복음주의적 에큐메니칼 진영이다. 이들은 칼빈을 교회 연합적으로 해석하면서 한국의 보수적 장로교회를 개신교 스콜라주의의 영향에 빠졌다고 비판하였다. 그래서 16세기 칼빈 신학의

---

28) D. S. Yoo, *Rich Vein of the Korean Theology* (Seoul: Dasangeulbang, 2003), 220-231.
29) H. N. Park, *Presbyterian Theological Quarterly*, vol. 29. 1. (1962), 20.

본질을 다시 해석해야 한다고 주장했다.[30]

셋째로 칼빈의 신학 가운데 사회 정의의 측면에 집중했던 진보 진영을 들 수 있다. 이들은 특별히 칼빈의 설교와 전기를 번역하여 소개하면서 사회적 정의를 강조하였다. 그러므로 진보적인 한국 교회 역시 그 출발은 칼빈 해석에서 시작했다는 점이 주목할 만하다.

그 외에 한국의 대표적인 장로교회의 목회자들은 칼빈의 목회적 의미를 받아들인 교회 성장의 모델로서 간주될 수 있으며, 또한 비록 칼빈 전문가들은 아니었지만 장로교회에 속한 주도적인 사회 사상가들 역시 칼빈주의에 의해 영향을 받은 것으로 평가할 수 있을 것이다.

한국의 칼빈주의 수용의 특징

한국의 칼빈주의 수용의 특징을 찾아보면 다음과 같다.

첫째, 한국의 칼빈주의자를 포함하여 한국의 개신교인들은, 로마 가톨릭으로부터 분리되어 나온 그룹이 아니라는 것이다. 이들은 개신교와 칼빈주의를 기독교 그 자체로서 받아들였다. 이것은 또한 한국에서 칼빈주의 교회와 로마 가톨

---

[30] K. H. Yon, *A Study on the Calvin theology in the Korean Presbyterian Churches: For the Unity of the Korean Presbyterian Churches* (Diss.) Hanshin University (1995), 115–121.

릭 교회 사이의 관계를 잘 설명해주고 있다. 역사적으로 한국 칼빈주의와 한국 가톨릭은 독립적인 관계에서 독자적인 발전을 이루었다.

둘째, 개신교(칼빈주의)의 영향은 19세기 칼빈주의 환경을 지닌 서구 선교사로부터 시작되었다.

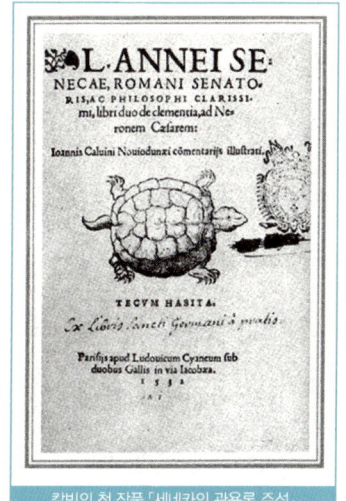

칼빈의 첫 작품 「세네카의 관용론 주석」

셋째, 한국의 칼빈 수용은 한국의 20세기 역사학적 다면성에 따른 다양성을 보여준다.

넷째, 한국에서 칼빈주의는 칼빈에 대한 이해에 영향을 주었다. 한국의 칼빈주의는 칼빈의 작품을 해석하는 것에 의해 세워지지 않았다. 칼빈주의적 교회가 정착된 이후, 교회의 구성원들은 자기 자신의 정체성을 수립하기 위하여 칼빈의 작품을 읽기 시작했던 것이다.

결과적으로 한국에 세 종류의 칼빈 수용의 특성이 형성되는 과정에 식민 지배 시대와 한국의 분단이 역사적 배경으로서 관계되었다. 세 가지 유형의 칼빈 수용이란 보수적, 복음주의적이며 에큐메니칼적 그리고 진보적인 칼빈 수용이다. 보수 진영은 전통적인 칼빈주의의 정통 교리를 강조해왔다. 복음주의적이며 에큐메니칼적인 진영은 교회 연합적인 측면을 강조해왔다. 그리고 진보 진영은 한국 사회의 정의 문제에 집중했다.

한국 장로교 연합의 방향

한국 장로교회 연합의 기준으로서 칼빈의 교회론[31]

한국 장로교회의 분열을 해석하기 위해서는 한국 현대사와 교회 정치적인 문제들을 배경으로 신학적인 이슈를 종합해서 분석해야 한다. 그렇다면 한국 장로교회가 분열을 극복하고 일치와 화해를 지향하기 위해서는 각 장로교회들이 공유하고 있는 공통의 신학적 공감대를 찾아야 할 것이다. 이런 맥락에서 필자는 장로교 교회론의 신학적 뿌리가 되는 칼빈의 교회 이해가 한국 장로교회의 화해를 위한 매우 중요한 준거를 제공해준다고 본다.

종교개혁의 발생으로 16세기 유럽의 교회 안에는 다양한 스

---

31) 한국 장로교회의 일치를 위한 준거로서 제시한 칼빈의 교회론에 대한 부분은 필자의 다음의 논문에서 사용하였다. 안인섭, "합동과 통합의 교단 분열 이후 역사적, 신학적 발전 연구: 1961~2000년대를 중심으로", 「신학지남」 제301권 (2009), 177-182.

펙트럼이 형성되었다. 가장 우파로서 로마 가톨릭 교회가 있었고, 좌측에는 급진적인 종교개혁주의자들이 있었다. 이때 칼빈이 맡고 있었던 신학적 과제는 양면적인 것이었다. 그것은 한편으로는 종교개혁 교회가 교회 분열 운동이 아니라 역사적 교회와 신학적 연속성을 갖고 있다는 것을 입증하는 것이었다. 또 다른 한편으로 칼빈은 종교개혁의 교회가 개혁을 급진적으로 추진하면서 교부들의 시대 이래로 전래되어 오는 신학적 전통을 간과하고 있는 급진 종교개혁과는 차별되는 개혁운동이라는 것을 보여주어야만 했다.[32] 요약하자면 한편으로는 로마 가톨릭 교회를 지지하고 있었던 전통적인 신학을 비판하면서, 다른 한편으로는 역사적 교회를 인정하지 않고 분열해나가는 급진적 종교개혁을 배격하는 것이었다.

이상과 같이 혼란한 16세기 유럽의 상황 속에서 칼빈은 두 개의 극단적인 교회론 기둥을 피하면서, 성경에 근거한 자신의 교회론을 모색해야만 했다. 이때 칼빈은 교부들, 특히 어

---

32) 안인섭, "Calvin's View of Augustine and the Donatist Church," in: *Calvinus Sacrarum Literarum Interpres: Papers of the International Congress on Calvin Research*, (ed.) Herman J. Selderhuis (Göttingen: Vandenhoeck & Ruprecht, 2008), 271-284. 이런 맥락에서 칼빈은 4세기 북아프리카에서 활동했던 어거스틴과 도나티스트와의 논쟁에 관심을 기울였다. 칼빈은 16세기의 로마 가톨릭주의자들과 동 시대의 급진적인 재세례파들 사이의 양 극단적인 교회론 사이에서, 어거스틴과 도나티스트주의자들 사이에 벌어졌던 도나티스트 논쟁을 인용하면서 칼빈 자신의 교회론을 정립해 갔다.

거스틴을 순수하고 순결한 교회의 선생으로 인정하여 그의 저작들을 인용하면서[33] 중용의 길(via media)의 길을 택했다. 필자는 이러한 칼빈의 신학적 작업이야말로, 오늘날 한국 장로교회의 일치와 화해의 준거가 되어야 한다고 주장하는 바이다.

● 교부 신학을 통해 교회의 정체성 회복

칼빈이 어거스틴을 중심으로 교부들을 적극 활용하며 그들의 교회론에 의존하는 것은 16세기 종교개혁 교회가 초대교회와 역사적 연속성을 가지고 있다는 것을 보여주기 위해서이다.[34] 즉 칼빈은 교부들의 풍부한 신학적 자산을 활용하여 방금 태어난 종교개혁 교회를 유구한 역사를 가지고 있는 전통적 기독교와 한 선상에서 이해시키려고 하였다.[35] 그 배후에는 어거스틴을 고대 교회의 증언자요, 초대교회의 가르침을 지키는 수호자로 보는 칼빈의 교부학적 인식과 역사관이 놓여 있다.

---

33) A. N. S. Lane, "Calvin's use of the Fathers and the Medievals," *Calvin Theological Journal* 16 (1981), 160-162. ; J. van Oort, "Calvinus Patristicus: Calvijns kennis, gebruik en misbruik van de patres" in *De Kerkvaders in Reformatie en Nadere Reformatie*, (red.) J. van Oort (Zoetermeer: Boekencentrum, 1997), 75-76. ; H.O. Old, *The Patristic Roots of Reformed Worship* (Zürich, Theologischer Verlag, 1975), 156-158.

34) J. van Oort, "Calvinus patristicus: Calvijns kennis, gebruik en misbruik van de patres," 69.

35) A. N. S. Lane, "Calvin's use of the Fathers and the Medievals," 189-190. 171-173.

• 보편 교회의 연속성 강조

칼빈의 입장에서 볼 때, 16세기 로마 교회는 성경에서 벗어나 심각하게 왜곡되어 있었다. 그렇지만 칼빈은 중세의 이단자들(medieval dissenters)에서 대안을 찾지 않았다.[36] 또한 칼빈은 급진 종교개혁 운동의 급진성을 비판했다. 칼빈은 「기독교강

몽테뉴 대학에 에라스무스, 칼빈, 로욜라가 수학하였음을 밝히는 안내판

요」 헌정사에서 "…… 그(사탄)는 사람들의 폭력을 이용하여 이 진정한 씨앗을 뿌리째 뽑으며, 힘이 닿는 데까지 가라지를 뿌려 진리를 질식시키고 그래서 그것이 성장도 결실도 할 수 없도록 힘쓰고 있다"고 주장하면서 급진 개혁주의를 반대하고 있다.[37] 칼빈은 한편 중세 가톨릭 교회 밖의 개혁운동이었던 왈도파(the Waldenses)는 지지하고 있었다.

그렇지만 칼빈은 중세의 그레고리(Gregory)나 버나드(Bernard)에서는 참된 교회의 모습을 인정하고 있다. 이것이 보여주는 것은 칼빈은 15세기 말의 타락한 로마 가톨릭 교회를 배격하

---

[36] A. N. S. Lane, "Calvin's use if the Fathers and the Medievals," 182-183.
[37] Calvin, CO. 1. Cols. 9-26. (Institutes, dedication) (1535/6).

지만, 중세의 급진 개혁 세력에서 참된 교회를 찾지 않고 있으며, 오히려 중세의 보편 교회를 통해서 참된 교회의 흔적을 찾고 있다는 사실이다. 칼빈은 교부들의 신학과의 연속성을 강조하면서 급진 종교개혁을 반대하는 신학적 특징을 보여주고 있다.

화해의 신학자 칼빈

칼빈은 어거스틴을 비롯한 교부들을 인용하여 신학적인 반대편인 로마 가톨릭과 급진 개혁 세력을 비판하고 있었다. 그렇지만 다른 한편으로 칼빈은 16세기에 가장 널리 존중 받고 있는 교부였던 어거스틴을 사용함으로써, 칼빈 자신의 신학이 당시 광범위하게 포진하고 있었던 다양한 종교개혁 운동들과 동일한 신학적 토대를 가지고 있다는 것을 변증하려고 했다.[38] 칼빈이 어거스틴을 사용한 의도 중에서 간과될 수 없는 것이 바로 이 점이다. 칼빈은 어거스틴을 사용하여 당시 종교개혁의 여러 전통들 (예컨대 멜랑히톤 등)과 자신이 공통의 신학적 기반 위에 서 있다는 것을 설득했던 것이다.

요약해보면, 칼빈은 어거스틴과 교부들을 폭넓게 활용하여 밖으로는 좌, 우로 양극화된 로마 가톨릭과 급진 재세례파를

---

38) L. van Ravenswaay, Augustinus totus noster : *Das Augustinverstaendnis bei Johannes Calvin* (Goettingen: Vandenhoeck&Ruprecht, 1990).

반대했으며, 안으로는 종교개혁 운동에 참여하는 세력의 연합을 추구했다. 충분히 있을 만한 상황이지만, 종교개혁 운동의 내부에서 다양한 신학적 경향이 대두되었을 때 칼빈은 어거스틴을 중심으로 하는 교부들의 신학적 전통을 매개로 종교개혁 그룹의 연합을 추구하였던 것이다.

칼빈과 한국 장로교회

오늘날 교회의 분열과 연합을 생각할 때 우리가 살펴본 칼빈의 교회론은 매우 소중한 통찰력을 제공해준다. 지금의 한국 교회가 마치 16세기 유럽의 로마 가톨릭 교회와 같이, 성경과 복음의 본질적인 정신은 상실한 채 관료주의와 같이 변질되고 권위주의화되며 전통 속에 갇혀서 자기 개혁의 동력을 상실한다면, 그 교회는 개혁의 대상이 되고 말 것이다. 그렇지만 교회의 순결을 주장하면서 전통적인 신학을 간과하며 보편적인 교회로부터 이탈하는 혁명주의는 16세기 급진적 종교개혁 운동과 같이 분리주의에 불과할 뿐이다. 칼빈은 재세례파의 입장은 도나티스트 운동의 경향을 반영하는 것이라고 생각했기 때문에 어거스틴을 따랐던 것이다.

결국 칼빈은 16세기 종교개혁의 교회가 초대교회와 연결되어 있고, 따라서 종교개혁의 교회는 하나의 참된 교회라는 점을 강조하기 위해서 어거스틴을 사용했으며, 이러한 방법론을 가지고 좌로나 우로나 치우치지 않는 성경적이고 역사적인 교회와 굳건하게 연결된 교회를 세울 수 있었다. 한국 교회 장로교의 분열과 연합의 문제도 마찬가지라고 생각한다. 신학적 정통성과 역사성을 중심축으로 하면서 그 안에서는 서로 존중하고 연합하는 자세가 중요하다. 즉 한국 장로교회 연합의 문제는 다양성 안에서의 연합(Unity in Diversity)이 중요하다 할 것이다.

칼빈과 남북 통일

이번 장에서는 남북 평화 통일을 위한 한국 교회의 사명을 칼빈 신학의 관점에서 살펴보려고 한다. 한국 기독교의 70% 정도나 되는 장로교의 중심 신학인 칼빈의 입장에서 통일을 향한 교회의 역할을 고찰하는 것은 나름대로 큰 의미가 있을 것이다.

남북 평화 통일의 동기가 되는 칼빈의 사상

칼빈이 「기독교강요」 헌정사에서 명확하게 밝혔듯이, 그의 전 신학적 체계는 경건(pietas)을 지향하면서 세워져 있기 때문에 경건과 신학은 서로 별개로 존재하지 않고 통합되어 있다. 남북 평화 통일을 위한 칼빈의 사상도 그의 경건의 신학과 직접적으로 관련되어 있다.

● 사랑(caritas)

칼빈의 경건은 일차적으로 하나님께 대한 그리스도인들의 태도와 관계된다. 이와 동시에 칼빈의 경건은 넓은 의미에서 보면, 하나님께 대한 신앙에 기초하여 이 세상을 살아가는 인간들의 상호 관계에까지 관련을 맺는다. 그리스도인의 경건한 삶이란 타자를 위한 사랑으로 구체적으로 표현된다. 칼빈은 "자신의 이기심을 포기하고 타자를 유익하게 할 때" 비로소 자아의 중생이 "증명된다"고 말하고 있다.[39] 칼빈은 이웃을 돌아본다는 것은 "자기의 허물을 돌아보며 겸손한 마음을 회복하는 것이다"라고 말하고 있다.[40]

이것을 통일의 문제로 끌어와보자. 그리스도인들이 북한의 형제 자매들을 사랑하고 통일을 위해 활동하는 것은 구원을 위한 전제 조건은 아니라는 것이다. 그러나 조금 더 깊이 숙고해보면 강력한 결론이 나오게 된다. 즉 남북한의 평화적 통일을 지향하면서 자기의 이기심을 버리고, 북한의 동포들을 사랑하며 그들의 유익을 구한다면, 칼빈에 의하면 이것은 중생을 증명해주는 한 요소가 되는 것이다.

---

[39] 칼빈, 『요한일서 주석』, 3:16.
[40] *Institutes*, 3.7.4.

● 청지기 사상

칼빈은 여기서 한 걸음 더 나간다. 이 제네바의 개혁자는 인간의 신체 기관들이 그 기관 자체를 위해서 능력을 가지고 있는 것이 아니라 다른 기관들을 위해서 존재하고 있듯이, "경건한 사람도……교우들을 위해서" 일해야 한다고 말하고 있다.[41] 칼빈은 그리스도인들이 소유하고 있는 모든 은사를 타자의 이익을 위해서 나누어주라고 하나님께서 위탁하셨다고 본다. 칼빈은 "우리는 하나님께서 우리의 이웃을 도울 수 있도록 우리에게 주신 모든 것을 관리하는 청지기이며, 우리의 청지기 직책에 관해 보고할 의무가 있다"는 것을 주장한다. 그런데 칼빈은 이 청지기의 유일한 자격 조건을 '사랑'이라고 했다. 칼빈은 이 사랑이란 타자와 자아의 유익이 일치되는 것이지만, 더 중요시해야 할 것은 '타자'를 위한 삶이라는 것이다.

이와 같은 칼빈의 청지기 사상은 통일을 향한 강력한 동력을 제공한다. 칼빈의 가르침에 근거한다면 남한의 시민들이 가지고 있는 능력, 은사는 우리 개인의 이기적인 욕심을 위해서 하나님께서 주신 것이 아니라는 것이다. 우리가 소유하고 있는 그 모든 것은 이웃을 돕고 북한의 형제, 자매들을 섬기라고 하나님께서 우리에게 잠시 맡겨놓으셨다는 것이다.

---

41) *Institutes*, 3.7.5.

- 하나님의 형상(Imago Dei)

칼빈에 의하면 타자 안에 존재하는 하나님의 형상, 바로 그것이 우리가 '전심을 다해서' 타자를 사랑하고 존중해야 할 이유이다. 그래서 칼빈은 경건한 그리스도인들은 타자를 바라볼 때 타자 안에 비천함이 존재한다 하더라도, 그 타자 안에 존재하시는 하나님의 형상을 주시해야 할 것을 요청하고 있다. 그 아름다운 형상에 마음이 이끌려서 타자를 동정(compassion)하라는 것이다.[42] 요컨대, 칼빈이 말하는 경건은 타자의 환경 여부에 관계없이 그를 동정하고 존귀하게 여기는 것이다.

위의 언급은 왜 우리가 북한에게 사랑을 베풀고 북한의 형제 자매들을 존중해야 하는지 그 이유를 바로 설명해준다. 그들 안에 존재하는 하나님의 형상은 우리에게 이해 타산과 경제적 손실의 이론과 '퍼주기 논쟁'을 넘어서게 한다. 하나님께서 우리를 너무나 사랑하신 나머지 독생자를 보내주셨듯이 우리는 '전심'으로 북한의 동족들에게 따뜻한 사랑의 베풂을 보내야 할 것이다.

---

42) *Institutes*, 3.7.6.

칼빈 연표

1509년	프랑스 북부 피카르디 누아용에서 7월 10일 출생
1521년	누아용 성당에서 보조 성직에 임직(12세) 후 성직록을 받게 됨
1523년	파리 마르슈 대학에 입학하여 코르디에 교수 밑에서 라틴어 공부. 이후 몽테규 대학으로 전학하여 공부
1528년	법학을 공부하기 위하여 오를레앙 대학에서 공부 시작
1529년	부르주 대학에 전학, 법학자 알치아티 밑에서 공부
1529~1531년	복음으로의 갑작스러운 회심
1532년	「세네카의 관용론 주석」 출판
1533년	니콜라스 콥 총장의 연설과 관련되어 파리를 떠나 은신
1534년	「영혼수면론 반박」 출간하여 재세례파의 교리를 반박 (칼빈 최초의 신학논문) 이후 플래카드 사건이 일어나 스트라스부르로 피난 가서 마틴 부처와 교제함
1536년	「기독교강요」(Christinae Religionis Institutio) 초판을 바젤에서 출판 7월 25일 제네바에서 윌리엄 파렐의 설득으로 종교개혁 운동 시작 11월 10일 제네바 교회의 신앙 고백서(the Confession of Faith)를 의회에 제출
1538년	4월에 칼빈과 파렐이 제네바에서 추방됨

	8월에 칼빈은 부처 등의 알선으로 스트라스부르에 있는 프랑스 피난민 교회의 목사로 부임
1539년	「기독교강요」(Institutio Christianae Religionis) 2판 출간 −회개, 칭의, 예정, 섭리, 신구약의 유사점과 차이점, 그리스도인의 생활 등 초판에 비해 상당 부분 증보됨
1540년	미망인 이들레뜨 드 뷔르와 결혼 성경의 거의 전 권을 주석한 칼빈 주석 시리즈의 첫 작품 「로마서 주석」 출간
1541년	9월 13일 제네바로 다시 돌아옴 11월 '교회에 관한 헌법규칙'을 제출하여 공포됨
1542년	교회헌법 규칙이 시행됨 두 권의 예배서 출판 7월 아들 자크를 낳았으나 며칠 후 죽음
1543년	「기독교강요」(Institutio totius Christianae Religionis) 3판 출간(이후 1550년판과 거의 동일)
1545년	멜랑히톤을 통해서 루터에게 편지를 보냈으나 전달되지 않음 12월 「제네바 신앙문답서」 출판 12월에 가톨릭 측은 종교개혁에 반대하는 트렌트 공의회 소집
1549년	칼빈의 아내가 죽음
1552년	「하나님의 영원한 예정에 관하여」 출판
1553년	세르베투스의 화형
1554년	스코틀랜드에서 존 낙스가 와서 칼빈과 교류
1555년	「시편 주석」을 출판
1558년	제네바 아카데미 설립 착수(1563년 건물 완공)

1559년	「기독교강요」(Institutio Christianae Religionis) 최종판 (라틴어) 출판
	-초판(1536년)이 6장인데 비해 총 4권 80장으로 증보됨
1560년	「기독교강요」 최종판(프랑스어, 네덜란드어) 번역서 출판
1564년	5월 27일 오후 8시 임종함
	유언대로 묘비 없이 제네바 시 공동묘지에 안장됨

저자 소개

안인섭 교수는 고려대학교 사학과(B.A.)를 거쳐 총신대학교 신학대학원(M. Div.)을 졸업했다. 네덜란드 캄펜신학대학교(Kampen Theological University)에서 신학 석사와 『Augustine and Calvin about Church and State(2003)』라는 제목의 논문으로 박사 학위(Doctor of Theology)를 취득했다. 현재 총신대학교 신학대학원 교수이며, Refo500의 아시아 디렉터이자 세계개혁주의연맹 사무총장, 한국칼빈학회 명예회장과 기독교통일학회 부회장도 맡고 있다. 칼빈, 어거스틴, 한국장로교회사, 남북평화통일 등에 대한 연구를 국내외에서 발표하고 있으며, 그의 책 『칼빈과 어거스틴: 교회를 위한 신학』은 2010년 한국 기독교출판문화상 최우수상을 수상하였다.

칼빈, 하나님의 영광을 위한 열정의 사람

초판 발행 2015년 7월 22일
초판 8쇄 2023년 7월 10일

지은이 안인섭
발 행 익투스

총무 고영기 목사 기획 김귀분 국장
편집책임 조미예 마케팅책임 김경환
경영지원 임정은 마케팅지원 박경헌 김혜인
유통 박찬영 제작 최보람 편집·홍보 최강현

주소 서울시 강남구 영동대로 330
전화 (02)559-5655 팩스 (02)6940-9384
홈페이지 www.holyonebook.com
블로그 https://blog.naver.com/holyone-book
출판등록 제2005-000296호

ISBN 978-89-958578-9-2 03230

ⓒ 2015, 익투스
※잘못된 책은 바꾸어 드립니다.

익투스는 예수 그리스도와 그분의 복음을
ΙΧΘΙΣ 사랑하는 모든 사람과 함께 합니다.